이론에서 출발하여 현장까지!

손에 잡히는

한국어
교육학
개론

이론에서 출발하여 현장까지!

손에 잡히는 한국어 교육학 개론

발행일   1판 1쇄 2021년 4월 30일
　　　　　　 3쇄 2025년 9월 19일

지은이   이해영 · 방성원 · 이정란 · 김은영 · 박기영 · 김민선 ·
　　　　　　 박선희 · 배재원 · 이미향 · 하지혜 · 정진 · 이민경

펴낸이   박영호

기획팀   송인성, 김선명, 김선호

편집팀   박우진, 김영주, 김정아, 최미라, 전혜련, 박미나

관리팀   임선희, 정철호, 김성언, 권주련

펴낸곳   (주)도서출판 하우

주　소   서울시 중랑구 망우로68길 48

전　화   (02)922-7090

팩　스   (02)922-7092

홈페이지 http://www.hawoo.co.kr

e-mail   hawoo@hawoo.co.kr

등록번호 제2016-000017호

ISBN 979-11-91259-99-5 93710

값 28,000원

이론에서 출발하여 현장까지!

손에 잡히는

한국어 교육학 개론

이해영
방성원
이정란
김은영
박기영
김민선
박선희
배재원
이미향
하지혜
정 진
이민경

Hawoo Publishing Inc.

프롤로그

좋은 한국어 교사가 되고 싶다는 바람으로 한국어 교육의 출발선에 선 이들은 너무나도 당연한 물음에 고민하게 된다. 한국어를 잘 가르치려면 어떻게 해야 할까? 한국인이면, 또는 한국어를 잘하기만 하면 한국어를 잘 가르칠 수 있을까? 이러한 질문을 풀어 가기 위해서 저자들은 한국어 교육을 시작하는 후배 선생님이자 미래의 동료인 여러분을 위해 이 책을 준비하였다.

이 책을 펼쳐 든 분은 대학이나 대학원에서 한국어 교육학을 전공하는 학생일 수도 있고, 한국어 교원 자격증을 취득하기 위해 한국어 교원 양성 과정에 등록한 수강생일 수도 있을 것이다. 혹은 외국인 친구들의 한국어 관련 질문에 답하다 보니 한국어 교육을 제대로 한번 공부해 봐야겠다고 생각한 직장인일 수도 있겠다. 어쩌면 자신의 나라에서 한국어를 가르치고 싶은 외국인일 수도 있다. 또는 한국어 교육 현장에 갓 투입되어 지식이나 경험의 부족함을 느끼며 고군분투 중인 새내기 교사일 수도 있을 것이다. 어떤 배경과 목적에서든 한국어 교육의 출발선에 선 모든 분을 환영하며 이 책의 집필을 시작하였다.

저자들은 오랜 시간 한국어 교육 현장에서 활동해 왔다. 10년이 넘는 동안 외국어로 한국어를 가르쳐 왔고, 몇몇 저자는 현장에서 가르치는 후배들을 양성하는 일에 전념하게도 되었다. 한국어 교육 현장에서 저자들은 한국어 학습에 대한 호기심과 열기, 한국어 교원을 꿈꾸는 여러분의 희망과 자부심을 경험할 수 있었다. 한국어 교육은 즐겁고 보람이 있다. 그러나 쉽지만은 않다. 한국인이니까 그냥 할 수 있다고 생각했다면 오산이다. 당장 어떤 교재를 골라야 할지, 수업을 어떻게 구성해야 할지, 문법에 대한 질문을 받고 설명하자니 복잡한데 어떻게 말해야 할지, 시험지는 어떻게 만들어야 할지 등 모두 막막하기만 하다. 이론에 충실한 전문적인 책을 보더라도 현장의 생생한 고민은 그대로

이론에서 출발하여 현장까지!
손에 잡히는 한국어 교육학 개론

남기도 한다. 또 학생들에게 나누어 줄 자료를 만들면서 과연 이론에 맞게 내용을 구성한 것인지 자신이 없어지게도 된다.

저자들은 〈이론에서 출발하여 현장까지! 손에 잡히는 한국어 교육학 개론〉에 한국어 교사에게 꼭 필요한 지식을 담았다. 이 책은 딱딱한 이론서에 그치지 않고, 선배들의 지식과 경험을 풍부하게 담아 교육 현장에 바로 적용할 수 있도록 했다. 그리고 무엇보다 한국어 교육을 처음 접하는 이들이나 한국어가 모국어가 아닌 외국인도 부담 없이 읽을 수 있는 친절한 안내서가 되도록 했다.

이 책은 모두 3부, 12장으로 구성되어 있다. 1부에서는 한국어 교육 실행을 위한 탐색을 돕는다. 1장에는 한국어 교육과정을 계획하고 실행하기 위해 알아야 할 주요 개념을 소개하고 있다. 독자 여러분은 한국어 교육과정과 교수요목의 설계 방법에 대한 설명을 듣게 될 것이고, 또한 한국어 평가 도구 제작과 활용 방법을 안내 받을 것이다. 2장에는 한국어 교재를 선정하고 잘 활용하기 위해 알아야 하는 내용을 제공하고 있다. 예비 교사와 초보 교사인 여러분이 자신의 수업에 적합한 교재를 선정하고자 할 때, 또는 정해진 교재를 보다 효과적으로 사용할 수 있도록 하는 데 유용한 지침이 될 것이다. 3장은 한국어 교육에서 활용할 수 있는 다양한 디지털 매체에 대한 정보를 제공하였다. 미래 지향적인 교사로서 다양한 수업 환경 변화에 빠르게 대처할 수 있는 유연성을 갖는 데 도움이 될 것이다.

2부에는 한국어와 한국 문화를 교육하는 본격적이고 실용적인 내용으로 가득하다. 4장은 발음 교육 내용은 물론, 실제 수업 현장에서 어떻게 가르치면 되는지 교안을 통해서 친절하게 안내하고 있다. 한국어 교사가 어렵다고 생각하는 발음 교육에 좀 더 자신을 가지고 임할 수 있도록 동기 부여에 도움이 되어 줄 것이다. 5장에서는 한국어 어휘 교육 방법을 제공하고 있다. 암기와 이해의 수준을 넘어 학습한 어휘를 의사소통에 사용할 수 있도록 하는 데 목표를 두었다. 독자 여러분은 실용적이고 활용도 높은 어휘 활동을 안내 받게 될 것이다. 6장은 한국어 문법 교육 내용을 제공하고 있다. 한국어 학습자들이 항상 궁금해 하는 비슷한 의미를 가지는 문법 항목의 변별에 대해서 설명하는 방법을 알고 싶은 독자들에게 유용한 정보를 담고 있다. 까다롭고 재미없는 문법 수업에 생동감과 재미를 더할 수 있는 방법들을 소개 받게 될 것이다. 7장은 학습자들은 궁금해 하지만 한국어 교육 현장에서 잘 이루어지지 못했던 화용 교육의 방법들을 안내한다. 독자들에게 낯선 내용은 조금 더 친절한 설명을 더했으며, 외국인들이 이해하기 어려워하는 한국어의 화용적 현상을 교실에서 다루는 방법과 자료를 제공하고 있다. 또한 교실을 넘어선 화용 학습 방법에 대해 생각해 보는 시간도 준비되어 있다. 8장은 한국어 문화 교육의 이론과 실제에 대해 다루고 있다. 독자들은 교수법에 따라 문화 교육에 대한 인식이 어떤 차이를 가져오는지 함께 생각해 보는 기회를 가지게 될 것이며, 문화 교육의 내용을 선정하고 교육하는 방법에 대해서 안내받게 될 것이다. 이 장은 문화 교육의 필요성은 알지만 무엇을 어떻게 가르쳐야 하는지 다소 막연하게 생각하는 미래의 한국어 교사들에게 구체적인 방향과 방법을 제시해 줄 것이다.

3부에서는 말하기, 듣기, 읽기, 쓰기를 통하여 의사소통능력을 향상시키는 방법에 대하여 안내하고 있다. 9장은 효과적인 한국어 듣기 교육 방법을 소개한다. 독자들은 먼저 생체 신호를 통해 학습자의 듣기 과정을 알아보고 능동적인 청자로서의 학습자 역할에 대해 살펴보는 기회를 가지게 될 것이다. 아울러 듣기 전략과 단계별 수업 구성의 예들을 통해 듣기 학습자를 이해하고 더 나은 듣기 수업을 운영하는 데 도움이 될 것이

이론에서 출발하여 현장까지!
손에 잡히는 한국어 교육학 개론

다. 10장은 한국어 말하기 교육 방법에 대해 다룬다. 한국어 교사가 말하기 수업을 진행하기 위해 필요한 수업 구성의 절차, 수업에 필요한 구어 담화 자료 선정 방법, 평가 방법 등을 제공한다. 이 장에서는 예비 교사들이 쉽게 이해할 수 있도록 다양한 예를 제시하여 실용성과 현장 적용성을 높였다. 11장은 효과적인 한국어 읽기 교육 방법에 대하여 안내하고 있다. 독자들은 읽기 교육의 목표를 상기해 보고, 전략적으로 읽는 것의 중요성에 대해서 생각해 보는 기회를 가지게 될 것이다. 또한 교육 자료 텍스트 수정 방법, 읽기 활동의 유형, 평가 문항 유형들을 소개하여 짜임새 있고 실용적인 읽기 수업에 도움을 받게 될 것이다. 12장에서는 한국어 쓰기 교육 방법에 대하여 안내하고 있다. 다양한 쓰기 교육 방법은 물론 피드백과 오류 수정의 방법, 쓰기 평가 방법을 소개하였다. 학습자가 쉽게 쓰는 쓰기 수업을 고안하는 데 유용한 정보를 얻게 됨으로써 여러분은 미래의 능숙한 한국어 교사로서의 준비를 마무리하게 될 것이다.

전 세계에서 한국과 한국어를 알고 싶은 이들을 위해 한국어 교육자가 된다는 것은 분명 즐겁고 보람 있는 일이다. 그러나 그 길을 찾아가는 여정은 결코 쉽지만은 않다. 이 책을 통해 교육과정의 계획으로부터 교재 개발, 언어 지식의 교육, 언어 기술별 교수 방법에 이르기까지 여러분들의 선배인 저자들의 경험과 노하우를 공유하고 나면 후배 교사인 여러분들 모두는 어떻게 가르칠까에 대한 멋진 답을 이미 찾았을 것이다. 한국어 교육의 출발선에 선 모든 분을 응원하며 이 책을 선물하고자 한다.

2021년 희망의 시작에 서서
저자들을 대표하여 이해영

목차

이론에서 출발하여 현장까지!
손에 잡히는 한국어 교육학 개론

이론에서 출발하여 현장까지!
손에 잡히는 한국어 교육학 개론

1부

한국어 교육 실행을 위한 탐색하기

1부에서는
한국어 교사가 수업을 계획하고
운영하기 위해 알아야 할 내용으로서
한국어 교육과정과 교육 자료,
디지털 매체에 관하여 살펴본다.
한국어 학습자가 증가하면서
한국어 교육과정과 교재 개발은
매우 활발한 연구가 이루어져 왔다.
이 책에서는 최근의 연구 성과를 반영하되
교사들에게 실질적으로 필요한 과업인
교수요목 설계, 평가 계획,
교재의 선정과 활용 등 구체적인 주제를 다룬다.
특히 빠르게 변화하는 교육 환경에서
한국어 교사가 수업에
바로 활용할 수 있는 디지털 매체를 소개하여
수업을 개선하는 데
도움을 주고자 하였다.

1장

한국어 교육과정, 교육의 전체 흐름 이해하기

방성원 · 경희사이버대학교

한국어 교사로서 처음 수업을 맡게 되었다고 생각해 보자. 수업을 시작하는 날이 다가올수록 설레는 마음과 함께 이것저것 궁금한 것이 많아질 것이다. 학습자들의 한국어 수준은 어떤지, 한 학기 수업을 통해 어느 정도 목표에 도달해야 할지, 어떤 내용을 어떤 방법으로 가르쳐야 할지 등 여러 가지 정보를 확인하고자 마음이 분주할 것이다.

일정한 기간 동안 체계적으로 한국어 교육을 실행하기 위해 확인해야 할 전체적인 사항은 교육과정과 관련된 것이다. 교육과정의 핵심 요소를 이해하면 교육의 전체 흐름을 미리 알고 수업을 준비할 수 있어 유용하다. 교육과정의 중요한 부분인 교수요목 설계와 평가는 한국어 교사로서 직접 부딪히는 과업이기도 하다. 한국어 교육의 전체 흐름을 알고 교수요목 설계, 평가까지 잘 수행하는 교사가 되어 보자.

이론에서 출발하여 현장까지!
손에 잡히는 한국어 교육학 개론

1.1. 한국어 교육과정 이해하기

교육과정의 개념

'한국어 교육과정'을 어떻게 정의할 수 있을까? '한국어 교육과정 안내서'가 있다면 어떤 내용이 들어가 있을 것으로 기대하는가?

교육과정을 하나의 문장으로 정의하기는 쉽지 않다.[1] 교육학에서는 교육에 대한 관점에 따라 조직화된 지식, 학습 경험, 교육 계획, 학습 성과 등 다양한 의미로 정의해 왔지만, 교육 현장에서는 각 의미가 복합적으로 교육과정의 의미를 형성해 왔다고 할 수 있다. 다음은 교육 내용으로서의 지식과 경험, 계획, 성과 등을 포함하여 교육과정을 정의한 것이다.

> 교육을 주도하는 기관이 그 기관의 교육 목표에 따라, 학습자의 성장과 발전을 돕기 위하여 체계적으로 개발하여 수립하는 지식과 경험을 포함한 모든 종류의 교육 내용의 사전 계획과 기대하는 결과(이성호, 2009:20)

---

1   교육과정을 일컫는 영어의 '커리큘럼(curriculum)'은 라틴어 '쿠레레(currere, 달리다)'를 어원으로 한다. 경마장에서 말이 경주를 위해 출발점에서 종착점까지 달려가야 하는 일정한 경주로(race course)가 교육과정 개념의 유래이다. 교육의 출발점에서 목표점에 도달할 때까지 정해진 경로를 통해 학습하게 되는 교육 내용, 학습 경험 등이 교육과정에서 중요한 요소임을 알 수 있다.

한국어 교육 현장에서는 교육과정의 실제적 쓰임을 중요하게 생각한다. 교육 기관별로 일정한 교육 기간 동안 한국어 교육과정을 성공적으로 실행하기 위하여 무엇을 갖추어야 하는가? 우선 교육 목표를 수립하고, 목표를 성취하기 위해 필요한 교육 내용과 효과적인 교수 학습 방법으로 수업을 계획해야 할 것이다. 아울러 학습자들이 교육을 통해 목표를 성취했는지 판단할 수 있는 적절한 평가 방법을 마련해야 할 것이다.

실제로 '교육 목표, 교육 내용, 교수 학습 방법, 평가'는 교육과정을 문서로 개발하여 교육 현장에서 활용하도록 할 때 포함하는 교육과정의 중요한 구성 요소이다. 국가 수준의 교육과정을 고시하는 경우에는 교과별로 교과의 성격과 함께 '목표, 내용 체계 및 성취 기준, 교수·학습 방법, 평가' 등이 항목별로 기술된다. 다음은 한국어 의사소통능력이 없거나 현격히 부족한 학습자를 대상으로 교육부에서 고시한 초·중·고등학교의 한국어(KSL) 교육과정 구성이다.

〈그림 1-1〉 초 · 중 · 고등학교 한국어(KSL) 교육과정 구성

한국어 교육과정(교육부 고시 제2017-131호)	
1. 성격 2. 목표 3. 내용 체계 및 성취 기준 　가. 내용 체계 　나. 등급 및 기능별 학습 내용 성취 기준 　다. 언어 재료 　라. 문화 4. 교수 · 학습 방법 　가. 교수 · 학습 계획 수립 및 유의 사항 　나. 교수 · 학습 운용 및 유의 사항 　다. 언어 기능별 교수 · 학습 방법 및 유의 사항 　라. 교육 영역별 교수 · 학습 방법 및 유의 사항	5. 평가 　가. 평가 계획 　나. 평가 운용 　다. 언어 기능별 평가 방법 　라. 평가 결과 활용

한국어 교육과정을 한국어 교육의 실행을 위한 전체 설계도에 비유하곤 하는데, 이

역시 교육과정의 실제적 쓰임을 중시하는 것이다. 여기에서는 교육과정의 핵심 구성 요소를 포함하여 한국어 교육과정을 다음과 같이 정의하고자 한다.

> "한국어 교육과정이란 한국어 교육의 목표, 교육 내용, 교수 학습 방법 및 평가 방향을 제시한 전체 계획이자 기대하는 결과이다."

한국어 교육과정이 중요한 이유는 교육의 전체 계획이자 교육 실행과 평가의 준거가 되기 때문이다. 교육과정은 교육 현장에서 목표를 향해 체계적인 내용과 효과적인 교수 학습 방법으로 일관성을 갖춘 수업을 진행할 수 있도록 안내해 주는 길잡이 역할을 한다. 하나의 기관에서 여러 명의 교사가 수업을 진행하는 경우에 교사에 따라 수업의 내용이 달라지거나 교수 방법, 평가 방식에 차이를 갖는다면 학습자들은 혼란을 겪게 된다. 그러나 교육과정에 따라 수업이 운영된다면, 수업의 범위와 순서, 교수 학습 방법, 평가 방식 등에 대해 통일성을 가질 수 있다. 따라서 교육의 체계성과 일관성을 보장하기 위하여 잘 설계된 교육과정이 반드시 필요하다.

수준별 교육과정

교육과정 결정자와 학습자와의 거리에 따라 교육과정은 세 가지 수준으로 분류된다. 가장 가깝게 수업 수준의 교육과정은 학습자와 수업 현장에서 상호작용하는 교사에 의하여 결정된다. 다음은 기관 또는 학교 수준의 교육과정으로 기관의 행정가와 교직원 집단이 교육과정을 결정한다. 사회적 수준의 교육과정은 정부의 교육 전문가나 입법가에 의하여 수행된다(Goodlad, 2006; 노영희·홍현진, 2011:46 재인용). 사회적 수준의 교육과정은 국가 수준의 교육과정이라고 볼 수 있다.

한국어 교육 현장은 오랜 기간 대학 부설 교육 기관, 민간 중심으로 확대되어 왔기 때문에 교육과정이 기관 수준, 수업 수준으로 결정되는 경우가 많았다. 그러나 2000년대 이후 국내외 한국어 교육 현장이 급격히 증가하면서, 교육 기관마다 독립적인 교육과정으로 운영할 때의 문제점이 제기되었다. 서로 다른 기관이라고 해도 한국어 교육과정의 기준은 표준화되어야 교육과정의 상호 교환이 가능하고 각 기관의 교재 및 평가가 신뢰를 얻을 수 있기에 국가 수준의 표준 교육과정이 필요하다는 목소리가 커졌다. 또한 국내 다문화 배경 학습자가 증가하고 공교육 내에서 한국어 교육이 실행되기 시작하면서 공교육의 타 교과 체제와 틀을 같이하는 표준 교육과정의 필요가 제기되었다.[2]

이러한 한국어 교육계의 전체적인 요구를 반영하여 국립국어원에서는 2010년에서 2017년까지 4단계 연구를 통해 〈국제 통용 한국어 표준 교육과정〉을 개발하였다. 이는 사회적 수준, 국가 수준의 교육과정이라고 할 수 있다. 그런데 한국어 교육 현장은 국내와 국외, 공교육 체제와 대학 부설 기관, 한글학교, 사설 어학 기관 등 다양한 교수 학습 상황에서 교육이 진행되어 하나의 표준으로 통일하기 어렵다. 이에 〈국제 통용 한국어 표준 교육과정〉은 개별 교육과정 수립, 교수 학습 설계, 교수요목 설계, 평가, 교재 개발 등을 위해 객관적 준거를 제시하는 참조 기준으로서 교육과정을 개발하는 방향을 취하였다. 특정 유형의 교육과정을 설계하거나 교재를 개발할 때 사용자들이 쉽게 참조할 수 있도록 하기 위해 총 6등급 체제에 맞추어 주제, 기능 및 과제, 언어 지식(어휘, 문법, 발음), 텍스트, 문화 범주의 내용을 제시하였다.

국가 수준의 교육과정은 특정 유형별·기관별 교육과정의 참조이자 지침으로 작용한

---

2   2017년 교육부 고시 한국어(KSL) 교육과정은 한국 내 다문화 가족의 증가에 따라 초·중·고등학교 내 필요를 반영하여 구성된 공식 교육과정이다. 해당 교육과정의 전문은 국립국어원 한국어교수학습샘터(http://kcenter.korean.go.kr), 교육부 국가교육과정정보센터(http://ncic.re.kr)를 통해 확인할 수 있다. 한편, 국가 수준의 교육과정은 교육이 실시되는 국가의 정책, 제도의 영향을 받으므로, 국외 중고등학교에서 한국어가 제2외국어로 채택된 경우에는 해당 국가의 외국어 교육 정책에 따라 교육과정 개발이 이루어질 수도 있다.

다. 〈국제 통용 한국어 표준 교육과정〉도 정부 주도로 개발되는 여러 교육과정 및 교재 개발의 참조 기준으로 활용되었다. 예를 들어 세종학당의 교재인 〈세종한국어〉, 〈세종한국어회화〉 등이 〈국제 통용 한국어 표준 교육과정〉에서 설정한 등급별 목표와 내용을 바탕으로 하여 개발되었다. 그 외에도 개별 대학 또는 기관 차원의 교육과정 개발과 운영에 영향을 끼쳤다.

수준별 교육과정에서 구체적인 실행이 이루어지는 단계는 수업 수준의 교육과정, 즉 수업 속에 반영된 교육과정이다. 교사는 교육과정에 따라 교수 학습 지도안을 개발하고 수업 자료를 개발한다. 교사가 교육과정을 해석하고 재구성하는 능력이 뛰어나다면 교수 학습 상황 및 학습자의 특성을 고려하여 효율적으로 교육과정을 구현할 수 있다. 결국 국가나 기관 수준의 교육과정이 마련되었다고 해도 수업에서 이를 실현하는 것은 교사의 몫이다. 교사는 수업에서 교육과정을 실제로 구현하며 학습자가 의미 있는 경험과 성취를 할 수 있도록 지원한다. 따라서 교육과정을 이해하고 재구성, 개발할 수 있는 교사의 역량이 매우 중요하다고 할 수 있다.

교육과정의 유형

한국어 학습자들에게 '왜 한국어를 배워요?'하고 물어보면 다양한 응답이 돌아온다. '한국인과 자연스럽게 의사소통하기 위해', '한국 문화에 관심이 있어서' 등 일반적인 어학 목적의 학습자가 많지만, 최근에는 '한국 대학원에 진학하기 위해서', '한국 기업에서 일하고 싶어서' 등으로 응답하는 학습자가 큰 폭으로 증가하였다. 일반 목적 한국어(Korean for general purposes) 교육과 구별하여 특정한 분야의 전문적인 역할을 수행하기 위해 필요한 한국어를 교육하는 것을 특수 목적 한국어(Korean for specific purposes) 교육이라고 한다.

일반 목적 한국어 교육과정은 다양한 목적의 한국어 교육에 공통적으로 요구되는 내용을 중심으로 조직된다. 국내 대학 부설 언어 교육 기관의 정규 과정은 일반 목적 한국어 교육과정을 기본으로 발전해 왔으나, 최근에는 한국 대학 진학을 준비하는 유학생이 증가하면서 이들의 목적과 요구에 부합하는 교육과정을 별도로 운영하는 경우가 있다.

특수 목적 한국어 교육과정은 학습자의 특정한 목적과 요구에 근거하여 개발, 운영되므로 학습 목적에 따라 유형을 세분화할 수 있다. 특정한 목적의 달성을 위해 필요한 한국어 능력을 향상시키는 것을 목적으로 구성하며, 학습자가 활동하고자 하는 특정 분야의 영역에서 자주 접하게 될 주제와 상황, 기능, 장르 등이 교육의 내용과 방법에 영향을 미친다. 지금까지 한국어 교육 분야에서 특수 목적 한국어의 유형으로 가장 많은 논의가 이루어진 것은 학문 목적 한국어(Korean for academic purposes)와 직업 목적 한국어(Korean for occupational purposes)이다.

학문 목적 한국어 교육과정에 대한 관심은 한국 대학 및 대학원에 진학하는 외국인들이 크게 증가했기 때문이다. 강의 듣기, 발표 및 토론, 보고서 작성, 시험 답안 작성 등 학업 수행을 위해 요구되는 한국어 기술을 향상시키기 위해 교육과정을 개발하는 것이 매우 중요해졌다.

직업 목적 한국어 교육과정 중에서는 비즈니스 목적 한국어 교육과정에 대한 관심이 높게 나타났다. 한국 기업에 취업하고 기업 내에서 직무를 수행하기 위해 필요한 주제, 상황, 과제 등이 교육과정에서 중요하게 고려되었다. 그 외에도 다양한 직업군에 따라 목적별 교육과정의 세분화가 가능하다. 관광 산업이 발달한 국가에서는 현지인 관광 가이드 양성을 위한 한국어 교육과정도 진행된다. 항공 승무원, 외국군, 선교사 등 세부적인 직업 유형별로 해당 직업군의 요구와 특성에 맞는 교육과정 개발이 이루어질 수 있다.

특정한 목적으로 규정하기는 어렵지만 학습자 대상의 특성을 고려하여 교육의 목표, 교육 내용, 교수 학습 방법 등이 달라지기도 한다. 대상별로 한국어 교육과정 유형을 구분할 때 중요하게 고려되는 대상은 국내 이주 외국인과 재외동포이다.

한국 사회가 급격히 다문화 사회로 변화함에 따라 이민자가 지역사회에 쉽게 정착할 수 있도록 지원하는 것이 중요한 사회적 과제가 되었다. 법무부의 사회통합프로그램은 한국어와 한국문화 0~4단계, 한국사회 이해 5단계의 교육과정으로 개발되어 이민자 대상으로 운영되고 있다. 다문화 배경을 가진 초·중·고등학생 대상의 한국어(KSL) 교육과정에서는 의사소통 한국어 능력 함양 외에 교과 적응을 위한 학습 한국어 교육도 중요하게 고려된다.

재외동포를 위한 한국어 교육과정은 한글학교, 민족학교 등에서 요구되는 것으로 외국인 대상의 한국어 교육과 달리, 정체성 교육 및 세계 시민 교육 등의 교육 목표가 중요하게 고려된다. 특히 전 세계 재외동포 대상 한국어 교육의 큰 비중을 차지하는 한글학교에서는 한국어 교육과정 외에도 한국문화, 한국역사 교육과정 등도 요구된다.

한국어 교육에 대한 관심이 높아지고 한국어 학습자가 증가할수록 학습자 집단의 다양한 특성과 요구를 반영하는 것이 중요한 과제가 된다. 따라서 한국어 학습자 집단의 특성을 고려한 목적별·대상별 교육과정 개발의 필요성도 계속 높아지고 있다.

한국어 교육과정 개발의 절차

교육과정을 개발하기 위해서는 무엇을 해야 할까? 요구 분석을 시작으로 교육 목표 설정, 교육 내용의 선정과 배열, 교수 학습 방법 및 평가 방향의 설정에 이르기까지 교육과정 개발에 필요한 절차를 중심으로 살펴보도록 하자.

① 요구 분석

학습자가 왜 한국어를 배우는지, 무엇을 어떻게 배우고 싶어 하는지에 대해 알 수 있다면 훨씬 효과적으로 교육을 진행할 수 있을 것이다. 교육과정 개발에서 요구 분석 (needs analysis)을 실시하는 이유는 학습자의 학습 동기 및 목적, 필요로 하는 학습 내용 및 방법 등의 정보를 수집하기 위한 것이다. 요구 분석의 결과는 교육 목표를 설정하거나 조정하는 데 사용될 수 있으며, 교육 내용의 선정, 교수 학습 방법의 선택에도 영향을 미친다. 따라서 교육과정 또는 교재 개발의 시작 단계에서 요구 분석을 실시할 뿐만 아니라, 이미 실행하고 있는 교육과정의 성과, 문제점 등을 진단하기 위해 교육과정이 진행 중이거나 완료된 후에도 실시할 수 있다.

요구 분석을 통해 수집된 정보는 객관적 정보와 주관적 정보로 구별된다(Nunan, 1988:18). 객관적 정보는 학습자 연령, 국적, 모어, 한국 거주 기간 등 관찰 가능한 사실적 정보이다. 주관적 정보는 학습자의 인식, 목표, 선호도 등 인지적·정의적 요구에 관한 것으로, 학습자의 학습 동기와 목표, 선호하는 학습 내용 및 방법 등에 대한 정보를 제공해 준다.

요구 분석의 방법으로 가장 널리 활용되는 것은 설문 조사이다. 설문 조사는 대규모의 조사가 가능하고 조사 목적에 맞게 문항을 구성하여 결과 데이터를 수량화할 수 있다는 장점이 있다. 그러나 설문 조사만으로는 심층적인 정보를 수집하는 데 한계가 있으므로, 정보를 추가적으로 얻기 위해 심층 면접을 실시하기도 한다.[3]

---

3 요구 분석을 할 때 연구자가 편향을 가지거나 불완전한 정보를 가지고 결과를 도출하지 않도록 유의해야 한다. 이를 위해 가급적 두 가지 이상의 출처를 통해 정보를 수집하는 삼각 접근법(triangular approach)을 사용하는 것이 바람직하다(Richards, 2001:59). 예를 들어 외국인 유학생을 위한 한국어 쓰기 교육과정 개발을 위해 학습자 설문 조사, 교사 인터뷰, 학습자의 작문 자료 분석 등을 통해 정보를 수집한다면 하나의 조사 방법만을 사용하는 것보다 훨씬 다양하고 심층적인 정보를 얻을 수 있다.

이론에서 출발하여 현장까지!
손에 잡히는 한국어 교육학 개론

② 교육 목표 설정

교육 목표(objective of education)란 교육을 통해서 기대하는 구체적인 성과를 말한다. 이는 교육과정을 통해 궁극적으로 도달하고자 하는 일반적인 방향, 교육의 최종 도달점을 의미하는 교육 목적(goal of education)과 구별된다. 교육 목적은 교육 전체를 통해 학습자가 도달하기를 바라는 일반적인 방향을 제시한 것으로 교육과정이 추구하는 철학과 이념을 반영한다.[4]

교육 목적은 교육의 최종 도달점에 대한 일반적인 진술이므로 다양한 해석이 가능하다. 교육 현장에서 교육 목적을 구현하기 위해서는 세부적이고 구체적인 목표를 설정할 필요가 있다. 듣기·말하기·읽기·쓰기 기술의 등급별 목표는 학습 후에 도달하게 될 구체적인 수행 목표, 기술별 세부 목표, 주제 또는 내용 관련 목표, 숙달도 기준 목표를 포함하여 기술할 수 있다. 다음은 〈국제 통용 한국어 표준 교육과정〉에서 제시한 말하기 1급의 목표이다.

- 말하기 1급의 목표
  : 자신과 다른 사람을 소개할 수 있고 일상생활에서 오가는 매우 간단한 대화와 빈번하게 쓰이는 정형화된 표현을 생산할 수 있다.

목표를 기술할 때에는 학습 결과를 명확한 표현으로 기술하도록 유의한다. 예를 들

---

4 목적 및 목표는 어느 수준에서 쓰이는가에 따라 일반적 수준에서 구체적 수준까지 개념화될 수 있다. 국가나 체제 수준에서 거시적, 장기적으로 제시한 것이 교육 목적이라면, 개별 학교의 교사 수준에서 만들어지는 것은 수업 목표에 해당한다. 교육 목표는 목적과 수업 목표 사이에 놓여 있는 것으로 볼 수 있다. 교육 목표는 교육 목적보다는 구체적이지만 수업 목표보다는 일반적인 진술 형태를 띤다(김재춘 외 2005:159 참조).

어 '자기소개에 대해 학습한다.'보다는 '자신과 다른 사람을 소개할 수 있다.'와 같이 학습 결과로서 관찰할 수 있는 수행 목표를 기술하는 것이 좋다. 또한 교육에 주어진 시간 및 학습자의 숙달도를 고려하여 성취할 수 있는 결과, 즉 실행 가능한 수준으로 기술해야 한다.

③ 교육 내용의 선정과 배열

교육 목표를 설정한 후에는 학습자의 요구, 교육 목표에 부합하는 내용 범주를 정하게 된다. 전통적인 언어 교육에서는 주로 문법, 어휘, 발음 등 구조에 해당하는 범주를 중심으로 내용을 구성하였으나 의사소통 중심 교수법, 학습자 중심 교육이 강조되면서 의사소통 기능, 과제, 듣기·말하기·읽기·쓰기의 세부 기술, 학습 전략 등 다양한 내용 범주를 고려하게 되었다. 교수요목의 유형에 따라 중점을 두는 내용 범주에 차이를 갖게 된다.

교육 내용의 범주를 결정한 후에는 범주별로 구체적인 교육 항목을 선정하게 된다. 교육 내용을 선정하는 기준은 범주의 특징에 따라 차이를 가질 수 있다. 문법 항목을 선정하는 경우에는 문법의 빈도수, 난이도 등을 기준으로 고려하게 된다. 주제 및 상황의 경우에는 등급별 적절성 외에 학습자의 학습 목적, 선호도 등에 대한 요구 분석 결과를 반영할 수 있다. 예를 들어 비즈니스 목적 한국어 교육과정이라면 비즈니스 상황에서 중요도가 높은 주제와 상황을 선정해야 할 것이다. 교육 내용의 범주별로 적절한 등급 범위 내에서 내용 항목을 선정하고자 할 때에는 〈국제 통용 한국어 표준 교육과정〉에서 제공하는 목록을 참조할 수 있다.

교육 내용의 구체적인 항목을 선정하고 나면 교육과정 내에서 무엇을 먼저 가르칠지 순서를 정하게 된다. 등급 내에서도 교육과정의 출발점에서 목표점까지 설정된 수업 시수, 범주를 고려하여 배열할 필요가 있다. 교육 내용 배열의 순서를 정하기 위해 Richards(2001)가 제시한 기준을 참고할 수 있다.

- 난이도에 따라 단순한 것에서 복잡한 것의 순서로 배열한다.
- 현실 세계에서 일어나는 순서에 따라 배열한다.
- 학습자의 요구를 반영하여 교실 밖에서 필요한 것부터 제시한다.

- 다음 단계를 위해 기초로서 필요한 것을 먼저 배열한다.
- 전체에서 부분으로, 또는 부분에서 전체로 배열한다.[5]
- 학습한 것을 다시 사용할 기회를 가질 수 있도록 나선형으로 배열한다.

㉯ 교수 학습 방법의 방향

교사들이 수업을 계획할 때 '왜, 무엇을 가르칠 것인가' 못지않게 중요한 것은 '어떻게 가르칠까'에 관한 것이다. 교육과정을 문서화할 때 교육 목표와 내용 중심으로 제시하는 경우가 많지만, 목표를 효과적으로 성취하기 위해서는 어떤 교수 학습 방법을 사용할 것인가에 대해서도 방향을 제시해야 한다. 언어 교수 접근법, 수업 구성 및 학습자 활동의 방식, 교육 자료의 선택, 매체의 활용, 듣기·말하기·읽기·쓰기 기술별 연계 방식, 각 언어 기술의 특징을 고려한 교수 학습 방법에 대하여 지침을 제공하는 것이다. 예를 들어 의사소통적 교수법을 토대로 하는 교육과정에서도 듣기·말하기·읽기·쓰기를 통합하여 교육을 실시하는 경우, 각 언어 기술을 분리하여 교육하는 경우, 이해 영역(듣기와 읽기)과 표현 영역(말하기와 쓰기)으로 나누어 교육하는 경우, 구어(듣기와 말하기), 문어(읽기와 쓰기)를 나누어 교육하는 경우는 수업의 구성과 학습자 활동의 방식에 차이를 가질 수 있다. 따라서 교육의 목표와 내용에 적절한 교수 학습 방법을 적용하도록 교육과정을 통해 안내할 필요가 있다. 이는 교사가 교수 학습 지도안을 작성하여 수업을 운영하기 위한 지침이 된다.

---

5   '전체에서 부분으로', '부분에서 전체로'의 원리는 교육 내용 및 방법에 따라 다르게 적용될 수 있다. '전체에서 부분으로'의 예는 읽기 수업에서 전체적인 내용 이해 후에 세부 내용을 이해하는 방식을 들 수 있다. 과정 중심 쓰기 수업에서 문장 쓰기, 단락 쓰기를 거쳐 한 편의 글을 완성하는 방식은 '부분에서 전체로'에 해당하는 예이다.

⑤ 평가 방향

언어 교육과정에서 언어 능력 평가는 학습자가 교육 복표를 어느 정도 성취했는지를 측정하는 기준이 된다. 따라서 교육과정을 개발할 때 교육 목표와 내용 등을 고려하여 적절한 평가를 계획하고 운영할 수 있도록 방향을 제시해야 한다. 평가 계획과 방법뿐만 아니라 평가 결과를 어떻게 활용할 것인지에 대해서도 지침을 제공하는 것이 교육 현장에서 교수 학습을 계획하고 개선하는 데 도움이 된다.

한편, 교육과정의 질을 관리하고 개선하기 위해서는 교육과정 자체에 대한 평가(evaluation)가 필요하다.[6] 교육과정의 계획부터 실행에 이르기까지 교수요목, 수업 자료, 수업 전개 방식, 교수 학습 환경, 학습 결과, 교육과정 및 수업에 대한 교사와 학습자의 인식 등 다양한 측면의 정보를 수집하여 교육과정의 효과를 분석하고 개선할 사항을 모색해야 한다. 학습자들이 교육 목표를 어느 정도 성취했는가를 보여 주는 한국어 능력 평가, 강의 평가의 결과도 교육과정을 평가하는 중요한 자료가 된다.

교육과정 평가는 목적에 따라 형성 평가(formative evaluation)와 총괄 평가(summative evaluation)로 구별할 수 있다. 형성 평가는 과정 중간에 실시되는 것으로 수업 또는 교육과정의 부족한 점을 파악하여 개선하기 위한 목적으로 실시한다. 총괄 평가는 교육과정이 끝난 후에 실시하는 것으로 전반적인 교육의 효과를 평가하는 데 목적이 있다. 총괄 평가를 통해 해당 교육과정을 다시 시작할 때 어떤 부분의 개선이 필요한지, 나아가 새로운 교육과정의 개발이 필요한지 등에 관한 의사 결정을 내리게 된다. 결국 교육과정

---

6 '평가'의 용어는 다양한 의미로 사용되고 있어 구별할 필요가 있다. '언어 능력 평가'는 영어의 test, assesment에 해당하며 한국어에서는 '시험'이라는 용어로도 자주 사용된다. '교육과정 평가'는 영어의 evaluation에 해당하는 것으로 효과나 가치를 판단하는 의미가 내포되어 있다.

평가는 교육과정 실행의 모든 단계에 걸쳐 이루어지며 평가의 결과도 교육과정 전반에 영향을 미친다고 할 수 있다.

1.2. 한국어 교수요목 설계하기

교수요목의 개념

교수요목(syllabus)은 교육의 내용을 선정하여 학습의 순서를 정해 놓은 목록을 말한다. 무엇을 어떤 순서로 가르칠지 구체적인 계획을 보여 주는 실체로서 교육과정을 교육 현장에서 실행할 수 있게 해 주는 핵심 요소라고 할 수 있다. 교재를 개발하는 경우에 교수요목은 교재의 기본적인 내용과 교수 방법을 보여 주는 설계도의 역할을 한다.[7]

최근 개발된 한국어 교재들은 단원을 시작하기에 앞서 단원의 목차뿐만 아니라 교재 구성표를 제시한 경우가 많은데, 교재 구성표를 살펴보면 교육 내용의 범주, 선정된 학습 항목의 조직과 배열, 즉 교수요목의 설계 방식을 알 수 있다. 예를 들어 다음의 교재 구성표를 보면, 교수요목의 내용 범주로서 주제, 기능, 문법과 어휘, 문화를 설정했음을 알 수 있다.

---

7   교수요목을 교육과정(curriculum)과 유사한 의미로 사용하는 경우도 있으나 언어 교육에서는 교육 내용을 상세화하고 순서를 정하는 일과 관련된 교육과정 활동의 일부로 보는 것이 일반적이다. 이는 교육과정 자체에 대한 평가를 제외한 개념이며(배두본, 2000:46), 교육과정 개발 절차 중 교육 내용을 선정하고 배열하는 일에 초점을 맞춘 것이다. 예를 들어 여행 한국어 교육과정을 개발하는 경우, 비행기 내, 공항 이용, 교통편 이용, 호텔 문의 등 한국어가 필요한 상황을 중심으로 내용을 선정하고, 학습자가 접하게 될 상황의 순서에 따라 필요한 한국어 표현 학습 항목을 배열한 결과가 교수요목이라고 할 수 있다.

이론에서 출발하여 현장까지!
손에 잡히는 한국어 교육학 개론

과	주제	기능	문법	어휘	문화
10	주말 계획	연휴 계획 이야기하기 장소에 가는 목적 말하기	-(으)ㄹ 거예요 -거나 -(으)러 가다/오다	시간 부사	한국 사람들은 주말에 뭐 해요?
11	교통수단	교통편과 소요 시간 묻기 교통편 묻고 답하기	-(으)려고 하다 (으)로 에서, 까지	교통수단 교통 이용 장소	교통 카드 하나로 뚝딱!

출처: 국립국어원(2019), 〈다문화가정과 함께하는 즐거운 한국어-초급 1〉, 하우출판사

그런데 교육의 내용 범주를 정하여 학습해야 할 항목을 선정하고 학습의 순서를 결정하는 일은 교육과정 개발 절차와 독립적으로 진행할 수 있는 일이 아니다. 어떤 내용 범주를 우선으로 해야 할지를 판단하기 위해 학습자의 요구를 파악해야 하고 교육의 목표를 설정해야 하며 언어 교수법에 대해서도 관점을 가져야 한다. 즉 교수요목 설계를 위해서는 교육과정 개발의 주요 절차인 요구 분석, 교육 목적 및 교육 목표 설정, 교육 내용의 선정과 배열, 교수 학습 방법의 결정 등이 체계적으로 진행되어야 한다. 즉, 교육과정 개발의 절차를 체계적으로 수행해야 교수요목 설계가 가능하다고 할 수 있다.

교수요목의 유형

한국 여행에 관심이 많은 학습자들을 대상으로 수업을 진행하게 되었다. 한 학기 동안 어떤 내용을 중심으로 수업을 구성하는 것이 좋을까?

교수요목을 설계하기 위해서는 교육과정의 내용 체계로서 중요하게 고려되는 범주를 정해야 한다. 전통적인 외국어 교육에서는 문법과 어휘 등의 언어 구조를 중심으로 학습 항목을 정하고 순서를 배열하는 경향이 있었으나 의사소통 중심 교수법이 발달하면서 언어 교육의 내용 범주에 대해 다양한 접근이 이루어졌다. 예를 들어 여행 한국어 초급 교육과정을 개발하는 경우라면, 교수요목의 내용 범주로 다음과 같은 선택 가능성을 두고 고민하게 될 것이다.

- 주제: 장소, 교통, 쇼핑, 음식, 날씨 등
- 의사소통 기능: 인사하기, 소개하기, 질문하기, 요청하기 등
- 상황: 공항, 호텔, 지하철, 식당, 여행지 등

교수요목을 설계할 때 어떤 범주를 중심으로 내용을 조직할 것인가에 대한 결정은 언어 교수법에 대한 신념, 외국어 교육의 동향 등에 영향을 받는다. 전통적인 언어 교육의 방식은 문법·발음 등을 중시하는 구조 교수요목이지만, 의사소통 중심 교수법의 발달과 함께 의사소통 기능을 중시하는 교수요목, 실생활 과제를 중심으로 조직하는 교수요목 등 다양한 접근 방식이 인기를 얻게 되었다. 다음은 한국어 교육에서 중요하게 반영해 온 내용 범주를 중심으로 교수요목의 유형과 특징을 간략히 정리한 것이다.

〈표 1-1〉 한국어 교수요목의 유형과 특징

교수요목	특징
구조 교수요목 (structural syllabus)	문법의 난이도, 빈도수를 기준으로 하여 언어 구조 중심으로 배열한다. 예 명사문, 자동사문, 타동사문, 과거시제, 관형절 등
상황 교수요목 (situational syllabus)	특정한 의사소통 행위가 전형적으로 일어나는 상황을 중심으로 배열한다. 예 식당, 호텔, 우체국, 병원, 옷 가게 등
기능 교수요목 (functional syllabus)	의사소통능력에 숙달하기 위해 의사소통 기능을 중심으로 배열한다. 예 설명하기, 제안하기, 동의하기, 소개하기 등
주제 교수요목 (topical syllabus)	숙달도 수준을 고려하여 필요도 및 선호도가 높은 주제를 중심으로 배열한다. 예 가족, 날씨, 음식, 쇼핑, 건강 등
기술 교수요목 (skills syllabus)	읽기·쓰기·듣기·말하기 활동을 수행하는 데 필요한 개별 기술을 중심으로 배열한다. 예 읽기: 주제문 찾기, 훑어 읽기, 문맥으로 단어 의미 유추하기 등
과제 중심 교수요목 (task-based syllabus)	목표 언어로 수행하게 될 실생활 과제를 중심으로 배열한다. 예 생일 파티 초대 카드 쓰기, 업무 계획 보고하기 등

위의 표는 주요 교수요목의 내용 선정과 배열의 기준을 보여 준다. 그런데 교수요목 유형마다 다른 교수요목과 차별되는 이점이 있으나 단일 교수요목으로 설계했을 때의 문제점도 가지고 있다. 예를 들어 구조 교수요목의 경우, 의미보다 형태에 집중하게 하고 학습자의 의사소통능력을 향상시킬 수 있는 방안을 마련해 주지 못하며 자연스러운 제2언어 습득의 순서를 반영하지 못한다는 점 등 여러 비판이 제기되었다. 기능 교수요목은 교육의 내용을 화자가 의사소통하려는 의도 중심으로 조직하여 구조 교수요목의 대안을 제공하였지만, 의사소통능력에 대해 지나치게 단순한 시각을 보여 준다는 문제가

지적되기도 하였다.[8] 과제 중심 교수요목은 학습자가 실생활 과제를 통해 유의미한 의사소통 활동에 참여하게 함으로써 학습 동기를 유발하고 실제적인 의사소통능력 향상을 가능하게 한다는 점에서 주목 받았다. 그러나 학습자의 숙달도를 고려하여 과제를 설정하고 난이도를 정하는 것이 쉽지 않으며, 유창성을 높일 수는 있으나 정확성 발달에는 도움을 주지 못할 수도 있다는 우려가 제기되었다. 이에 과제 중심 교수요목을 채택하더라도 한국어를 낯선 언어로 처음 접하는 성인 학습자의 특성을 고려하여 '형태를 고려한 과제 중심 교수요목'으로 설계해야 한다는 주장(김정숙, 2002:43)이 유용하게 받아들여졌다.

혼합 교수요목 설계하기

현실적으로 한국어 교육 현장에서 교수요목을 설계하기 위해 가장 많이 채택하는 방식은 둘 이상의 교수요목을 함께 사용하는 혼합 교수요목(integrated syllabus)이다. 교육을 위한 내용 범주를 선정할 때 구조, 주제, 상황, 기능, 과제 중 둘 이상을 포함하여 하나의 교수요목 틀로 구성하는 것이다. 이때 어떠한 언어 교수 접근법을 지향하는가에 교수의 우선순위가 달라질 수 있으며 그러한 관점이 교수요목 설계에 반영된다. 최근 개발된 한국어 교재들 중에는 다음과 같이 주제, 기능을 중시하면서 문법·어휘·발음 등의 구조를 연계하는 혼합 교수요목인 경우가 많다.

---

8   기능 교수요목의 출발은 Wilkins(1976)의 개념·기능 교수요목(notional-functional syllabus)이다. 개념은 언어를 통해 표현하는 의미이고 기능은 언어 활동을 통해 수행하는 의사소통의 목적을 말한다(김정숙, 2002:33). 개념에는 격, 시간, 수량, 공간 등이 포함되고, 기능에는 동의하기, 반대하기, 평가하기, 설득하기, 설명하기 등이 포함된다.

이론에서 출발하여 현장까지!
손에 잡히는 한국어 교육학 개론

단원	주제	기능	문법	어휘와 표현	발음
10	물건 찾기	물건에 대한 묘사를 듣고 말하기 물건의 모양과 위치를 설명하는 글을 읽고 쓰기	−(으)ㄹ 거예요 −아/어 있다	물건의 모양 물건의 상태 묘사	받침 ㅇ
11	날씨	날씨와 날씨의 변화에 대해 듣고 말하기 날씨에 대해 설명하는 글을 읽고 쓰기	−아지다/어지다 −네요	날씨	ㅆ

출처: 국립국어원(2012), 〈세종한국어 3〉, 하우출판사

혼합 교수요목으로 설계하는 경우에도 일차적인 범주를 선정하고 이를 기준으로 범주를 추가하는 절차가 필요하다. 교재 구성표는 교사와 학습자가 볼 수 있도록 간결하게 핵심 범주 위주로 제시하지만, 교수요목의 실제 설계는 좀 더 복잡한 절차를 포함할 수도 있다. 다음은 주제를 일차적인 범주로 하면서 기능과 과제, 기술, 구조, 문화 등의 범주를 연계한 혼합 교수요목 설계의 절차를 예시한 것이다.[9]

〈그림 1-4〉 혼합 교수요목 설계 절차의 예

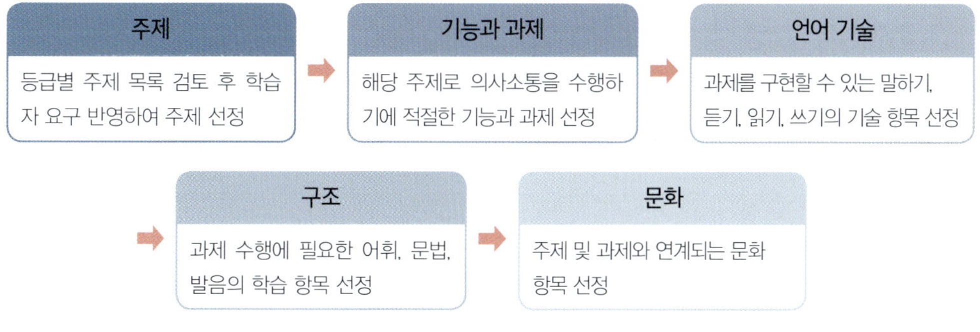

---

9 실제 교수요목 설계에서는 학습자 요구, 교육 목표, 지향하는 언어 교수법에 따라 다른 내용 범주가 우선순위를 가질 수 있으며 범주의 선택도 달라질 수 있다.

> **더 알아보기**
>
> 교수요목에서 내용을 제시하는 유형에는 선형(linear type), 조립형(modular type), 나선형(spiral type), 기본 내용 제시형(matrix type), 줄거리 제시형(story−line type) 등이 있다(배두본, 2000:171−179). 선형은 교수 항목의 위계와 순서를 정하여 제시하는 것으로 주로 초급에서 문법을 교수하는 경우에 사용된다. 조립형은 주제나 상황에 관련된 언어 내용과 언어 기술을 통합한 유형으로 주제형 또는 상황 중심형이라고도 한다. 나선형은 하나의 과정에서 학습자가 교수 항목을 2회 이상 학습하도록 전개하는 방식인데, 단순한 반복이 아니라 새로운 학습 목표와 통합하거나 심화하는 방식으로 구성하도록 한다. 최근 개발된 한국어 교재들은 대부분 나선형 설계를 지향하고 있다. 기본 내용 제시형은 학습해야 할 과제를 한 축으로 하고 주제나 상황을 또 다른 축으로 매트릭스를 만들어 제시하고 사용자가 주제를 선택하여 학습할 수 있도록 융통성을 제공하는 방식이다. 등장인물이 부딪히는 상황을 중심으로 전개되는 말하기 교재, 이야기를 바탕으로 구성하는 읽기 교재 등에서는 줄거리 제시형이 적용되기도 한다.

1.3. 한국어 평가 계획하기

평가의 유형

한국어 교육과정의 실행 단계에서는 여러 목적에 따라 학습자의 한국어 능력을 진단하고 교육 목표에 어느 정도 도달했는지를 측정하는 평가를 실시하게 된다. 한국어 교육 현장에서 중요하게 사용되는 평가의 유형은 배치 평가(placement test), 진단 평가(diagnostic test), 형성 평가(formative test), 성취도 평가(achievement test), 숙달도 평가(proficiency test)이다. 이는 평가의 목적에 따른 분류이다.

이론에서 출발하여 현장까지!
손에 잡히는 한국어 교육학 개론

배치 평가는 학습자의 한국어 능력에 맞게 반을 편성하여 교육할 수 있도록 실시하는 평가이다. 따라서 교육과정을 시작하기 전에 실시한다. 학습자에 따라 듣고 말하기는 잘하지만 읽고 쓰기는 취약한 경우도 있고 그 반대의 경우도 있으므로, 전반적인 한국어 능력을 평가해야 학급 배치를 결정하는 데 도움이 된다.

진단 평가는 학습자 언어의 특정한 측면을 진단하여 어떤 부분에서 보충이 필요한지 확인하기 위해 실시하는 평가이다. 수업을 어느 정도 진행한 후에 실시하며 성적에 반영하기보다는 학습자의 부족한 부분을 지적하고 교정할 수 있도록 안내하는 데 목적이 있다. 예를 들어 학습자의 발음이 취약한 경우에 어떤 부분에서 어려움이 있는지, 어떤 노력이 필요한지 알려 주면 학습자가 취약한 부분의 발음을 집중적으로 학습할 수 있어 유용하다.

형성 평가는 수업 중에 수시로 학습자의 학습 정도를 확인하기 위해 실시하는 평가이다. 수업을 시작하기 전에 실시하는 복습 퀴즈, 소단위의 학습을 마치고 학습 내용을 이해했는지 확인하기 위해 실시하는 간단한 퀴즈 등이 형성 평가에 해당한다.

성취도 평가는 교육과정에 따라 일정한 교육 기간을 거쳐 교육 목표를 어느 정도 성취했는가를 측정하기 위해 실시하는 평가이다. 교육기관에서 진행하는 중간시험, 기말시험 등이 대표적인 예이다. 성취도 평가를 위해 시험을 실시하는 경우에는 교육과정의 목표와 범위에 맞는 내용으로 평가 문항을 개발해야 한다.

숙달도 평가는 전반적인 언어 능력을 측정하기 위해 실시하는 평가이다. 특정 학습자가 경험한 교육과정이나 교재의 내용과 관계없이 일정한 기준의 숙달도(proficiency)에 도달했는가를 측정하는 것이 목적이다. 한국어를 모어로 하지 않는 재외동포·외국인의 한국어 사용 능력을 평가하여 1~6급의 등급으로 판정하는 한국어능력시험(Test of Proficiency in Korean, TOPIK)이 대표적인 숙달도 평가이다.

평가 도구의 제작 및 실행

한국어 교사로서 처음으로 중간시험 문제를 출제하게 되었다. 무엇을 준비해야 할까? 평가 도구를 제작하기 위해 필요한 절차를 메모해 보자.

교육 기관의 규모가 큰 경우에는 교사들이 함께 급별로 평가를 준비하지만, 교육 상황에 따라 교사가 직접 시험 문항을 개발하고 평가 전반을 관리하게 되는 경우도 많다. 어떤 경우든 효과적인 평가를 실시하기 위해서는 평가의 방향과 절차를 사전에 계획하여 평가 틀을 마련한 후에 문항을 개발해야 시행착오를 줄일 수 있다.

평가 도구를 제작할 때에는 타당도, 신뢰도, 실용도 등의 평가 요건을 고려해야 한다. 타당도(validity)는 평가 도구가 평가하고자 하는 것을 충실하게 평가하는가, 즉 학습 목표를 얼마나 정확하게 측정하는가를 말한다. 일반적으로 평가의 목표에 맞게 평가 범위 내에서 대표성을 띤 내용들을 다양하게 포함해야 타당도가 높다고 본다. 신뢰도(reliability)는 평가의 결과를 얼마나 믿을 수 있는가의 문제이다. 예를 들어 동일한 평가를 시간 간격을 두고 다시 실시했을 때에도 일관된 결과가 나온다면 신뢰도가 높다고 할 수 있다. 말하기나 쓰기 같은 표현 평가에서는 명확한 채점 기준, 채점자의 전문성이 신뢰도에 영향을 미친다. 그 외에 평가 준비를 위해 들여야 하는 노력과 비용, 채점의 용이성, 시험 결과의 활용 등 실용도의 요건도 고려해야 한다.

한국어 교육 현장에서 교사가 직접 제작하게 될 가능성이 가장 높은 평가는 성취도

이론에서 출발하여 현장까지!
손에 잡히는 한국어 교육학 개론

평가이다. 평가 목표에서 결과의 활용에 이르기까지 다음과 같은 절차를 거쳐 성취도 평가 도구를 제작하고 실행할 수 있다. 다음은 교육 평가의 일반적 절차를 참조하여(김재춘 외, 2005:231-248), 한국어 성취도 평가 도구의 제작 및 실행의 절차를 제시한 것이다.

<표 1-2> 평가 도구 제작 및 실행의 절차

평가 절차	주요 사항
평가 목표 확인	• 학습자가 성취해야 할 교육과정의 목표를 확인한다.
평가 영역과 내용 선정	• 교육과정의 목표와 내용에 맞는 평가 영역을 설정한다. 언어 기술별 통합 평가, 분리 평가 등 평가 영역 체계를 결정한다. • 평가 영역별로 교육과정의 범위 내에서 고르게 중요한 내용을 선정하여 평가 항목 목록으로 준비한다.
평가 방법 결정	• 평가 영역의 특징에 맞게 타당한 평가 방법을 결정한다. (예 쓰기 평가 - 서술형)
평가 틀 설계	• 평가 영역별로 문항 구성 틀을 설계한다. • 문항 구성 틀에는 문항 유형, 문항 수, 각 문항의 배점, 난이도 등을 포함한다.
평가 문항 개발	• 평가의 내용과 방법에 맞게 평가 문항을 작성한다. • 검토 및 보완을 거쳐 잘 개발된 문항을 선택한다.
평가 문항 검토	• 학습자가 응시하게 될 평가 문항을 검토한다. • 지시문의 명확성, 문항별 측정의도, 답지의 매력도, 난이도의 적절성, 시험 시간 및 문항 수의 적절성, 채점 기준의 명확성 등을 검토한다.
평가 환경 구축	• 평가 장소, 시험지, 답안지 등의 물리적 환경의 준비를 확인한다. • 듣기 평가의 경우는 음향 장비, 평가 장소의 소음 상태 등을 사전에 확인한다. • 감독자, 채점자 등을 정한다.
평가 실시 및 결과 분석	• 평가를 실시하고 평가 결과를 정리한다. • 평가 결과의 분석을 통해 평가 자체에 보완할 사항이 있는지 점검한다.
평가 결과의 활용	• 학습자에게 평가 결과 및 이후 학습에 도움이 되는 피드백을 제공한다. • 성취도 평가의 결과는 다음 단계의 진급 여부를 결정하는 데 활용할 수 있다. • 교사의 수업 활동, 교육 자료 등 개선이 필요한 사항이 있는지 점검한다. • 교육과정 전반에 걸쳐 개선이 필요한 사항이 있는지 점검한다.

교사가 평가를 실행할 때에는 위에서 제시한 절차 중 일부만 진행하거나 통합하여 진행할 수도 있고, 평가 방식에 따라 다른 절차를 추가할 수도 있다. 중요한 것은 평가를 실행하기 전에 평가 전반에 대한 계획을 세워야 한다는 점이다. 평가는 학습자의 학습 성과를 보여 줄 뿐만 아니라 이후의 학습에 영향을 미치며, 교사의 수업 내용 및 방법을 포함한 교육과정 전반의 개선점을 찾는 데 중요한 근거 자료가 된다. 따라서 교사로서 평가 계획을 잘 수립하여 실행하고 평가 결과를 적극적으로 활용해야 한다.

지금까지 한국어 교육과정, 교수요목 설계 및 평가 계획에 대하여 간략히 살펴보았다. 교사는 새로운 학습자들과 수업을 하는 동안 '무엇을 어떻게 가르칠까? 학습자가 배운 것을 이해하고 활용할 수 있는지 어떻게 평가할까?' 등의 고민을 계속해서 하게 된다. 교육과정은 교사가 길을 잃지 않고 수업을 체계적으로 운영할 수 있도록 도와주는 길잡이가 될 것이다. 최근에는 한국어 교육 현장에서 참조할 수 있는 국가 수준의 표준 교육과정이 마련되어 다양한 유형의 교수요목 설계, 교재 및 평가 개발에 적용하는 사례도 늘고 있다. 그러니 새로운 교수 학습 상황에 대해 두려워하지 말고 교육 목표, 교육의 내용과 방법, 평가까지 교육과정의 전체 흐름 속에서 계획하고 실행하는 교사가 되기를 바란다.

2장

한국어 교재, 선정하고 활용하기

이정란 • 한국학중앙연구원

일반적으로 언어 교육의 중요한 세 가지 요소로 교사, 학습자, 교재를 꼽는다. 교사는 가르치는 사람이고, 학습자는 배우는 사람을 일컫는다. 그렇다면 교재는 무엇이고, 한국어 수업에서 왜 중요한가? 서점에 있는 수백 권의 교재 중에서 교사와 학습자에게 잘 맞는 교재는 어떻게 고를까? 이 장은 이러한 질문에 대한 답을 찾아가는 과정이 될 것이다.

이론에서 출발하여 현장까지!
손에 잡히는 한국어 교육학 개론

2.1. 교재 알아보기

교재의 개념

여러분은 '교재'라는 말을 들으면 무엇을 떠올리는가? 출판된 책을 떠올리기도 하고 교사가 나누어 주는 유인물을 떠올리기도 할 것이다. 우리가 '교재'라는 말 속에서 여러 가지를 떠올리는 것은 그만큼 교재의 범위가 넓기 때문이다. 특히 현대 사회에서는 다양한 전달 수단이 발달하면서 교재의 범위가 더 넓어졌다. 교재에 대한 학문적 정의를 몇 가지 살펴보자.

> 교육 목표를 구현하기 위해 교육자가 가르치고자 하는 체계적인 내용을 문서, 웹 등을 매개체로 하여 학습자의 요구 및 목적에 맞게 효율적으로 전달하는 교육적 도구이다(서종학 외, 2020:4).
>
> 교육 목표를 효과적으로 달성하기 위하여 교수 학습 과정에서 사용하는 자료로서 교육과정에 담긴 교육 내용을 교육 철학과 함께 제공하는 물리적 실체이다(한국어교육학 사전, 2014:892).

위의 두 정의는 대동소이한데, 공통적인 조건을 보면 교재(materials)는 '교육 목표에 맞게 교육 내용을 전달(제공)하는 도구'라 할 수 있다. 그렇다면 이러한 조건에 맞기만 하면 어떠한 '도구'도 모두 교재라 할 수 있을까? 교재에는 무엇이 포함될 수 있을지 배두본(2010:3-5)의 개념을 통해 교재의 범위를 생각해 보자.

넓은 의미: 교수와 학습에 사용되는 모든 입력(input)을 지칭하며 시각과 청각, 시청각 등 인간의 감각 기관을 통하여 교수와 학습이 일어나도록 도와주는 유형 또는 무형의 모든 입력 자료(input materials)를 의미한다.

좁은 의미: 학습용으로 직접 입력이 되는 자료나 교수에 직접 또는 간접적으로 사용되어 교수와 학습에 직접적인 영향을 주는 교재(texts), 프로그램, 상황, 과업, 활동은 물론 교육 자료(materials)에 해당되는 보조 교구(teaching aids)와 교육 매체(educational media)를 지칭한다.

가장 좁은 의미: 학교 교육에서 교사가 수업을 진행하거나 학생들이 학습하면서 직접 사용하는 교육 자료(instructional materials)를 말한다. 이러한 관점에서 교재는 학교 교육의 바탕 위에서 교과 목표, 내용, 학습 활동, 교사와 학생의 역할, 학습 시간, 과업을 고려하여 계획된 교과서, 참고서, 연습장(workbook), 부교재 등을 지칭하며, 그 외에도 보조 교구로 사용되는 시각 자료, 청각 자료, 시청각 자료, 실험 기구, 실습 자료, 활동들도 교재에 포함된다.

위의 내용을 보면 교재에 어떠한 범위까지 포함시킬 것인가 고민이 된다. 교재를 넓은 의미로 보면, '인간의 감각 기관을 통하여 교수와 학습이 일어나도록 도와주는 유형 또는 무형의 모든 입력 자료'라 하였으니 수업 시간에 교사가 하는 발화도 모두 교재에 포함될 수 있다. 그러나 일반적으로 언어 교육에서 '교재'라는 용어를 사용할 때의 개념은 위의 정의 중 '가장 좁은 범위'에 가깝다고 할 수 있다. 즉, 교사가 수업을 진행하거나 학습자가 학습하면서 직접 사용하는 각종 교육 자료들로, 출판된 책(textbook), 연습용 책(workbook), 유인물은 물론이고, PPT 자료, 사진이나 그림 자료, 녹음 자료, 드라마나 뉴스 같은 시청각 자료 등이 포함된다고 할 수 있다. 이 책에서도 교재를 이와 같은 의미로 사용하며, 출판된 교재로서 교실에서 주로 사용하는 교재를 주교재(textbook), 그 외 교재들은 부교재(supplementary materials)로 지칭한다.

교재의 기능

앞서 언어 교육의 세 요소 중 하나가 교재라 하였다. 그렇다면 수업에서 교재는 왜 필요할까? 배두본(2010:8-9)에서는 Allwright(1990)의 관점을 인용하여 교재의 필요성을 설명하고 있다. 한 가지는 '교사의 불완전성에 근거한 관점(deficiency view)'으로, 교사가 교수요목을 모두 이해하여 적절한 양의 연습을 고안해 내는 데는 능력의 한계가 있기 때문에 별도의 교재가 있어야 한다는 관점이다. 다른 한 가지는 '역할의 차별성에 근거한 관점(difference view)'으로, 교재는 교사 이외의 전문가가 내린 최선의 결정을 전달하는 매체라고 보는 관점이다. 이 관점은 교사의 부족함을 채우기 위해 교재가 필요한 것이 아니라 언어 교육에서 교사와 교재의 역할이 다르다고 보고 있다.

교재의 필요성에 대해서는 교사의 불완전성을 보완하기 위해 필요하다는 관점보다 교사와 교재의 역할이 다르다는 관점이 더 우세하다. 교재는 교육 경력이 많은 교사나 교재 전문가가 참여하므로 언어 내용, 과제, 활동 등을 체계적으로 담고 있고 교사는 교재를 활용하여 교육 내용을 교수하고 상호작용 활동을 이끌어내므로 교재와 교사는 상호 보완적 역할을 한다고 볼 수 있다. 이러한 교재의 필요성을 서종학 외(2020:16)에서는 다음과 같이 네 가지로 정리하여 제시하고 있다.

교재는 교육 목표를 반영하고 있는 교육과정과 교수요목에 따라 개발되거나 선정된다. 따라서 교재는 교수·학습의 목표를 반영하고 있으며, 등급별 교수·학습의 목표를 구체적으로 제시함으로써 교사의 개인적 편차로 인한 영향을 최소화하고 일정한 수준을 유지할 수 있게 한다. 교재는 정해진 목표와 교육과정에 따라 학습 내용을 제공한다. 즉, 구어 및 문어로 구성된 언어 자료, 발음, 어휘, 문법 등 학습자의 참고 자료, 자습이나 독학을 위한 학습 내용 등 교수·학습의 내용을 제공해 주며, 이렇게 최소한의 교수·학습의 내용을 정해 놓음으로써 일관성 있는 학습량과 질을 유지할 수 있게 한다. 또한 교재는 교육과정에 맞는 교수법을 반영하고 있기 때문에 단원의 구성이나 교재에 제시된 연습 문제, 활동, 과제 등은 교수 방법이나 학습 방법을 알 수 있게 한다. 마지막으로 교수·학습의 목표와 내용 제시를 통해 성취도 평가의 근거와 내용을 제공하는 역할도 한다. 정리하자면 교재는 교사가 수업에서 길을 잃지 않도록 해 주는 나침반의 역할을 한다고 할 수 있다.

수업에서 교사의 역할과 교재의 역할이 서로 균형을 이루는 것이 중요한데, 교사가 교재에 어느 정도 의존하느냐에 따라 어느 한쪽으로 치우칠 수도 있다. Cunningsworth(1995:10-11)에서는 교사가 교재를 사용할 때 교사가 교재에 의존적인 경우, 교사가 교재에 대해 자율적인 경우, 교사와 교재의 역할이 조화로운 경우에 대해 기술하고 있다. 경험이 부족한 초보 교사의 경우 교재는 지침서의 역할을 하게 되고 교사는 교재에 많이 의존하게 될 수 있다. 그러나 이러한 경우 교재에서 제시하고 있는 언어 교수 내용이나 방법 외에 다양하고 창의적인 교수 방법을 활용하지 못할 수도 있고 학습자 개개인의 요구에 대응하기도 어렵다. 반대로 정해진 교재 없이 교사가 교수요목부터 교육 자료의 구성을 주도하게 되면 창조성이나 융통성의 여지가 많아진다. 그러나 이러한 경우 교사의 능력이나 재량에 따라 수업이 영향을 많이 받게 되고 교사의 시간과 노력이 많이 요구된다. 가장 바람직한 것은 교사와 교재가 수업 안에서 조화롭게 상호보완하는 관계일 것이다. 이러한 경우는 교사가 수업의 큰 틀로써 주교재를 사용하고, 다양한 부교재를 선택, 활용하여 주교재를 보완할 수 있는 상황이다. 이런 상황에서는 교사 스스로도 발전할 수 있고 학습자 개개인의 요구에도 융통성 있게 대응할 수 있다. 교사가 주교재의 장단점을 잘 파악하여 부교재 활용으로 이를 보완한다면 교육의 효과를 더욱 높일 수 있을 것이다.

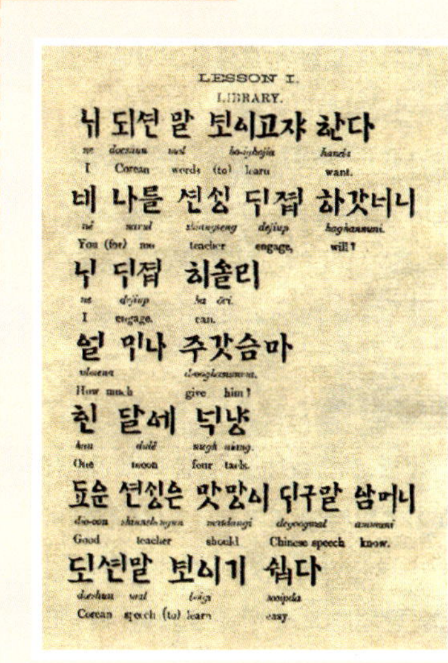

LESSON I.
LIBRARY.

이 사진은 1877년, 영국인 선교사 J. Ross에 의해 발간된 『Corean Primer』의 한 페이지이다. 19세기에는 외국 선교사들이 한국에 들어오면서 한국어 학습의 필요성이 생겼고, 이들에 의해 한국어 교재가 발간되었는데, 이 책은 초기의 교재이다. 한글 자모를 소개한 후 본문을 제시하였는데, 사진에서 보는 바와 같이 회화 형식으로 되어 있다. 이후 Félix-Clair Ridel이 집필한 『Grammaire Coréenne』(1881), Scott, J의 『언문말칙』(1887) 등 여러 책이 출판되었다. 보다 자세한 내용은 강남욱(2005), 김정숙(2012), 고예진(2014), 서종학 외(2020) 등을 참고할 수 있다.

2.2. 교재 선정하기

교재 선정이란 이미 출판된 교재의 장단점을 파악하여 교육 현장에서 사용할 교재를 고르는 것을 의미한다. 교재를 선정하기 위해서는 먼저 교재를 평가하는 과정이 필요하다. 교재 평가는 "교재에 담겨 있는 다양한 정보를 일정한 기준에 따라 수집한 교재 분석 자료를 근거로 하여 교재가 지닌 교육적 가치와 수준을 평가하고 의사 결정을 내리는 일련의 절차와 행위"를 뜻한다(한국어교육학 사전, 2014:928). 여기에서는 교재를 선정하기까지의 절차와 이를 위한 교재 평가 방법에 대해 알아보도록 한다.

교재 선정 절차

앞서 살펴본 바와 같이 교재 선정은 교육 현장에서 사용할 교재를 고르는 일이며, 이를 위해서는 교재를 사용하게 될 교육 현장에 대한 분석이 선행되어야 한다. 즉, 교재 자체를 평가하기 전에 먼저 실시해야 하는 것이 교수·학습 상황에 대한 분석이다. 교육과정의 목적, 기간, 학습자와 교사의 특징, 물리적 환경 등 한국어교육이 이루어지는 전반적 상황에 대한 분석이 선행되어야 그에 적합한 교재를 선택할 수 있다. 교수·학습 상황은 일반적으로 다음과 같은 항목들을 중심으로 분석한다.

〈표 2-1〉 교수 · 학습 상황 분석 항목

구분	항목
교육과정	한국어 프로그램의 목적은 무엇인가?
	교육에서 다루고자 하는 언어 항목이나 기능의 특정한 목표가 있는가?
	과정의 기간과 시간은 얼마나 되는가?
	성취도는 어떻게 측정되는가?

교육 환경	한 학급의 학습자 수는 몇 명인가?
	한 학급 내 학습자의 모어와 연령은 동일한가?
	교실 기자재, 보조 자료 제작 가능성 등 활용 자원이 충분한가?
학습자	학습자들이 한국어를 배우는 주요 이유가 무엇인가?
	학습자의 한국어 수준은 어느 정도인가?
	하습자이 연령은 어떠한가?
	학습자들이 선호하는 학습 방식은 무엇인가?
교사	교사의 한국어 수준은 어느 정도인가?
	교사의 교육 경력은 어느 정도인가?

교수·학습 상황에 대한 분석을 마치고 나면, 이에 알맞은 교재를 선정해야 한다. 교재를 선정하기 위해서는 시중에 나와 있는 교재들을 대상으로 평가하는 과정이 필요하고, 교재 평가는 교재 분석 결과를 기반으로 이루어진다. 이러한 일련의 교재 선정 절차는 일반적으로 다음의 4단계를 거치게 된다.

〈그림 2-1〉 교재 선정 절차

분석 ➡ 해석 ➡ 평가 ➡ 선정

Cunningsworth(1995:9)에 의하면, 분석(analysis)은 여러 범주에 걸친 정보를 찾아내고 다음 단계인 해석에 필요한 데이터를 제공한다. 이 단계는 객관적이고 중립적으로 진행된다. 해석(interpretation)은 분석 단계에서 얻은 데이터에 대한 해석을 의미하는데, 전문적 심사와 교육 경험을 기반으로 진행된다. 따라서 이 단계에서는 다양한 측면에서의 상대적 중요성이 고려된다. 평가(evaluation)는 학습자 혹은 교사의 기대, 방법론적 선택, 학습자의 요구 등 여러 요인에 걸쳐서 교재의 가치에 대한 심사가 이루어지는 단계로 평가자의 주관적 견해가 개입할 가능성이 있다. 교재 분석과 교재 평가는 종종 동일한 의미로 사용되기도 하는데, 교재 분석이 교재와 관련된 객관적이고 실증 가능한 데이터를 확보하고 이에 대한 진술을 이끌어 내는 것을 의미한다면 교재 평가는 교재 분석 결과를 토대로 어떤 의사 판단을 내리는 것을 의미한다(McGrath, 2002:22). 마지막 선정(selection) 단계에서는 위의 세 단계를 통해 확인된 특징을 특정한 교수·학습 상황에 적용하여 교재를 선택한다. 따라서 교재를 평가한다는 것은 앞의 분석과 해석 단계를 포함하는 것이라 할 수 있다.

서점에 가면 수십 종의 한국어 교재를 볼 수 있다. 수많은 교재를 모두 꼼꼼하게 분석하여 평가하는 것은 너무 많은 시간과 노력을 요하므로 일반적으로 평가는 인상적 평가와 심층적 평가로 나누어 진행한다. 인상적 평가(impressionistic evaluation)는 말 그대로 교재를 훑어봤을 때 눈에 띄는 중요한 특징을 파악하는 것이다. 예를 들면, 코스북(coursebook)인지, 통합 교재인지, 연습용 책(workbok)이 포함되어 있는지, 삽화가 컬러인지, 가격이 얼마인지, 무게와 두께는 적당한지 등을 살펴보는 것이 인상적 평가에 해당한다. 많은 교재 중에서 우선 인상적 평가를 통해 3-5종을 추린 후 다음 단계인 심층적 평가(in-depth evaluation)를 진행하게 된다. 심층적 평가는 언어 내용, 언어 기능, 문화적 요소 등 교재에 포함되어 있는 내용에 대해 교육 목표, 교수·학습 상황 등에 맞는지를 꼼꼼하고 깊이 있게 분석하고 이를 기반으로 평가하는 단계이다.

심층적 평가는 한두 과를 집중적으로 분석해 비교할 수도 있고, 체크리스트를 통해 전체적으로 분석할 수도 있다. 일반적으로 교재 선정 시 고려해야 하는 요소들에 대한 데이터를 빠짐없이 수집하기 위해 체크리스트를 구성하는 경우가 많다. 다음에서 살펴보겠지만 체크리스트에는 다양한 준거들이 포함되고 이에 대해 응답하는 방법도 다양하다. 가령, 체크리스트의 각 항목에 대해 '예/아니오(O/X)'로 응답한다면 이는 필요한 요건을 충족했는지 혹은 포함하고 있는지 정도만 알 수 있다. 또 점수를 직접 기입하거나 척도로 응답할 수도 있는데, 이러한 경우에는 보다 많은 정보를 포함하게 된다.

	1	2	3	4	5
교재의 가격이 적합한가?					✓

　위의 예에서 만일 평가자가 15,000원에서 20,000원 사이를 적당한 가격이라 생각한다면, 이 범위에 있는 교재는 5점, 5천 원 이내로 비싸면 4점, 만 원 이내로 비싸면 3점을 부여하는 방식으로 분석할 수 있고, 점수를 보면 평가 대상 교재의 대략적 정보를 알 수 있다. 점수를 부여하더라도 평가자가 더 중요하다고 생각하는 항목에는 가중치를 부과하여 필수적이고 중요한 항목이 최종 결정에 영향을 미칠 수 있게 할 수 있다. 어느 항목을 더 중요하게 볼 것인가를 정하는 것은 평가자이므로 이러한 경우 평가자의 해석이 분석 단계에 미리 개입된다고 볼 수 있다.

〈표 2-3〉 가중치 부여 예시(McGrath, 2002:51)

항목	가중치	교재 A		교재 B	
		점수	가중치×점수	점수	가중치×점수
가격	2	3	6	2	4
내구성	2	1	2	3	6
교재 크기	1				
교사용 지침서 유무	2				
급 수	3				
		합계		합계	

　위의 예시는 평가 항목에 가중치를 부여하는 방식으로 분석한 것이다. 위의 표에서는 몇 급까지 교재가 출판되어 있는지가 가장 중요하고, 교재 크기는 상대적으로 덜 중요하

기 때문에 가중치가 달리 부과되었다. 만일 평가자가 특별히 중요하다고 생각하는 항목이 있다면 항목별로 가중치를 달리 하여 총점에 반영되도록 하는 것이 적절할 것이다. 체크리스트의 모든 항목이 똑같은 중요성을 가지고 있다면 '예/아니오(O/X)'로 간단히 할 수도 있고, 가중치 없이 점수를 부여할 수도 있다.

교재 평가 항목

> 한국어 교사로서 교재를 선정해야 하는 역할이 주어졌다. 어떠한 기준으로 교재를 고를 것인가? 교재 선정 시 필요한 기준을 메모해 보자.

교재 평가 항목은 연구자에 따라 외적 요소와 내적 요소로 나누기도 하고(이해영, 2001; 이해영 외, 2017), 내용 요소, 외형 요소, 활용 요소로 구분하기도 하며(김호정·강남욱, 2020), 외적 구성, 내적 구성, 총체적 평가(홍종명, 2011)로 구분하기도 한다.[1] 학습자 모어 제공 여부, 연습용 책 존재 여부, 교사용 지침서 제공 여부 등을 평가하는 활용 요소는 외적 요소에 포함할 수 있고, 주제, 학습 내용, 연습 등을 융통성 있게 재구성

---

1   김호정·강남욱(2020:252)에서 제시한 활용 요소의 세부 항목으로는 학습자 모어 제공, 워크북 존재, 교사용 지침서 제공, 구입 방법의 편리성, 색인(어휘 및 문법)의 제공, 온라인 교재의 제공 등이 있다. 또 홍종명(2011:435)에서 제시한 총체적 평가 항목에는 주제들을 융통성 있게 재구성하는 것이 용이한지, 학습 내용을 재구성하는 것이 용이한지, 언어 기능 관련 내용을 재구성하는 것이 용이한지, 연습 및 활동을 재구성하는 것이 용이한지, 학습 내용이 사회문화적 고정 관념이나 편견을 배제하는지, 교재 저자가 한국어교육 교재 집필을 위한 전문성이 있는지 등이 포함되어 있다.

이론에서 출발하여 현장까지!
손에 잡히는 한국어 교육학 개론

할 수 있는지 여부를 판단하는 총체적 평가는 뒤에서 살펴볼 교재 개작에 해당되는 내용이므로 여기에서는 외적 평가 요소(external evaluation items)와 내적 평가 요소(internal evaluation items)의 구체적인 평가 항목을 알아보도록 하자.[2] 일반적으로는 외적 요소를 먼저 평가한 후 내적 요소를 평가하게 되므로 그 순서에 따라 제시하도록 하겠다.

① 교재의 외적 평가 요소

교재의 외적 요소는 1차 평가에 해당하는 인상적 평가에 영향을 많이 미친다. 외적 요소에는 무게, 종이의 질과 같은 물리적 요소와 사진, 삽화, 레이아웃과 같은 시각적 요소, 가격, 구입 용이성과 같은 실용적 요소가 포함된다. 외적 요소의 평가 항목은 다음과 같다.

〈표 2-4〉 외적 요소 평가 항목

구분	항목
물리적 요소	교재의 무게 및 두께는 적합한가?
	종이의 질은 적합한가?
시각적 요소	삽화 및 사진은 학습 내용과 연계성이 있는가?
	삽화 및 사진은 전달하고자 하는 의미가 분명한가?
	충분한 삽화와 사진이 제공되어 학습자의 흥미를 유발하는가?
	교재의 배치가 명료하여 원하는 부분을 쉽게 찾을 수 있는가?

---

2 구체적인 평가 항목은 이해영(2001), 홍종명(2011), 이해영 외(2017), 김호정·강남욱(2020)의 내용을 참고하여 작성한 것이다.

실용적 요소	학습자의 모어 번역이 제공되는가?
	워크북이 제공되는가?
	교사용 지침서가 제공되는가?
	구입이 용이한가?
	가격이 적합한가?
	교실에 일반적으로 구비된 장비로도 교재를 효과적으로 사용할 수 있는가?

위의 항목 외에도 교수·학습 상황에 따라 교재가 몇 급까지 출판되어 있는지, 온라인 교재가 따로 제공되는지, 교재가 튼튼하게 제본되었는지(내구성) 등의 항목을 추가할 수도 있다. 반대로 다국적 학급이라면 학습자의 모어가 제공되는지 여부는 불필요한 항목이니 삭제할 수도 있다.

② 교재의 내적 평가 요소

교재의 내적 요소는 교재 평가에서 핵심적인 부분이라 할 수 있다. 여기에서는 일반 목적의 통합 교재를 기준으로 언어 지식(language knowledge), 언어 기술(language skills), 문화(culture), 주제(subjects)로 나누어 필요한 항목들을 살펴보도록 하겠다.

· 언어 지식

언어 지식은 교재의 주요 학습 내용이라 할 수 있다. 과거에는 교재의 언어 지식이 어휘와 문법에만 초점을 맞추었다면 최근에는 발음과 억양, 화용과 담화의 측면도 중요하게 다루고 있다.

이론에서 출발하여 현장까지!
손에 잡히는 한국어 교육학 개론

〈표 2-5〉 언어 지식 평가 항목

구분	항목
발음, 억양	발음과 억양의 학습 내용이 학습자의 숙달도에 적합한가?
	발음과 억양의 제시 방법이 체계적이고 효과적인가?
	발음 연습이 낱개의 발음 연습 차원을 넘어서 듣기, 대화 연습과 함께 이루어지는가?
	음원이 포함되어 있는가? 음원이 학습에 도움이 되는가?
어휘	어휘 학습 내용과 양이 학습자의 숙달도에 적합한가?
	어휘 제시 방법이 체계적이고 효과적인가?
	어휘가 실제 의사소통과 연계되어 있는가?
	자습에 도움을 주는 어휘 색인 등 추가 자료가 제공되는가?
	어휘 연습이 포함되어 있는가? 연습이 학습에 도움이 되는가?
문법	문법 학습 내용과 양이 학습자의 숙달도에 적합한가?
	문법의 형태 정보와 의미, 기능에 대한 정보가 균형을 이루고 있는가?
	문법 제시 방법이 체계적이고 효과적인가?
	문법이 실제 의사소통과 연계되어 있는가?
	자습에 도움을 주는 문법 설명이 상세하게 제공되는가?
	문법 연습이 포함되어 있는가? 연습이 학습에 도움이 되는가?
화용, 담화	사용역과 화용적 적절성 등 화용·담화적 특징에 대한 학습이 포함되어 있는가?
	순서교대, 인접쌍, 상호 조직 등 상호작용의 특징을 반영하는 담화 자료를 포함하고 있는가?
	담화 표지의 사용, 간접표현 등의 사용과 관련하여 의사소통 전략의 사용 등이 포함되어 있는가?
	제시되는 학습 활동이 학습자의 의사소통 전략 개발에 도움이 되는가?

사실 언어는 의사소통 과정에서 발음, 어휘, 문법 등이 분리될 수 있는 것이 아니라 총체적으로 구현되므로 언어 기술과 통합하여 분석할 수도 있다. 가령, 발음에 대한 내용은 말하기에서 함께 분석할 수 있다. 또 읽기 및 쓰기 교재를 선정하는 과정이라면 어휘, 문법, 담화의 측면에서만 분석하면 될 것이다. 이와 같이 교수·학습 상황에 대한 분

석 결과에 따라 위의 기준에서 필요한 부분만 선택하거나 더 추가하여 분석할 수 있다.

• 언어 기술

일반적으로 언어 기술은 말하기, 듣기, 읽기, 쓰기로 구분한다. 언어 기술에 대한 분석은 언어를 의사소통 과정에서 이해하고 사용하는 측면이기 때문에 중요하다. 과거 한국어 교재들이 언어 지식을 중요하게 다루었다면 최근 교재들은 언어 항목을 실제로 활용하는 언어 기술을 중요하게 다루고 있다.

〈표 2-6〉 언어 기술 평가 항목

구분	항목
말하기	언어 지식 학습과 잘 연계되어 있는가?
	구어 자료가 실제적 상호작용을 학습하기에 적합한가?
	말하기 연습이 학습자의 숙달도에 적합한가?
	말하기 과제가 실제적인가?
	듣기, 읽기, 쓰기 등 다른 영역과의 통합 활동이 포함되어 있는가?
듣기	언어 지식 학습과 잘 연계되어 있는가?
	다양한 듣기 자료를 포함하고 있는가?
	듣기 자료가 구어 실제성을 반영하고 있는가?
	듣기 자료의 수준과 양이 학습자의 숙달도에 적합한가?
	듣기 과제가 실제적인가?
	말하기, 읽기, 쓰기 등 다른 영역과의 통합 활동이 포함되어 있는가?
읽기	언어 지식 학습과 잘 연계되어 있는가?
	다양한 읽기 자료를 포함하고 있는가?
	읽기 자료가 문어 실제성을 반영하고 있는가?
	읽기 자료의 수준과 양이 학습자의 숙달도에 적합한가?
	읽기 과제가 실제적인가?
	말하기, 듣기, 쓰기 등 다른 영역과의 통합 활동이 포함되어 있는가?

	언어 지식 학습과 잘 연계되어 있는가?
	문어의 특징을 학습하기에 적합한가?
쓰기	쓰기 연습이 학습자의 숙달도에 적합한가?
	쓰기 연습 유형이 다양하게 제시되는가?
	쓰기 과제가 실제적인가?
	말하기, 듣기, 읽기 등 다른 영역과의 통합 활동이 포함되어 있는가?

　말하기, 듣기, 읽기, 쓰기 영역에서는 발음, 어휘, 문법, 화용, 담화 요소가 실제 의사소통 과정에서 어떻게 구현되는지 잘 연계되어 제시되어야 한다. 그뿐만 아니라 최근 의사소통능력이 강조되면서 자료 및 과제의 실제성이 교재를 선정할 때 중요한 항목이 되고 있다. 또 듣기와 말하기의 통합 활동과 같이 실제적 언어 사용도 중요하게 다루어진다.

・**문화**

　문화는 수업 시간 내에 다루기도 하고 그렇지 않기도 한다. 그러나 수업 내용으로 다루지 않더라도 교재에 포함하여 학습자들이 직·간접적으로 학습할 수 있도록 도와줄 수 있다. 문화 항목이 포함된 교재를 선택할 경우 한국 문화를 일방적으로 제시하고 강요하지는 않는지 살펴보는 것이 중요하다. 또 문화 내용은 설명식으로 제시되기도 하고, 과제 활동을 포함하여 제시하기도 하는데 이러한 제시 방법도 학습자의 특성에 맞게 고려할 필요가 있다. 문화 영역은 다음의 내용을 참고하여 평가할 수 있다.

〈표 2-7〉 문화 평가 항목

영역	항목
문화	문화 내용이 학습자의 목적, 숙달도 및 연령에 적합한가?
	성취 문화, 정신 문화, 일상생활 문화 등 다양한 층위의 내용을 포함하고 있는가?
	교재가 상호문화주의적 관점을 취하고 있는가?
	문화 내용의 제시 방법이 적합한가?
	제시된 내용 및 활동은 목표 문화 및 목표어에 대한 학습자의 이해 확장에 도움이 되는가?

· 주제

단원의 주제는 말하기 대화, 듣기 및 읽기 텍스트, 삽화 등 교재 전반에 영향을 미치게 되므로 매우 중요하다. 무엇보다 학습자와의 관련성이 중요하고, 성별, 종교, 인종, 직업 등 특정 영역에서의 편견이 나타나지 않는지 잘 살펴야 한다.

〈표 2-8〉 주제 평가 항목

영역	항목
주제	주제가 학습자의 흥미를 유발하기에 적합한가?
	주제가 학습자의 언어 수준, 연령, 지적 능력에 적합한가?
	주제가 학습 내용과 연계되어 있는가?
	주제가 다양한가?
	주제가 실제의 사회적, 문화적 맥락과 연계되어 있는가?
	성별, 인종, 직업, 종교 등에 대한 사회적 편견은 없는가?

주제는 학습자의 연령, 경험에 적합한지 살펴보는 것이 중요한데, 가령 성인 대상 교재에서 '장래 희망'을 주제로 삼고 있다면 적합하지 않을 것이다. 다음은 재외동포 어린이 대상 교재인 〈맞춤한국어(독일어권)〉의 주제 목록이다. 학습자의 연령을 고려한 주제는 무엇인지 생각해 보자.

권	주제
1	소개, 도시, 자기소개, 교실, 장소, 주변 사물, 가족, 학교, 친구 소개, 활동, 일상생활, 휴식과 여가, 운동, 애완동물, 좋아하는 것
2	유명한 것, 주말, 휴일, 전화번호, 시간, 번호와 시간, 하루 일과, 방학, 일상, 학교생활, 취미, 장래 희망, 위치, 초대, 동네 소개
3	학교 소개, 우리 집 소개, 우리 도시 소개, 학교 행사, 유명 축제, 참가 소감, 약속하기, 약속 지키기, 나의 약속, 물건 사기, 바자회, 선물 사기, 병문안, 시설 방문 및 견학, 방문 경험
4	인사, 만남, 소개, 교통수단, 소요 시간, 길 찾기, 가족, 선물, 특별한 날, 날씨, 주말 계획, 방학 계획, 부탁, 초대, 후기
5	수업 시간, 좋아하는 교과목, 현장 학습, 취미 생활, 대중문화, 친한 친구, 예절, 공공장소, 규칙, 전화, 소셜 네트워크 서비스, 이메일, 수학 여행, 한국 여행, 비교 체험
6	방과 후 활동, 도서관, 학교 소개, 건강 검진, 건강, 생활 습관, 명절, 한복, 온돌, 콘서트, 영화, 음악회, 분리수거, 에너지, 환경 문제

위의 〈표 2-9〉에 제시된 주제들을 보면 학교생활, 장래 희망, 방학 계획과 같이 성인 학습자 교재에서는 나타나지 않는 주제들이 포함되어 있음을 확인할 수 있다.

더 알아보기

이해영 외(2017:93-97)에 의하면, 연구가 진행된 2017년 기준으로 2012년 이후 출판된 한국어 교재는 총 154종 545권이라고 한다. 이 중 초급 대상 교재가 44종, 중급이 12종, 고급이 6종이며, 초·중급이 23종, 중·고급이 22종, 초·중·고급이 47종이다. 학습 대상에 따라 분류한 결과에서는 일반 목적 학습자 대상 교재가 112종, 학문 목적 학습자 대상 교재가 17종, 이민자 대상 교재가 17종, 재외동포 대상 교재가 4종 등으로 나타났다. 또한 말하기, 듣기, 읽기, 쓰기의 언어 기능이 통합된 교재는 66종, 분리된 교재는 88종이라 하였다. 자세한 내용은 국립국어원 홈페이지(www.korean.go.kr)에서 제공하고 있는 〈한국어 교재 사용 현황 조사 및 교재 개발 중장기 계획 수립 연구〉(이해영 외, 2017) 연구보고서를 참고할 수 있다.

2.3. 교재 사용하기

아무리 잘 제작된 교재라 하더라도 모든 교사, 모든 학습자에게 다 적합할 수는 없다. 분석과 평가 과정에서 교사나 학습자에게 적합하지 않은 부분도 발견될 텐데, 최상의 교재를 선택하고 난 후 수업에서 사용할 때에는 부적합한 부분을 바꿔 가며 사용해야 한다. 이렇게 선택한 교재를 교육 현장에 맞춰 수정하는 것을 '개작(adapting materials)'이라 한다. 이 장에서는 개작을 해야 하는 경우와 개작의 방법에 대해 알아보도록 한다.

교재 개작의 필요성과 원리

교재의 개작이 필요한 경우로 교재를 직접 사용하는 교사나 학습자와 맞지 않는 경우를 쉽게 떠올릴 수 있다. 또한 교수·학습 상황을 고려하여 적합하지 않은 부분을 수정해야 할 때도 있다. Tomlinson & Masuhara(2004:12)에서는 다음의 5가지로 개작의 필요성을 정리하였다.

> 교수 맥락 (예 국가, 지역, 제도, 문화적 상황)에 부적합한 경우
>
> 교육과정 (예 목적, 교수요목, 방법론, 평가)에 부적합한 경우
>
> 학습자 (예 연령, 언어 수준, 선행 학습 경험, 학습 스타일)에 부적합한 경우
>
> 교사 (예 교수 스타일, 교수·학습에 대한 신념)에 부적합한 경우
>
> 교육 자료 (예 텍스트, 과제, 활동, 방법론)가 부적합한 경우

교수 맥락은 해외에서의 한국어교육 상황에서 더욱 중요한 부분이다. 가령, 종교적 이유로 소고기를 먹지 않는 국가에서 사용할 교재에 소고기를 재료로 하는 요리법이 읽기 자료로 제시되어 있다면 이 자료를 다른 자료로 수정하여 제시하는 것이 좋을 것이다.

일반적으로 교재를 선정할 때 교육과정에 적합한 것을 선정하므로 교육과정과 맞지 않는 경우는 드물지만, 교육과정이 변경되었는데 교재는 아직 교체 전이라면 사용하고 있는 교재를 교육과정에 적합하게 수정하여 사용해야 할 것이다. 교재를 선정한 후 사용할 때 가장 중요하게 고려해야 할 요인이 학습자일 것이다. 학습자의 연령에 맞지 않는 주제나 내용이 포함되어 있지 않은지, 학습자의 숙달도에 적합하지 않은 어휘나 문법은 없는지 분석하고 수정하여 사용하여야 한다. 학습자뿐만 아니라 교사 자신의 교수 스타일이나 교육 철학에 맞는지도 점검해야 한다. 교재를 선정할 때 교육과정이나 학습자, 교사는 주요 고려 대상이므로, 이에 적합한 교재를 선정했다고 전제한다면 사실상 가장 빈번하게 교재의 개작을 하게 되는 경우는 교육 자료가 부적합한 경우이다. 교재의 듣기나 읽기 텍스트의 실제성이 떨어지거나 분량이 적절하지 않은 경우, 대화가 자연스럽지 않은 경우, 과제의 개연성이 떨어지는 경우 등 교재에 포함된 교육 자료가 적합하지 않다면 개작하여 사용해야 한다.

McDonough 외(2013:69)에서는 개작의 원리로 개인화(personalizing), 개별화(individualizing), 지역화(localizing), 현대화(modernizing)[3]를 제시하였다. 개인화는 교재에 제시된 활동이나 과제가 학습자 개인의 상황에 맞게 개연성이 있어야 한다는 것을 의미한다. 개별화는 한 교실의 학습자 수준이 다를 때 개별적 수준에 맞게 교재를 개작해야 한다는 것을 말한다. 즉, 수준이 더 높은 학습자에게는 추가 자료를 제공하고 평균보다 수준이 낮은 학습자에게는 교재의 일부를 빼고 제시할 수 있을 것이다. 지역화는 교재를 사용하는 곳에 맞게 개작해야 한다는 것을 의미한다. 앞서 살펴본 교재 개작의 필요성 중 교수 맥락의 적합성을 살펴보았는데, 지역화는 교수 맥락에 맞게 개작해야 한다

3　현대화(modernizing)는 Madsen & Bowen(1978)에서 제시한 내용을 McDonough 외(2013)에서 인용한 것이다.

는 것이다. 가령, 길 찾기 과제를 할 때 한국에 한 번도 와 보지 않은 학습자라면 종로의 지도보다는 자신이 공부하고 있는 학교 근처의 지도가 자료로 더 적합할 것이다. 마지막으로 현대화는 교재에서 제시하고 있는 언어가 현재 목표어 화자들이 사용하고 있는 언어여야 한다는 것을 의미한다. 가령, 현재는 한국에서 '다방'이라는 말을 거의 사용하지 않는데, 만일 교재가 출판된 지 오래 되어 '내일 OO다방에서 만나요.'라고 제시되어 있다면 '다방'을 '커피숍'으로 개작하여 가르쳐야 할 것이다.

교재의 개작 및 부교재 개발 방법

McDonough 외(2013:70-76)은 교재를 개작하는 방법으로 첨가(adding), 삭제(deleting), 수정(modifying), 단순화(simplifying), 재배치(reordering)를 제시하였다. 첨가는 주교재에 제시된 것 외에 자료를 추가하는 것이다. 연습 문제가 부족하면 연습 문제를 추가할 수 있고, 교재에 시각 자료가 없다면 내용 이해에 도움을 줄 수 있는 사진이나 그림을 추가할 수도 있다. 삭제는 교재에서 필요 없는 부분을 빼는 것인데, 출판된 교재에서 해당 부분을 실제로 지우거나 오려내는 것은 아니고 가르칠 때 불필요하거나 부적합한 내용을 빼고 가르치는 것이라 보면 된다. 가령, 학습자 수준에 비하여 어휘량이 지나치게 많을 경우 필수적인 어휘만 남기고 일부는 제외하여 가르칠 수 있다. 수정은 부적합한 부분을 적합하도록 혹은 현재보다 더 알맞은 자료가 있다면 알맞은 자료로 바꾸는 것이다. 앞에서 예로 들었던 것처럼 대화 안에서 '다방'을 '커피숍'으로 바꾸는 것도 수정의 예가 될 수 있다. 또 읽기 텍스트가 학습자 수준에 비하여 어렵다면 더 쉬운 어휘와 문법으로 텍스트를 수정하여 배포할 수도 있고, 같은 주제의 다른 텍스트로 대체할 수도 있다. 앞서 예로 들었던 것처럼 국외에서 가르치는 상황에서 교재에 제시된 길 찾기 활동의 지도가 서울 어딘가라면 학습자에게 익숙한 곳으로 지도를 바꾸어 활동하도록 제시할 수도 있다. 이렇게 수정의 범위는 어휘 하나부터 활동, 듣기나 읽기 텍스트까지 매우 광범위하다. 단순화는 수정의 일종으로 볼 수 있는데, 시각적 레이아웃이나 지시문 등을 간략하게 변형하는 것이다. 예를 들면 길이가 긴 이야기가 읽기 텍스트로 제시되었을 때 이야기를 나누어 제시하는 것이 단순화에 해당한다. 재배치는 교재 안에서 제시된 순서를 변경하여 가르치는 것이다. 한 단원 내에서 제시된 내용을 재배치하여 가르칠 수 있고, 단원별 순서를 바꾸어 가르칠 수도 있다. 모듈형으로 제작된 교재라면 이러한 개작이 가능하나 문법 중심 교수요목으로 구성된 교재라면 선행된 단원에서 배운 문법이 후행 단원에 포함될 수 있으므로 재배치가 어려울 수도 있다.

지금까지 살펴본 교재 개작의 원리와 방법을 도식화하여 그 과정을 제시하면 다음과 같다.

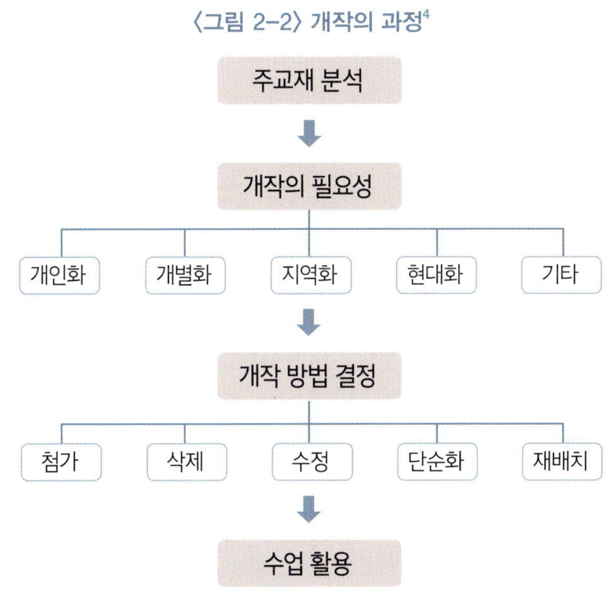

〈그림 2-2〉 개작의 과정[4]

---

4   McDonough 외(2013:77)의 그림을 수정한 것이다.

교육 현장에서 가장 많이 활용하는 방법은 첨가이다. 무게, 부피, 가격 등을 고려했을 때 출판된 교재에 담을 수 있는 내용이 제한적이기 때문에 부교재로 연습 문제나 시각 자료를 추가하는 경우가 많다. 연습 문제나 텍스트를 첨가하는 경우 주교재보다 지나치게 많은 내용을 제시하는 것은 학습자에게 학습 부담을 줄 수 있으므로 주의해야 한다. 또 시각 자료를 첨가하거나 수정하는 경우 화려함보다는 전달하고자 하는 의미가 명확히 담긴 자료를 선택해야 한다. 아무리 잘 제작된 교재라고 하더라도 모든 교수·학습 상황에 적합할 수는 없으므로 교재를 개작하는 것은 교사가 교재를 능동적으로 사용하는 방법이라 할 수 있다.

우리는 이 장에서 교재의 개념과 기능, 교재 선정 절차와 기준, 교재 개작의 필요성과 방법에 대해 살펴보았다. 최근 한국어 교재는 다양한 학습자를 고려하여, 다양한 목적과 형식으로 출판되고 있으며 그만큼 교사들의 선택 폭도 넓어졌다. 많은 교재들 속에서 나와 내 학습자에게 가장 적합한 교재를 선택하고, 그 교재를 활용하는 것은 바로 교사인 여러분의 몫일 것이다. 여러분이 선택한 교재를 통해 한국어 수업이 더욱 재미있고 효율적으로 진행되기를 바란다.

이론에서 출발하여 현장까지!
손에 잡히는 한국어 교육학 개론

3장

한국어교육에서도
디지털 매체를 활용하자

김의영 • Duke University

미래의 한국어 수업 교실을 머릿속에 떠올린다면 어떤 모습으로 그려지는지 상상해 보자. 공상 과학 영화에서 보는 것 같이 허공에 떠 있는 디스플레이가 스크린 역할을 하고 홀로그램을 통해 역사 속의 인물을 소환해 대화를 나누는 모습, 외국에서 한국어 수업을 받는 학습자가 증강현실(argumented reality, AR) 기능을 이용해 직접 이동하지 않아도 서울 한복판에서 낯선 길을 찾고 있는 모습이 언어 수업 현장에서 실현될 날도 머지않은 것으로 보인다. 이 장에서는 언어 교사로서, 지나온 교육 현장의 역사를 통해 현재, 그리고 가까운 미래를 대비해 디지털 매체를 활용하여 어떻게 수업 자료를 준비해야 할지에 대해 생각해 보도록 한다.

이론에서 출발하여 현장까지!
손에 잡히는 한국어 교육학 개론

3.1. 디지털 매체 활용 교육이 왜 필요할까?

"디지털 매체(digital media)"란 무엇일까? 언어 교육에서 보통 일컬어지는 "매체"는 크게 그 대상이 되는 것과 수단이 되는 것으로 나누어 볼 수 있다. 전자는 주로 텔레비전이나 영화 등 대중 매체에서 사용되는 언어적 표현 자료를 수업 시간에 활용하는 것이고, 후자는 다양한 디지털 매체 혹은 디지털 도구로 수업 전체를 구성하거나 수업의 일부에서 활용하는 것을 말한다. 본 장에서는 후자의 의미로 디지털 매체에 대해 논하고자 한다.

한국어교육 대상의 범위는 최근에 매우 폭넓게 확장되어 가고 있다. 교육 대상이 점점 확장되면서 이제 디지털 네이티브(digital native)라는 개념 없이 수업을 진행한다는 것은 상상할 수 없게 되었다. 언어 교육 현장의 긴 역사 속에서 종이 교재는 전통적인 형태로 자리 잡아 사용되어 왔다. 그 후 다양한 아날로그 시청각 교재들이 보조 역할을 하던 시기를 거쳐 최근에는 바야흐로 디지털 자료로 일컬어지는 매체를 이용한 수업 자료가 각광을 받으며 사용되고 있다. 그렇다면 언어 교육에서 디지털 매체를 활용한다는 것은 어떤 의미가 있을까?

생각해 보기

언어 수업 현장에서 전통적인 종이 교재가 아닌 디지털 활용 교재로 수업을 했을 때 어떤 장단점이 있을까?

디지털 매체 활용 교육의 필요성

언어 교실에서 사용하는 모든 자료는 교재 혹은 부교재라고 할 수 있으며 이는 교사와 학습자 사이의 관계를 설정해 주거나 연결해 주는 중요한 매개체 역할을 하기도 한다. 그리고 때로는 학습자에게 언어 학습에 대한 동기 부여의 역할을 한다. 언어 교육의 역사에서 수업 교재 및 부교재로서 오늘날까지도 매우 중요한 위치를 차지하고 있는 것은 종이 교재이지만, 교육 환경의 시대적, 물리적, 기술적 변화에 따라 다양한 디지털 매체를 활용한 교재 및 부교재도 더 이상 특별한 자료로 생각할 수 없게 되었다.

언어 교육에서는 다른 교육 현장보다 많은 양의 새로운 입력 정보가 학습자들에게 노출되기 때문에 반복학습이 매우 중요하다. 이러한 이유로 Bruner(1971)의 나선형 교육 과정 모형(spiral curriculum theory)이 중요한 이론으로 받아들여지고 있다. 그런데 이러한 디지털 매체는 반복 학습을 구성할 때 매우 유용하게 활용할 수 있다. 반복 학습 구성 시 가장 중요한 것은 학습자들이 지루하지 않게 같은 내용을 다양한 구성으로 노출해야 하기 때문이다.

최근에는 더욱 빠른 속도로 이러한 즉각적 상호작용에 기반한 디지털 학습 도구들이 다양하게 개발되고 있다. 그러나 이해영 외(2020: 130-131)에서 지적한 대로 테크놀로지의 발달에 따라 이의 교육적 활용에 대한 필요성은 지속적으로 제기되어 왔는데도 불구하고 한국어 정규 프로그램에서 테크놀로지는 보수적 교육 방식에 대한 친숙도와 믿음, 인터넷 환경의 편차와 수업 참여자들의 기술적 숙련도 등의 이유로 소극적이고 부분적으로 활용되어 왔다. 더욱이 최근에는 다양한 환경적 변화로 인해 면대면으로 만나 이루어지던 교실 수업이 불가능해지는 경우가 빈번하게 발생하기도 하므로 앞으로 한국어 교육의 현장에서도 적극적으로 디지털 매체 및 환경이 도입된 수업 방식을 받아들여야 할 것이다.

학습자와의 공감대 증대

청소년 학습자를 대상으로 언어 수업을 할 때와 성인 학습자를 대상으로 언어 수업을 할 때 학습자와 공감대 형성을 하는 방법은 어떻게 달라야 할까?

언어 수업 현장은 그 특성상 많은 일상적 대화가 오가는 시간이므로 학습자와의 유대 관계 형성(rapport building) 정도가 수업 만족도에 많은 영향을 미친다고 볼 수 있다. 따라서 수업 시간 내에 의사소통을 위한 시도가 원만히 이루어지지 않는다면 교사에게도 학습자에게도 수업은 의미가 없고 힘든 시간으로 다가오게 될 것이다.

이미 이 글의 서두에도 밝힌 바 있지만, 한국어 학습자의 다변화로 대상 학습자의 폭은 상당히 넓어졌는데 그 중 많은 학습자들은 디지털 네이티브(Digital Native)라고 불리우는 세대이다. 디지털 네이티브들은 사람과 사람의 상호작용보다 기술과의 상호작용 시간을 더 많이 보내고 있다고 일컬어지고 있다. 김아람 외(2020: 356)에서는 디지털 네이티브 세대에서는 대부분 교사의 주도에 따라 디지털 미디어를 활용하거나, 학교 밖에서 교과 공부를 위해 디지털 미디어를 도구적으로 사용한다는 연구 결과가 있었으며, 스마트 폰을 제한하는 학교 수업 시간을 제외하고 대부분의 시간 동안 디지털 미디어 공간과 연결되어 있고, 디지털 미디어 공간에서 다양한 사람들과 소통하면서 사회적 이슈에 관심을 갖게 되거나 그들만의 문화를 형성해 나가고 스스로 이미지나 영상 등을 제작하여 공유하는 특징을 가진다고 했다. 또한 이해영 외(2019: 343)에서도 디지털 네이티브는 정적인 텍스트 또는 이미지에 흥미를 가지지 못하고 동영상이나 비디오에 보다 친숙한 세대라고 하였으며 이들은 다양한 기술을 학습하고 멀티태스킹을 할 수 있는 능력을 갖추고 있으며, 소셜 네트워크 서비스를 활발하게 이용한다고 하였다. 그리고 이들은 팀 중심의 관계 및 협력과 협조를 통한 태도에 관심을 보인다고 하였다. 이러한 특징과 현상은 한국어 교사에게도 큰 시사점을 주고 있다. 왜냐하면 학습자와 공감대를 형성하는 첫걸음은 학습자들의 생활과 환경 파악에서 시작되는데, 기존의 연구에서 밝혀진 대로 디지털 네이티브들의 공통된 특징을 잘 반영하여 수업 시간에 도입한다면 공감대 형성을 통한 학습자들의 언어 수업 동기 부여에도 많은 도움이 될 것이기 때문이다. 즉, 디지털 매체에 익숙한 학습자들에게 이를 활용한 수업은 필수불가결한 환경이 될 수 밖에 없다.

디지털 매체 활용 수업의 장점

디지털 매체는 아직까지 언어 수업에서 보조 수단으로 많이 사용된다는 인식이 있다. 방성원(2016: 278)에서도 오늘날 빠르게 변화하는 교수 학습 환경에서 테크놀로지를 교육에 활용하는 교사의 능력은 교사의 전문성을 구성하는 중요한 요소가 된다고 하였으며, 실제로 한국어 교육 현장에 있는 교사들은 학습자들의 동기를 유발하고 흥미를 지속시키기 위한 방안으로 멀티미디어 교육 자료의 제작과 활용에 대한 요구가 높지만, 지금까지 한국어 교사 교육 연구와 실행에서는 이러한 부분에 대해 깊이 있게 다루지 못했다고 하였다.

그러나 언어 수업에서 다양한 기술적 시도는 많은 장점을 가지고 있다. 이해영(2000: 276)에서도 인터넷을 수업에서 활용하면 수업 과정 중에 인터넷을 통해 제공되는 다양하고 수많은 정보를 취사 선택하고 조합할 기회가 학습자에게 주어지므로 학습자가 주제 및 과제 선택의 기회를 얻게 되며 이렇게 함으로써 부가적으로 학습에 대한 학습자의 책임감 유도도 기대할 수 있게 된다고 하였다. 또한, 학습자들이 선호하고 익숙한 디지털 환경의 노출을 통해 언어 수업에 대한 흥미와 관심을 유발시켜 학습 동기를 촉진할 수 있다는 것과 더불어 학습자들은 수업 시간을 통해 배운 표현을 연습해 볼 수 있는 다양한 장르의 학습의 장을 만날 수 있게 된다. 그리고 기존의 교재에서 제공되던 한정된 자료에 의해 주어진 맥락이 아니라 무한의 가상 공간에서 자신의 창조력을 통해 스스로 맥락을 만들어 나갈 수 있고, 그 맥락 안에서 다양한 언어 표현을 시도해 볼 수도 있을 것이다. 그리고, 수업 시간 외에도 개별적으로 목표어 언어 활동에 참여할 수 있다는 큰 장점을 가지고 있는데, 이는 외국에서의 한국어 교육 현장과 같이 목표어인 한국어에 노출되기 힘든 상황에서는 더욱 큰 장점이라고 볼 수 있을 것이다.

또한 종이의 보관성에는 비교할 수 없으나 디지털 매체 활용의 수업 결과물은 비교적 장기간 효율적으로 보관할 수 있다는 장점도 있다. 따라서 교사는 본인의 수업에 어떻게 하면 디지털 매체를 적극적으로 활용할 수 있는지에 대해 지속적으로 고민하여야 하며 교사 스스로를 위한 재학습(re-learning) 시간을 투자하여 발빠르게 디지털 매체 변화의 흐름에 따라갈 수 있도록 하는 것이 바람직하겠다.

3.2. 디지털 매체 활용을 위해 무엇을 준비해야 할까?

수업 시간의 디지털 매체 활용에 대해서는 활용 여부 결정에 앞서 주어진 기본적인 환경 점검이 우선 되어야 한다. 예를 들어, 인터넷 설정이나 학습자들의 컴퓨터 활용 여부 등이 가능한지 사전에 꼼꼼한 점검이 필요하다. 또한 학습을 주도해 가는 교사도 심리적으로 테크놀로지 사용에 대한 부담을 느낄 수 있는데 이를 사전에 방지하기 위해 훈련과 연습이 필요하다. 따라서 교사는 언제나 곧 다가올 미래의 수업 환경 변화에 대해 사전에 준비해 둘 수 있는 마음가짐을 갖는 것이 중요하다.

물리적인 부분

디지털 매체 활용 수업의 단점 중 하나가 바로 환경이 갖추어지지 않는다면 모든 것이 수포로 돌아간다는 것이다. 따라서 일단 수업 계획에 앞서 수업을 위한 다양한 조건이 만족스럽게 갖추어져 있는지 교사로서 꼼꼼히 점검해 보아야 한다. 특히 최근에는 상황에 따라 실시간 수업(synchronous class)이나 비실시간 수업(asynchronous class)으로 나누어 진행되는 경우가 있는데[1] 실시간 수업은 교사와 학습자가 동시간에 만나 수업을 진행하는 것을 말하며 비실시간 수업은 주로 교사가 녹화물로 수업을 구성한 뒤 학습자에게 전해 학습자가 선택한 시간에 수업을 들을 수 있는 것을 말한다. 실시간 수업은 또한 시간적으로는 동시간이나 교실에서 서로 얼굴을 직접 보고 진행하는 면대면 수업(in-person class)과 온라인 상의 플랫폼[2]을 이용해 수업을 진행하는 온라인 수업으로 다시 나누어 생각할 수 있으며 교사는 상황에 맞게 수업 전에 아래와 같은 자가 점검 질문으로 철저히 사전 준비를 해야 한다.[3]

---

1   최근의 상황에 맞추어 수업을 실시간(synchronous) 수업과 비실시간(asynchronous) 수업 그리고 면대면 수업과 온라인 수업으로 구분하였다. 실시간 수업과 비실시간 수업을 섞어서 사용하게 되는 하이브리드(hybrid) 수업도 있으나 하이브리드 수업은 논외로 하겠다.

2   일반적으로 많이 사용되는 온라인 수업 플랫폼으로는 구글클래스룸(Google classroom), 줌(Zoom), 웨벡스(Webex) 등이 있다.

3   인터넷 사용과 컴퓨터는 기본적으로 갖추어져 있다는 것을 전제로 한다.

〈표 3-1〉 실시간 매체 활용 면대면 수업의 교실 환경 점검표

점검 내용	점검
교실에는 인터넷 사용 여부 등 디지털 매체를 사용할 수 있는 기본적 준비가 되어 있는가?	
수업에서 학습자들이 사용할 수 있는 디지털 기기에 대한 준비가 가능한가?	
교사는 디지털 매체 사용 방법에 대해 충분한 숙지가 되어 있는가?	
수업에 활용할 디지털 매체에 대해 학습자들에게 안내 및 설명할 수 있는 준비가 되어 있는가?	
만약의 경우 생길 수 있는 기술적 문제에 대비한 대안이 마련되어 있는가?	

〈표 3-2〉 실시간 매체 활용 온라인 수업 교실 환경 점검표

점검 내용	점검
학습자와의 수업이 이루어질 온라인상의 공간 준비가 되어 있는가?	
교사로서 온라인상의 공간 이용에 대한 사전 지식을 충분히 숙지하고 있는가?	
수업 진행을 위한 플랫폼 외에 다른 디지털 매체도 사용하여 수업을 구성했는가?	
참여할 학습자들에게 수업 공간에 대한 안내가 충분히 이루어졌는가?	
학습자들이 모두 각자의 공간에서 온라인 수업이 가능한지에 대한 사전 조사가 이루어졌는가?	

비실시간 수업은 대부분 사전에 녹화된 수업을 통해 이루어지므로 면대면 수업이 아닌 온라인 수업으로 이루어지게 된다. 사전 녹화 수업(pre-recorded lecture)은 크게 두 단계에 걸쳐 이루어진다고 볼 수 있다. 첫 단계는 수업 자료를 녹화 및 편집해서 준비하는 단계이고, 두 번째 단계는 녹화물을 게시한 후[4] 학습자들이 각자 수업을 듣고 수업에 관련된 내용에 대해 질문이나 의견을 올릴 수 있게 하여 확인의 시간을 갖는 단계이다. 따라서 수업을 위한 준비로 아래와 같은 사전 점검 사항이 요구된다.

---

[4] 유튜브나 구글클래스룸 등이 일반적으로 많이 사용된다.

<table>
<thead>
<tr><th colspan="1">점검 내용</th><th>점검</th></tr>
</thead>
<tbody>
<tr><td>학습자들과 녹화된 자료를 공유할 수 있는 온라인상의 공간이 준비되어 있는가?</td><td></td></tr>
<tr><td>학습자들은 공유한 녹화물을 보며 학습할 여건이 갖추어져 있는가?</td><td></td></tr>
<tr><td>학습자들이 실시간은 아니더라도 교사와 원활한 의사소통을 할 수 있는 수단이 준비되어 있는가?</td><td></td></tr>
<tr><td>학습자들의 수업 참여 및 학습에 관련된 사항을 디지털 매체를 통해 점검해 볼 수 있는 방안이 마련되어 있는가?</td><td></td></tr>
</tbody>
</table>

〈표 3-3〉 비실시간 매체 활용 녹화 수업 환경 점검표

심리적인 부분

언어 수업에서 디지털 매체 활용에 대한 가장 부정적인 반응은 새로운 기술적 시도에 대한 심리적 부담을 포함한 두려움이라고 할 수 있다. 이러한 심리적 부담(psychological burden)은 교사와 학습자 모두에게 나타날 수 있는데 이를 방지하기 위해서는 먼저 교사 스스로가 수업에서 활용할 디지털 매체에 대해 사전에 충분히 학습을 해 두어야 한다. 또 수업에서 활용하기에 앞서 철저한 준비를 해야하고, 학습자들이 심리적으로 편안한 상태에서 수업을 받아들일 수 있도록 디자인해야 한다. 그리고 인터넷에 기반한 디지털 매체 활용 교육은 반드시 인터넷 상황이 원활하지 않은 경우 등을 대비한 준비가 있어야 한다. 디지털 매체는 대부분 인터넷 상황에 전적으로 의지하고 있기 때문에 인터넷 사용이 원활하지 않으면 바로 사용이 어려워진다. 비교적 전기 수급 상황이 매우 안정적이고 인터넷 활용이 원활한 한국에서의 수업에서는 그다지 고려의 대상이 되지는 않겠지만, 전기 수급 상황이나 인터넷 서비스가 안정적이지 않은 곳에서 수업을 하는 경우에는 디지털 매체 활용 수업에 앞서 더 많은 준비와 대책이 필요하다.

미래를 위한 준비

한국을 기준으로 2000년대 초만 해도 언어 수업 교실에서는 오버헤드프로젝트(OHP)가 흔하게 사용되었으며 2000년대 중반에 들어 빔프로젝터가 학교에 널리 보급되기 시작하면서 파워포인트를 사용하는 수업이 실시되었다. 파워포인트의 도입은 언어 수업 시간의 모습을 많이 변화시켰는데 종이 부교재에서 디지털 부교재로의 전환점을 마련해 준 중요한 계기가 되었다. 지금도 파워포인트는 수업 시간에 매우 활발하게 사용되고 있으며 이를 바탕으로 다양한 디지털 매체까지 더해져 매우 풍부한 수업 보조 자료를 제공해 줄 수 있는 상황이 되었다.

그렇다면 앞으로 10년 뒤의 언어 수업 교실의 모습은 어떻게 될 것인가? 지금보다 더 다양한 디지털 매체를 활용하는 교육의 장이 될 것이라는 것은 충분히 예측할 수 있고, 어쩌면 물리적 교실(physical classroom)이 사라지고 인터넷 공간에서만 수업을 진행할 수 있다는 상상까지 해 볼 수 있을 것이다. 이미 유아 및 초등 교육 현장에서는 게임 기반 학습(game-based learning)을 도입한 교수요목이 많이 개발되었으며 앞으로는 성인을 대상으로 하는 언어 수업에서도 게임이나, 상호작용이 가능한 영상물 제작 등이 곧 도입될 것이라고 예측할 수 있다. 예를 들어 자이언트 스패로우(Giant Spparow)사에서 제작한 '에디스 핀치의 유산(What remains of Edith Finch)' 이라는 온라인 게임은 에디스 핀치의 회상을 통해 가족에게 일어난 일을 추리해 가는 내용을 담은 온라인 시뮬레이션 게임인데 이미 한국어 판이 나와 있다. 이 게임은 매우 탄탄한 구성으로 내용

〈그림 3-1〉 에디스 핀치의 유산

이 짜여 전개되며 게임 플레이어와의 상호 작용으로 내용을 조정해 나갈 수 있어서 게임을 하는 것만으로도 한국어 학습자에게 훌륭한 읽기 교재로서의 역할을 할 수 있다. 이미 디지털 네이티브를 비롯한 젊은 세대에게는 온라인 게임을 일상에서 따로 떼어놓을 수 없을 정도의 시기가 된 만큼 아마도 가까운 미래에는 언어 교사가 수업 보조 교재 준비를 위해 이러한 게임을 직접 제작 해야 할 시기가 도래할 것으로 예측된다.

또 다른 예로는 상호작용 형식(interactive format)을 가지고 제작되어 넷플릭스(Netflix)를 통해 공개된 '블랙미러: 밴더스내치(Black Mirror: Bandersnatch)'를 들 수 있다. 이는 영화를 보면서 시청자가 화면과 상호작용을 하며 시청자의 선택으로 스스로의 결말을 만들어 나가는 새로운 개념의 영상물이다. 이 형식은 언어 교사의 입장에서 봤을 때 화면과 서로 상호작용을 할 수 있다는 매력적인 구성을 가지고 있는데 이 또한 가까운 미래의 수업에 도입될 수 있는 장르라는 점에서 주의를 기울여 살펴 봐야 할 부분이다. 따라서 언어 교사는 현재의 수업 상황에 머무르지 말고 끊임없이 변화해가는 최첨단 교육(cutting-edge education) 환경에 항상 많은 관심을 가지고 있어야 한다.[5]

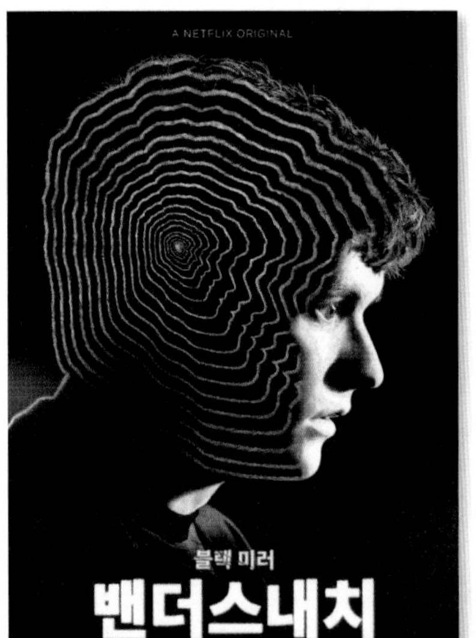

〈그림 3-2〉 밴더스내치

---

5 테크놀로지 활용 교육을 위한 교사의 재학습 및 재교육에 대해서 이해영 외(2020: 154)에서는 교실에서의 테크놀로지의 활용은 디지털 세대를 위한 교육에 있어 필수적인 영역으로 인지되고 있으며, 교과 과정 준비로부터 실제 교수 학습에 이르기까지 전 영역에 걸쳐 중요하게 고려되어야 할 요소로 자리 잡아가고 있다(Eady & Lockyer, 2013; Shyamlee1, 2012)고 하였다. 그러나 교원들은 교실에서의 테크놀로지 활용과 관련하여

이론에서 출발하여 현장까지!
손에 잡히는 한국어 교육학 개론

3.3. 언어 교육에서 어떤 매체를 활용할 수 있을까?

지금까지 다양한 디지털 매체 활용에 대한 개념을 중심으로 서술했는데 구체적으로 언어 수업에서 목적에 맞게 활용할 수 있는 디지털 매체에는 어떤 것이 있는지에 대해 소개하도록 하겠다.

만남의 장을 제공하는 프로그램

이러닝(E-learning) 수업의 역사는 1990년대부터 시작하지만 최근에는 녹화물을 일방적으로 제공하던 방식과는 달리 실시간으로 의사소통이 가능한 온라인 수업[6]에 초점이 맞춰져 이러한 온라인 수업의 장을 마련해 주는 다양한 플랫폼들이 언어 수업의 기본 도구로 필요하게 되었다. 대학이나 그에 준하는 기관에서는 학교 자체에서 제공하는 프로그램을 사용하면 되겠지만, 그렇지 않다면 많이 사용되고 있는 프로그램 중에서 꼼꼼한 비교 분석을 통해 본인의 수업 시간에 적절한 플랫폼을 선정해야 할 것이다. 현재 일반적으로 사용되고 있는 것은 줌(Zoom)이나 웹엑스(Webex), 구글 행아웃, MS 팀즈(Teams), 슬랙(Slack) 등이 있는데 사용하기 전에 미리 회원가입 여부, 이용비, 최대 접속

높은 관심을 보이고 있는 반면 이에 대한 자신감과 활용 의지는 상대적으로 낮게 보고되고 있다(Burston, 2014; Li & Walsh, 2011)는데 이러한 점을 고려하면 매체를 활용한 다양한 수업 방식에 대한 고찰과 이를 실질적으로 체화하기 위한 교육과정의 도입은 필수적이라고 할 수 있다고 하였다.

6 이해영(2001: 292)에서도 웹의 상호작용적 특성에 대해 논한 바 있는데 학습자간, 교사간, 이용자(학습자와 교사)와 다양한 정보간, 그리고 이를 통해 이용자와 사회·문화간의 상호작용을 의미한다고 하였다. 실시간으로 의사소통이 가능하다는 것은 학습자와 교사의 의사소통 외에도 넓은 의미에서 이와같은 상호 작용과도 맥락을 같이 한다.

인원, 화질, 사용 시간 제한, 참여 인원수 제한, 그리고 태블릿이나 휴대폰 등의 모바일 기기와의 호환 가능성 등의 조건에 대해 살펴 보고 교사와 학습자에게 잘 맞는 플랫폼을 선정해야 한다.

<그림 3-3> 대표적 온라인 화상 회의 프로그램의 종류

<그림 3-4> 줌(Zoom)을 사용한 실시간 온라인 한국어 수업 장면

이론에서 출발하여 현장까지!
손에 잡히는 한국어 교육학 개론

수업을 다양하게 해 주는 프로그램

온라인 수업뿐만 아니라 면대면 수업에서도 다양한 디지털 매체를 활용한 자료를 통해 더욱 효과적인 수업 활동을 도모할 수 있다. 예를 들면, 코믹라이프나, 픽스톤, 애니메이커같은 프로그램은 만화 포맷을 제공하여 쉽게 만화를 제작할 수 있는데 그림이나 직접 찍은 사진 등으로 만화를 제작할 수 있어 학습자들에게 과제 및 프로젝트를 제시할 때 사용할 수도 있으며 교사가 부교재를 제작할 시에도 매우 유용하게 사용할 수 있다.

〈그림 3-5〉 코믹라이프를 활용한 대화 만들기의 예

*개인 정보 보호상 이미지를 흐리게 처리하였습니다.

또한 오토드로우 프로그램도 부교재 및 수업 자료 제작 시 매우 유용한데 온라인상에서 그리고 싶은 그림을 마우스로 대충 그리면 그 그림을 출판물 수준의 그림으로 제시해 주는 프로그램으로 특히 교사가 부교재를 제작하거나 수업에서 사용할 자료 등을 구성하는데 매우 도움이 될 것이다.

〈그림 3-6〉 오토드로우 사용예

이론에서 출발하여 현장까지!
손에 잡히는 한국어 교육학 개론

이 외에 부교재 제작 혹은 학습자들의 과제 및 프로젝트 수업에서 활용할 수 있는 프로그램으로는 이미 널리 사용되고 있는 캔바라는 프로그램도 있다. 각종 카드 및 포스터, 전자책 등의 포맷을 사용할 수 있어 손쉽게 전문가 수준으로 제작할 수 있고, 이 프로그램을 이용해 학습자들의 작문집도 쉽게 만들 수 있다. 이러한 프로그램의 사용은 학습자들이 수업에 더욱 흥미를 가질 수 있도록 동기를 부여하는 역할을 충분히 해 낼 수 있다.

<그림 3-7> 캔바에서 제공하는 포맷으로 만든 책 표지의 예

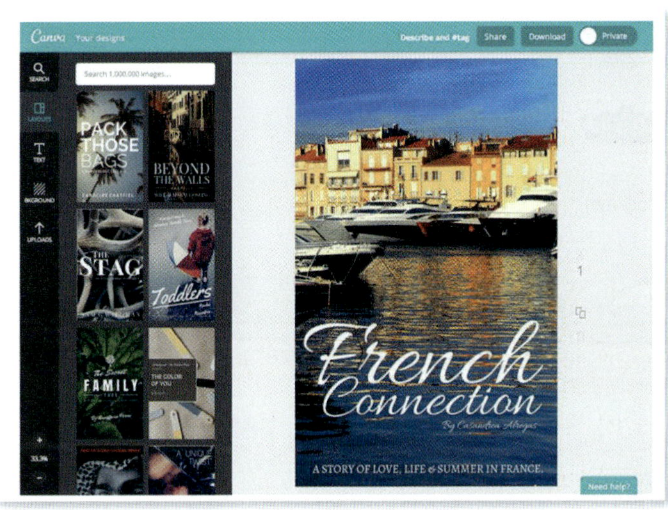

이상에서 알아 본 디지털 매체는 만화 제작 및 그래픽 효과를 이용하여 교사가 한층 개선된 수업 자료 제작에 활용할 수 있고 학습자는 과제나 프로젝트 활동 시 사용할 수 있어 언어 수업의 경험을 더 풍부하게 해 줄 수 있다. 각 프로그램에 대한 간략한 요약 정보와 홈페이지 주소는 아래 <표 3-4>와 같다.

코믹라이프(Comic Life)	
	• 만화 제작 프로그램 • 30일 무료 이용 후 구매 필요 • 쉽게 사진과 말풍선을 이용하여 만화 제작 가능 • https://plasq.com/
픽스톤(Pixton)	
	• 만화 제작 프로그램 • 로그인 후 무료 사용 • 다양한 만화 케릭터를 직접 선택하여 만화 제작 • https://www.pixton.com/
애니메이커(Animaker)	
	• 애니메이션 제작 프로그램 • 유료 프로그램 • 사진 및 캐릭터 등을 이용해 비교적 손쉽게 애니메이션 제작 • https://www.animaker.com/
오토드로우(Autodraw)	
	• 인공지능 자동 그림 완성 프로그램 • 무료 사용 • 쉽게 출판물 수준의 그림을 그릴 수 있음 • 휴대폰 및 태블릿에서도 이용 가능 • https://www.autodraw.com/
캔바(Canva)	
	• 포스터, 카드 등의 포맷을 활용할 수 있는 디자인 플랫폼 • 회원 가입 후 부분적으로 무료 이용 • 쉽게 출판물 수준의 포스터나 카드, 작문집 등을 제작할 수 있음 • https://www.canva.com/

이론에서 출발하여 현장까지!
손에 잡히는 한국어 교육학 개론

최근에는 가상현실(virtual reality, VR) 프로그램의 활용 또한 언어 교육에서 활발하게 언급되고 있다. 가상현실 교재를 위한 영상 제작을 위해서는 특수 카메라가 필요하며, 복잡한 편집 과정을 거쳐야 한다는 점, 그리고 그렇게 제작된 영상 교재를 이용할 때에도 특수 장비가 필요하다는 점때문에 아직 많은 제한점을 가지고 있으나 앞으로의 언어 수업에서 상당히 활발하게 사용될 것이라는 밝은 전망을 가지고 있다. 그러나 현실적으로 가상현실용 영상 제작이 어렵다면 이미 몇 기관에서 제작하여 모두에게 공개하는 영상[7]이 있으니 수용적인 자세로 그런 것을 이용해 보는 것도 좋은 대안이라고 할 수 있겠다. 또한 이러한 영상 제작 외에 가상 현실 공간을 제공해 가상의 공간에서 서로 만날 수 있는 프로그램들도 이용되고 있는데 대표적으로 오큘러스 고글에서 제공하는 게임인 VR CHAT 같은 것이 있다. 이런 프로그램은 학습자들이 가상의 공간에서 직접 만나 같이 대화를 할 수 있고 춤을 출 수도 있으나 고가의 장비가 필요하기 때문에 아직은 일반화되기 어렵다.

확장된 교실의 역할을 해 주는 프로그램

온라인 수업에서도, 면대면 수업에서도 언어 교사로서 간과해서는 안 되는 중요한 것 중의 하나는 수업 시간 외의 목표어 노출에 관한 것이다. 한국에서 이루어지는 수업이라면 숙제나 과제 정도로 생각할 수 있겠지만, 한국이 아닌 상황이라면 교사가 수업 시간

---

7 미국의 Rice University의 인문학부에 소속된 CLIC(Center for Languages and Intercultural Communication)에서는 VR 실험실을 개설하고 한국어 학습용으로 제작된 VR 영상을 유튜브 채널을 통해 무료로 제공하고 있다. 다음 링크에서 확인할 수 있다. https://www.youtube.com/playlist?list=PLk5U9448SpzpEETdKvpnV63YKrunOx21f

외의 목표어 노출 환경을 확장시켜 주도록 해야 한다. 이런 상황에서 디지털 매체의 활용은 그 빛을 발하게 되는데 수업에서도 활용할 수 있지만 학습자 스스로도 자율 학습(self-studying)의 개념으로 사용할 수 있는 다양한 프로그램들이 속속 개발되고 있다. 예를 들어 퀴즐렛이 그 대표적인 프로그램이라고 할 수 있을 것이다. 퀴즐렛은 많은 사람들에게 익숙한 단어장의 역할을 온라인으로 구현해 놓은 것으로 이용자 스스로 본인의 단어장을 제작한 후에 간단한 퀴즈나 게임 등의 형태로 반복하여 학습할 수 있는 도구이다. 교사가 단어장을 제공하여 학습자들에게 숙제 및 시험 준비로 이용하게 할 수도 있다.

〈그림 3-8〉 퀴즐렛 사용 예시

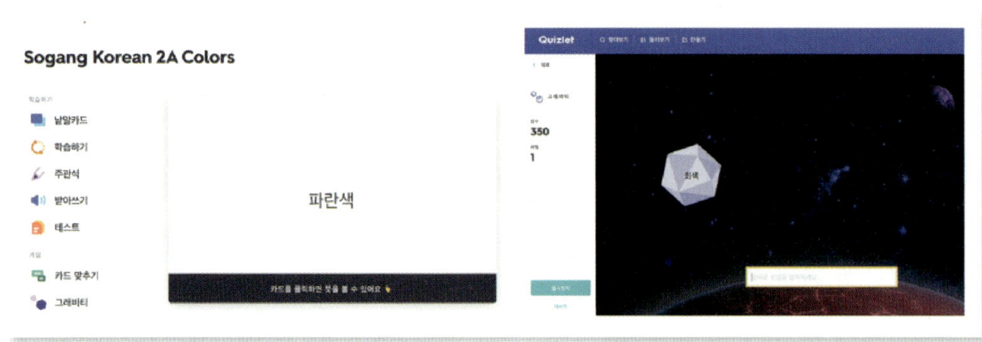

그리고 온라인 수업에서뿐만 아니라 교실에서의 면대면 수업에서도 학습의 장을 더 확장시켜 줄 수 있는 몇 가지 프로그램이 있는데 퀴즈쇼의 형태로 학습자들을 수업에 적극 도입시킬 수 있는 카훗, 퀴즈앤 등이 대표적인 것이다. 퀴즈 후 결과가 바로 발표되어 학습자들이 수업이 아니라 마치 게임에 참여한 것 같이 흥미를 가지게 된다. 이 프로그램들은 제공되는 핀번호만 있으면 휴대폰이나, 태블릿, 컴퓨터 등을 사용해 참여할 수 있어 사용이 용이하며 학습자들에게는 새로운 기대감을 갖게 할 수 있다.

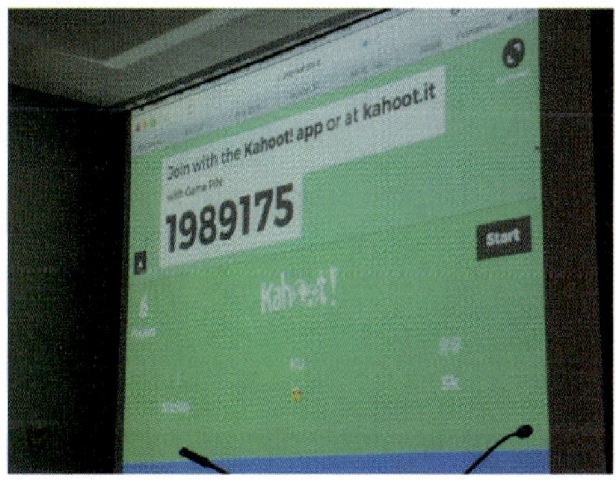
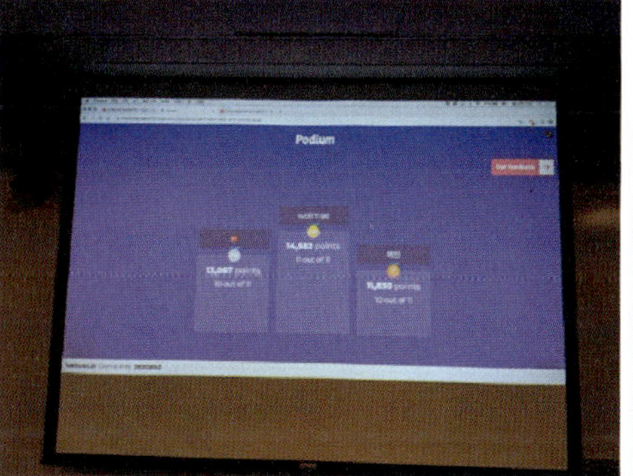

이상의 프로그램에 대한 간략한 설명과 홈페이지 주소는 아래 〈표 3-5〉를 참조하기 바란다.

〈표 3-5〉 퀴즈나 학습 게임 제작을 위한 디지털 매체

카훗(Kahoot) 	• 온라인 게임 기반 학습 플랫폼 • 수업에서 단어 복습 게임 등으로 사용 가능 • 온라인 가입 후 무료 사용 • 학습자들은 가입할 필요 없이 고유 접속 번호를 받아 참가 • 학습자들이 컴퓨터나 태블릿, 휴대폰이 있어야 함 • 실시간으로 결과 발표 • https://kahoot.com/
퀴즈앤(Quizn) 	• 한국형 카훗, 온라인 게임 기반 학습 플랫폼 • 수업에서 단어 복습 게임 등으로 사용 가능 • 온라인 가입 후 무료 • 학습자들은 가입할 필요 없이 고유 접속 번호를 받아 참가 • 학습자들이 컴퓨터나 태블릿, 휴대폰이 있어야 함 • 실시간으로 결과 발표 • https://www.quizn.show/

퀴즐렛(Quizlet)	• 자습용 단어 암기 학습 앱 • 온라인 가입 후 무료 사용 • 컴퓨터, 태블릿, 휴대폰에서 사용 가능 • https://quizlet.com/ko

또한 언어 학습자들에게 인기가 많은 드롭스(Drops)라는 자습용 프로그램도 있다. 드롭스는 단어 학습용 휴대폰 앱으로 다양한 언어 학습을 제공하고 있는데 그 중에서 한국어도 제공하고 있다. 수업과 직접적 관련이 있는 학습을 기대하기는 어렵지만, 레벨을 설정해 두고 장기적으로 매일 일정량의 한국어 단어를 꾸준히 학습하게 해 주는 프로그램으로 학생들에게 소개해 주면 좋다.

〈그림 3-10〉 단어 학습용 앱 드롭스

이외에도 교실 확장의 의미로 디지털 매체를 활용한 수업이 활발하게 진행되면서 온라인 공간에서 학습자들의 발표 및 과제를 공유할 수 있게 해 주는 프로그램의 필요성도 늘어나고 있다. 특히 교실이라는 공간의 역할에 많은 변화가 일어나면서 이러한 프로그램은 더 많은 수요가 있을 것으로 기대 된다. 각 프로그램은 댓글을 달 수 있는 기능도 있어 학습자들을 더 활발하게 온라인 공유 공간으로 참여시킬 수 있다. 이용 가능한 프로그램의 간략한 개요와 홈페이지 주소는 아래 〈표 3-6〉과 같다.

이론에서 출발하여 현장까지!
손에 잡히는 한국어 교육학 개론

⟨표 3-6⟩ 수업 자료 공유를 위한 디지털 매체

플립그리드(Flipgrid) 	• 교육용 비디오 셰어 플랫폼 • 5분 미만의 동영상 게재 가능 • 무료 사용이며 교육종사자를 위한 계정을 구분하고 있음 • 코드를 받아 학습자들과 공유할 수 있음 • https://flipgrid.com/
티치비드(Teachvid) 	• 언어 수업에 적절한 영상 교재 셰어 플랫폼 • 유료 사용이나 교육종사자를 위한 혜택이 있음 • https://www.teachvid.com/
패들렛(Padlet) 	• 온라인 공동 작업 발표 도구 • 온라인 가입 후 무료 사용 • 컴퓨터, 태블릿, 휴대폰에서 사용 가능 • https://ko.padlet.com/
잼보드(Jamboard) 	• 공동 작업 디지털 화이트 보드 • 구글 계정으로 온라인 가입 후 무료 사용(구글 문서와 유사) • 학습자들은 가입할 필요 없음 • 컴퓨터, 태블릿, 휴대폰에서 사용 가능 • 수업 시간에 온라인 짝활동 등 가능 • 온라인 수업 시 유용 • https://jamboard.google.com/

생각해 보기

디지털 매체 활용을 통해 어떤 수업을 구성해 볼 수 있을까? 학습자를 임의로 선정해 보고 수업 지도안을 작성해 보면 어떨까?

1부_3장. 한국어교육에서도 디지털 매체를 활용하자

디지털 매체 수업 활용 방법

    지금까지 살펴 본 디지털 매체를 활용하여 어떤 수업을 구성해 볼 수 있을까? 가상의 수업 지도안[8]을 통해 한번 살펴보도록 하겠다. 먼저, 수업 대상은 해외 대학에서 교양으로 한국어를 수강하는 중상급[9] 학습자로 선정하였고, 수업은 실시간 온라인 수업으로 가정해 보았다. 75분으로 진행되는 읽기 수업이며 수업 시간에 사용하게 될 읽기 본문은 아래 〈그림 3-11〉과 같고, 간략한 수업의 흐름도는 〈그림 3-12〉와 같다.

---

8   이 수업 지도안은 저자가 작성한 sample learning scenario for "Special Issue: College Korean Curriculum Inspired by National Standards for Korean", The Korean Language in America 19(2), pp. 446-451를 참고로 디지털 매체 활용을 위한 수업의 예시를 위해 재구성한 것이다.

9   ACTFL의 Intermediate High 에 해당된다.

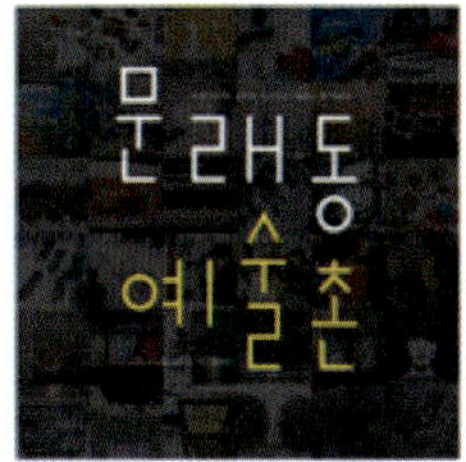

〈그림 3-12〉 읽기 수업의 진행 과정 흐름도

도입	플립그리드에 올려 둔 비디오 관련 댓글 확인
본 수업	파워 포인트를 사용해 읽기 내용 확인 및 간략한 토론 진행
도입	읽기 후 단계로서의 조별 과제 준비 시간

10 네이버 캐스트에서 한국 관광 공사의 '아름다운 대한민국 이야기'라는 연재 시리즈 중 문래동 예술촌에 대해 쓴 기사를 학습자의 수준에 맞추어 개작하였다. (http://navercast.naver.com/contents.nhn?rid=172&contents_id=21104)

수업을 진행하기 위해 첫째로, 온라인 플랫폼 줌(Zoom)을 선택하였는데 그 이유는 비교적 안정적인 시스템이 구축되어 있고, 누구에게나 사용이 용이한 편이며 "소회의실" 등의 기능이 있어 언어 수업에서 자주 행해지는 소그룹 활동도 가능하기 때문이다.

먼저, 수업 전 날 숙제로 서울의 문래동 관련 짧은 비디오[11]를 플립그리드에 올려 학습자들에게 보게 한 후 댓글로 감상을 달게 하고, 수업 전에 읽기 본문과 본문에 대한 단어 및 내용 숙지 점검에 대한 핸드아웃을 학생들의 이메일로 보내거나 구글 클래스같은 학습용 플랫폼에 올려 두어 수업에 오기 전에 한번 읽어 오게 한다. 수업을 시작하면서 간단한 인사를 하고, 읽기 전 단계를 위해 줌의 화면 공유를 통해 본 수업에 들어가기 앞서 전 날 숙제로 한 학습자들의 비디오 감상 댓글을 같이 살펴본다.

<그림 3-13> 플립그리드에 읽기 전 단계로 제시된 비디오 클립

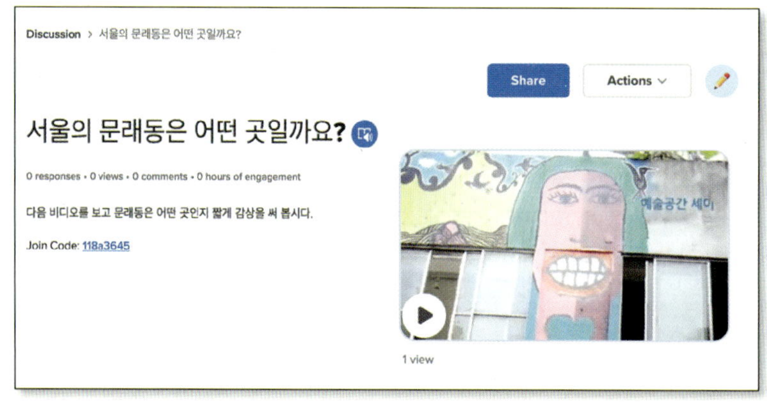

본격적인 읽기 수업을 위해 교사가 준비한 파워포인트 슬라이드로 수업을 진행한다. 파워포인트는 코믹라이프, 오토드로우, 애니메이커 등을 다양하게 활용해 준비하도록

---

11 유튜브에 있는 문래 예술 창작촌 작가와의 인터뷰 비디오이다. https://www.youtube.com/watch?v=YjukEfLIRkw

이론에서 출발하여 현장까지!
손에 잡히는 한국어 교육학 개론

한다. 아래 〈그림 3-14〉는 코믹라이프, 〈그림 3-15〉는 애니메이커를 이용해 만든 파워
포인트 슬라이드용 수업 자료의 한 예이다.

〈그림 3-14〉 코믹라이프로 제작한 수업용 슬라이드

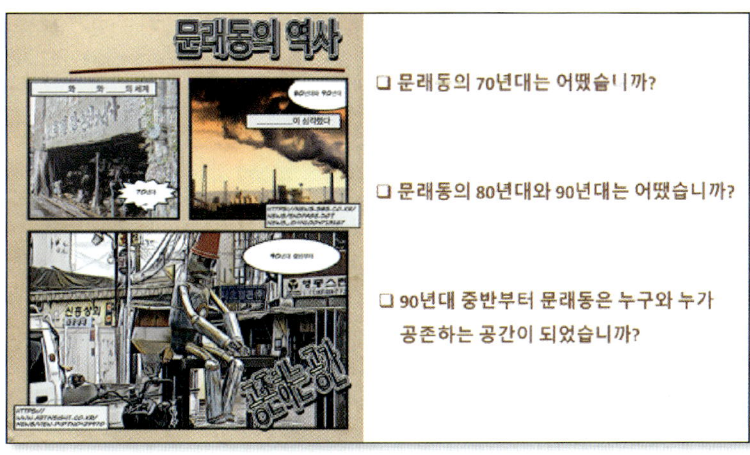

〈그림 3-15〉 애니메이커로 제작한 수업용 슬라이드

읽기 후 단계는 조별 과제를 준비하는 시간이라는 것을 공지하고 학습자들에게 조별

과제에 대해 먼저 설명해 준다. 조별 과제로 한국 여행 계획을 세워 발표하기, 한국 여행지 소개 포스터 작성하기, 한국 여행에 대한 만화나 만화영화 제작하기 중에서 한 가지를 선택해 제출하게 한다. 조별로 브레인스토밍을 할 수 있도록 줌(Zoom)에 있는 소회의실 기능을 이용해 조별 회의실을 만들어 주고 회의를 하면서 잼보드를 사용해 메모하면서 계획을 세울 수 있도록 잼보드 사용 링크도 동시에 학습자들에게 공유해 준다. 교사는 이 때 각 소회의실을 방문하여 의견을 말해 주며 잼보드를 이용해 브레인스토밍을 잘 하고 있는지 점검한다. 잼보드의 내용은 기록으로 남겨 추후 참고적인 평가 자료로 사용해도 좋다. 아래 〈그림 3-16〉은 잼보드 사용의 한 예시이다. 잼보드는 원거리에서도 실시간으로 서로 메모 및 아이디어 내용을 공동 메모할 수 있다는 장점이 있다. 컴퓨터 마우스나 태블릿에서 제공되는 전자 펜슬 등을 이용하면 손글씨나 그림 등도 추가할 수 있다.

<그림 3-16> 잼보드 사용의 예

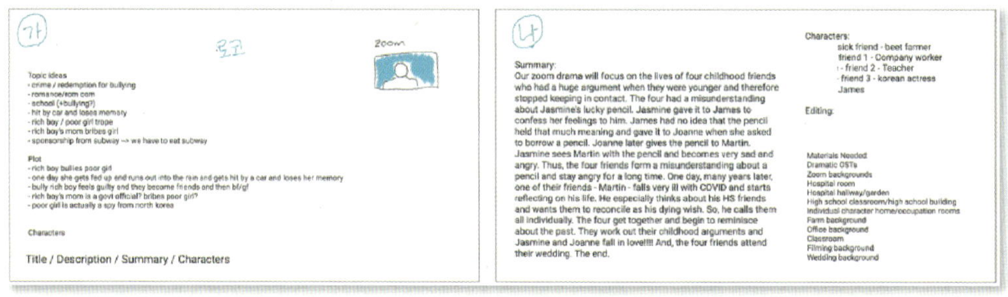

주어진 시간 안에 회의를 마무리 하도록 하고 소회의실을 종료한다. 이때 교사는 티치비드나 패들렛 중의 하나를 숙제 제출 플랫폼으로 정해 링크를 제공해 주고 조별 과제를 기한에 맞춰 제출하라고 공지하며 다음 차시 예고로 수업을 마친다. 패들렛은 사진 및 동영상 등을 다같이 공유하기 편리한 플랫폼이다. 아래 〈그림 3-17〉은 패들렛에 발표 비디오를 올려 둔 예이다.

이론에서 출발하여 현장까지!
손에 잡히는 한국어 교육학 개론

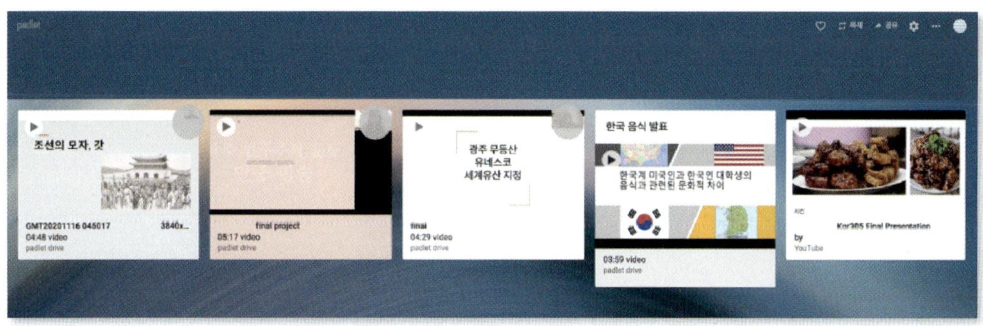

　　지금까지 우리는 언어 교육에서 디지털 매체를 활용해 수업을 하는 것이 왜 필요하며 왜 중요한지에 대해 살펴보았다. 디지털 매체에 대한 내용은 하루가 다르게 급속히 변해가고 있다. 교사는 수업 내용의 내실화를 위한 노력과 함께 수업의 외적인 구성을 위해 디지털 매체의 변화에 대한 흐름을 놓치지 않도록 끊임없이 노력하는 자세가 필요하다. 언어 교육에서 매우 실용적인 내용을 다루는 부분이라 가능한 한 교사가 실제 수업에서 활용할 수 있도록 하는 것에 초점을 두었다. 도움이 되길 바란다.

2부

한국어와 한국 문화 교육하기

2부에서는
한국어 교사가 실제로 수업을 진행하기 위해
꼭 갖추고 있어야 할 언어 지식에 해당하는
발음, 어휘, 문법, 화용에 대해 살펴본다.
그리고 이와 더불어 의사소통능력의
함양에 필수불가결한 요소인
문화 교육에 대해서도 살펴보고자 한다.
2부의 각 장은 이론과 실제를 균형 있게 다루되,
이론 부분은 좀 더
이해하기 쉽게 서술하고자 하였고,
실제 부분은 좀 더 구체적이고
다양한 예시를 제시해 주고자 노력하였다.
한국어의 발음, 어휘, 문법, 화용, 문화에 대한
이론적인 논의들이 실제 한국어 수업에서
어떤 방식으로 활용되고 있고
또 활용되어야 하는지를 살펴봄으로써
한국어 교실 현장이 좀 더 생생하게 다가올 수 있을 것이다.

4장

기초부터 튼튼하게, 한국어 발음 가르치기

박기영 · 서울시립대학교

한국어를 처음 배우는 외국인들은 태어나서 처음 보는 한글 자모를 쓰며 그 발음을 익히는 것에서부터 한국어 공부를 시작하게 된다. 한글이라는 문자의 과학성 덕분에 외국인 학습자는 2, 3일이면 한글을 읽고 쓸 수 있게 된다. 그러나 한글 자모를 읽고 쓸 수 있게 되었다고 해서 한국어의 발음이 완성되는 것은 아니다. 어휘, 문법은 한국어 수준이 올라가면서 그 향상되는 정도가 눈에 보일 정도로 분명하지만, 발음은 그렇지 않은 경우가 더 많은 것 같다. 왜 그럴까? 발음은 가르칠 수 있는 것일까? 미래의 한국어 교사로 우리는 발음을 어떻게 가르칠 수 있을까?

4.1. 한국 사람처럼 발음할 수 있도록?

> 학습자의 입장에서 외국어의 발음을 배운다는 것은 어떤 의미일까? 한국어 발음 교육의 목표는 '한국 사람처럼 발음할 수 있도록' 하는 것일까?

이미 성인이 된 학습자의 발음 능력은 자신의 모어 발음에 최적화되어 있다. 최적화되어 있다는 것은 모어에 존재하는 자음이나 모음은 전혀 힘을 들이지 않고 아무런 어려움 없이 무의식적으로 구별해 낼 수 있다는 의미이다. 그렇다면 처음 듣는 외국어의 모음과 자음 발음은 학습자에게 어떻게 들릴까?

학습자는 자신의 모어에 최적화된 발음 구별 능력을 하나의 필터로 삼아 외국어의 모음과 자음을 듣게 된다. 그 필터를 통과하는 방식은 대략 이렇게 된다. 모음을 예로 들어 생각해 보자. 외국인 학습자가 한국어의 '아'라는 발음을 듣고, 자신의 모어에 똑같은 소리가 있다고 생각하면(그 소리를 [a]라고 해 보자), '아, 우리말의 [a]와 똑같네.'라고 생각하고 별 어려움 없이 모어의 소리를 이용하여 한국어의 '아'를 발음하게 된다. 그렇게 발음했더니 한국어 선생님도 웃으며 '잘했어요.'라고 말씀해 주신다. 이것은 한국어와 학습자 모어의 모음이 동일한 음인 경우이다. 이 경우에는 별 어려움 없이 한국어의 모음 '아'를 발음할 수 있다.

이번에는 한국어의 '으'라는 발음을 듣는다. 학습자는 '어, 이건 똑같은 건 아닌데 우리말의 [u]와 좀 비슷하네.'라고 생각하고 자신의 모어에 있는 [u]와 비슷한 소리를 낸다. 그렇게 발음했더니 한국어 선생님이 그 발음은 '으'가 아니고 '우'라고 말씀하면서 반복해서 발음 연습을 시킨다. 그러나 학습자는 선생님이 '으'가 아니고 '우'라고 발음해 주시는 것도 구별이 되지 않고 똑같이 들린다. 이것은 한국어와 학습자 모어의 모음이 동일한 것이 아니라 유사한 경우이다. 이 경우 두 발음을 구별해서 발음하게 되기까지 시간이 걸릴 가능성이 크다.

마지막으로 한국어의 '어'라는 발음을 듣고 학습자가 '어, 이건 처음 듣는 소리인데?'라고 생각한다면, 학습자는 자신의 모어에 그러한 발음이 없다고 생각하고 선생님의 발음을 듣고 그대로 똑같이 발음해 보려고 노력한다. 처음 해 보는 발음이라 이것이 맞는

〈그림 4-1〉 한국어 모음의 지각 방식

발음인지 아닌지 확신이 없는데 어떨 때는 선생님이 잘했다고 하고 어떨 때는 선생님이 고개를 갸우뚱한다. 이것은 한국어의 모음이 모어의 모음에 존재하지 않는 새로운 음인 경우이다. 이 발음을 제대로 발음하게 되는 데에도 어느 정도의 시간이 걸리게 된다.

장황하게 설명했지만 결국 외국인 학습자가 한국어의 발음을 익히는 데 있어서 가장 큰 영향을 끼치는 요인은 모어이며 그 양상은 위에 언급한 것처럼 외국인 학습자의 모어와 동일한 소리로 생각하기도 하며, 유사한 소리로 지각하기도 하고, 새로운 소리로 느끼기도 한다는 것이다.

위에 간략하게 설명한 것이 제2언어 발음 습득의 대표적인 이론이라고 할 수 있는 J. E. Flege의 음성학습모델(speech learning model)에서 학습자가 다른 외국어의 발음을 습득해 가는 과정을 이해하는 방식이다. 한국어 학습자는 처음에는 모어의 음성 범주를 통해 한국어의 발음을 지각하게 된다. 모어와 동일한 음은 습득하는 데 별 어려움이 없으나 유사한 음이나 새로운 음은 학습자가 가지고 있는 모어의 음성 범주와 겹치거나 완전히 새로운 것이어서 외국인 학습자에게 새롭게 한국어 음성 범주가 확립되기까지 시

이론에서 출발하여 현장까지!
손에 잡히는 한국어 교육학 개론

간이 걸린다는 것이다.

그럼 한국어 교사의 입장에서 발음을 가르친다는 것은 어떤 의미일까? 외국인 학습자가 자신의 모어와 유사하게 생각하거나 전혀 새로운 발음이라고 느껴서 어려움을 겪는 발음, 자주 오류를 일으키는 발음이 무엇인지 확인하고, 그것을 잘 구별하여 발음할 수 있는 방법을 제시해 주고 학습자가 연습을 통해 최종적으로는 그 발음을 문제없이 할 수 있도록 도와주는 것이라고 할 수 있을 것이다.

한국어를 가르치다 보면 발음과 관련하여 학습자들이 겪는 다양한 에피소드들을 만나게 된다. 4호선 지하철 이촌역과 경강선 지하철 이천역의 '촌'과 '천'이 구별이 되지 않아 국립박물관에 가려다 경기도 이천으로 간 이야기, '콜라

〈그림 4-2〉 '호떡'와 '핫덕'의 발음 실수 그림

주세요.'의 발음이 '골라 주세요.'로 들려 점원에게 다양한 음료수 종류에 대한 설명을 한참이나 들었다는 이야기, '호떡'과 '핫덕'(hot dog, 올바른 표기는 물론 '핫도그'이다)의 발음이 구별되지 않아 '호떡'을 먹고 싶었는데 '핫덕'을 먹었다는 이야기 등등.

그런데 학습자의 '발음 오류'라고 하는 것도 발음 교육의 목표라는 측면에서 생각해 보면 그 성격이 좀 다른 두 종류가 있는 것 같다. 위에 열거한 예들은 발음의 오류가 곧 의사소통의 실패로 이어진 경우들이라고 할 수 있다. 그런데 우리가 오류 혹은 정확하지 않은 발음이라고 생각하는 것 중에는 무슨 말인지 알아들을 수는 있지만, 외국인 특유의 발음이 남아 있는 것도 있다. 예를 들어 보자. 영어의 'C' 발음과 한국어의 '씨'는 다르다. 우리는 '정민 씨'라고도 발음할 수 있고 '정민 C'라고도 발음할 수 있다. '정민 C'는 분명 어색하지만 그렇다고 우리가 'C'를 '씨'가 아닌 다른 발음으로 들을 가능성은 전혀 없

으므로 의사소통에 문제가 생기지는 않는다. 가끔 방송에 나오는 외국인 중에 한국어를 잘하지만, 외국인 특유의 억양이나 운율로 발음하는 경우를 볼 수가 있다.(물론 이 때 외국인 특유의 억양은 개인의 것이라기보다는 모어의 영향에 의한 것이다.) 어떤 경우에는 무슨 말인지 이해할 수 없는 경우도 가끔 있으나 대부분은 억양이 자연스럽지 않을 뿐 무슨 말을 하는지는 알아들을 수 있다.

발음 교육에서는 앞서 언급한 '신촌/신천, 콜라/골라, 호떡/핫덕'의 오류들에 대해서는 '이해명료성(intelligibility)'이 떨어지는 오류들이라고 설명하고 '정민 C'와 같은 발음에 대해서는 '외국인 말투(foreign accent)'라고 이야기하고 있다.

더 알아보기

이해명료성(intelligibility)은 화자가 의도한 대로 청자가 실제 이해한 정도를 의미하는 것으로 '이해가능성'으로 번역되어 사용하기도 한다. 발음에 국한하여 말해 보면, 한국어 모어 화자가 외국인 학습자의 한국어 발화를 들었을 때, 발음의 명료함을 기준으로 그 발화가 얼마나 이해하기 쉬웠는지를 판단하는 것이다.

발음 교육에서 이 두 가지를 구별하는 것은 매우 중요한 의미가 있다. 발음 교육의 목표가 달라지기 때문이다. 만약 외국인 말투도 고쳐야 한다고 생각한다면 우리는 '한국어 모어 화자와 동일한 발음(native-like pronunciation)'을 발음 교육의 목표로 삼는 것이다. 그런데 외국인 말투는 특별히 의사소통에 문제가 생기는 것은 아니므로 의사소통에 문제가 되는 요소들에 집중하여 발음을 교육해야 한다고 하면 우리는 '한국 사람이 듣고 이해하는 데 문제가 되지 않는 수준의 발음, 의사소통에 문제가 되지 않는 수준의 발음'이 발음 교육의 목표가 된다. 즉 '이해명료성'을 발음 교육의 목표로 삼게 되는 것이다.

모어 화자와 같은 발음을 발음 교육의 목표로 삼았던 것이 발음 교육에 대한 이전의

이론에서 출발하여 현장까지!
손에 잡히는 한국어 교육학 개론

접근 방식이었다면 현재 의사소통 중심의 접근 방식에서는 '충분한 이해명료성'을 발음 교육의 목표로 삼고 있다. 발음 교육의 목표 설정과 관련하여 한국어 교사에게 가장 중요한 것은 바로 이 지점이다. 어떤 것을 발음 교육의 목표로 삼느냐에 따라 발음 교육의 내용과 방법이 달라지기 때문이다.

일반적인 한국어 발음 교육의 목표는 지금까지 이야기한 대로 '충분한 이해명료성을 갖춘 발음'이라고 할 수 있다. 그러나 그렇다고 해서 '한국어 모어 화자와 동일한 발음'이라는 발음 교육의 목표가 완전히 잘못되었다거나 폐기되어야 하는 것은 아니다. 이것은 학습자가 한국어를 공부하는 목적과 관련이 있다. 학습자가 좀 더 전문적으로, 직업적으로 한국어를 구사할 필요가 있다면 학습자는 '한국어 모어 화자와 동일한 수준의 발음'을 자신의 한국어 발음 목표로 삼을 수도 있다. 이러한 학습자들에게는 또 그 목표 설정에 맞는 교육 내용과 방법으로 발음 교육이 이루어져야 할 것이다.

지금까지 외국인 학습자가 처음 한국어 발음을 들었을 때 지각하는 방식에 대한 설명과 함께 발음 오류에 학습자의 모어가 끼치는 영향이 클 수밖에 없음을 이야기하였다. 그리고 '외국인 말투(foreign accent), 이해명료성(intelligibility)'과 같은 개념을 오류의 예를 통해 설명하면서 한국어 발음 교육의 목표 설정에 대해 생각해 보았다.

이제 우리가 생각해 볼 것은 발음 교육의 내용이다. 한국어 발음을 외국인 학습자에게 가르친다는 것은 무엇을 가르친다는 것일까.

4.2. 무엇을 가르칠까: 한국어 발음 교육의 내용

한국어 발음을 가르친다고 할 때 구체적으로 무엇을 가르쳐야 할까. 한국어의 모음과 자음을 가르치는 것은 당연한 일일 것이다. 그 외에 또 포함되어야 할 것이 있다면 무엇일까? 외국인 학습자의 입장에서 본다면 한국어 표기와 발음에 차이가 나는 것이 교육 내용이 될 수 있을 것이다. '먹는다'라고 쓰고 [먹는다]로 발음하는 것이 아니라 [멍는다]라고 발음한다면 외국인 학습자들은 왜 그렇게 발음하는지 이유를 알고 싶고 그 규칙성을 학습해야 표기와 다른 적절한 발음을 실현시킬 수 있기 때문이다. 이렇게 표기와 발음에 차이가 나는 것들은 대부분 한국어 음운변동(sound alternation) 현상과 관련이 있다.

또한 대화를 나눌 때 상대방이 나에게 물어본 것인지 아니면 자신의 이야기를 하는 것인지를 확인할 수 있는 언어적인 요소는 억양이다. 발화의 마지막에 걸리는 억양이 상승조였는지 하강조였는지에 따라 '밥 먹었어'라는 동일한 자음과 모음의 결합으로 이루어진 발화가 묻는 말이 되기도 하고 자신에 대해 이야기하는 것이 되기도 하는 것이다. 그러므로 한국어 발음 교육의 내용에는 한국어 모음, 자음과 더불어 한국어의 다양한 음운변동 현상 그리고 억양도 포함될 수 있을 것이다.

그럼 이러한 발음 교육의 내용들에 대해 하나씩 나누어 그 내용을 좀 더 자세하게 살펴보되, 어떤 요소에 더 집중해서 교육이 이루어져야 하는가에 강조점을 두면서 설명해 보기로 한다.[1]

생각해 보기 

여러분이 한국어 교사라면 'ㅔ'와 'ㅐ'의 발음 구별을 학습자에게 가르칠 것인가, 가르치지 않을 것인가? '쓰다 → 써, 아프다 → 아파'와 같은 '으 탈락'과 '먹는[멍는]'과 같은 비음화는 모두 한국어 발음 교육의 내용이 될 수 있을까?

---

1   이러한 교육 내용에 대한 좀 더 구체적인 교육 방법에 대해서는 4절에서 더 구체적으로 살펴보게 될 것이다.

이론에서 출발하여 현장까지!
손에 잡히는 한국어 교육학 개론

한국어 모음

한국어 모음 가운데 가장 기본적인 교육 내용은 한국어 단모음일 것이다. 한국어 단모음에 대해 먼저 생각해 볼 것은 단모음의 표준발음과 현실 발음의 문제이다. 한국어 표준발음법 규정에는 한국어의 단모음을 /ㅏ, ㅓ, ㅗ, ㅜ, ㅡ, ㅣ, ㅔ, ㅐ, ㅚ, ㅟ/의 10개로 보고 있다. 이 가운데 /ㅚ, ㅟ/는 단모음으로 발음하는 것이 원칙이나 이중모음으로 발음하는 것도 허용하고 있다. (여러분들이 'ㅚ, ㅟ'를 발음하는 동안 입술의 모양이나 혀의 위치가 달라진다면 이중모음으로 발음하고 있는 것이다.) 이것은 실제로 /ㅚ, ㅟ/가 현실 발음에서 단모음보다 이중모음으로 발음되고 있는 것을 표준발음법에 반영한 결과이다.

그런데 현실 발음에서 표준발음과 차이가 있는 것이 하나 더 있다. 바로 /ㅔ, ㅐ/의 발음이다. 현실 발음에서는 대부분의 한국 사람들이 /ㅔ, ㅐ/의 발음을 구별하여 듣지 못하며 발음하지도 못한다.(물론 방언에 따라서는 구별 가능한 방언도 있다. 중국 연변의 '중국 동포'들도 우리와 달리 /ㅔ, ㅐ/를 자연스럽게 구별하여 발음한다.)

이러한 내용을 종합해 보면 한국어 현실 발음의 단모음은 /ㅏ, ㅓ, ㅗ, ㅜ, ㅡ, ㅣ, ㅔ[2]/의 7개가 된다. 한국어 모음 교육 가운데 단모음의 교육 내용이 되는 것은 바로 현실 발음에 바탕을 둔 7개의 단모음이다.[3]

그런데 이 7개의 단모음 모두가 외국인 학습자에게 어려운 발음은 아니다. 그러면 외국인 학습자들이 어려워하는 한국어 단모음의 발음은 어떤 것일까? 한국어 음성학과

---

2   /ㅔ, ㅐ/가 구별 없이 사용될 때 그 기호로 /ㅔ/를 사용하기로 한다.

3   국가기관에서 출판한 한국어 교재 가운데에는 표준발음법에 의거하여 /ㅏ, ㅓ, ㅗ, ㅜ, ㅡ, ㅣ, ㅔ, ㅐ/의 단모음 8개를 제시하는 경우가 많다. 그러나 발음과 관련된 설명에서는 현실 발음에서 /ㅔ, ㅐ/가 구별되지 않으므로 굳이 구별하여 발음하지 않아도 된다고 이야기하고 있다.

음운론에서 자주 볼 수 있는 한국어 단모음의 분류표와 모음사각도(vowel quardrilateral)를 통해 이 부분을 알아보도록 하자.

〈표 4-1〉 한국어 단모음 분류표[4]

	전설모음		후설모음	
	평순	원순	평순	원순
고모음	ㅣ	(ㅟ)	―	ㅜ
중모음	ㅔ	(ㅚ)	ㅓ	ㅗ
저모음	(ㅐ)		ㅏ	

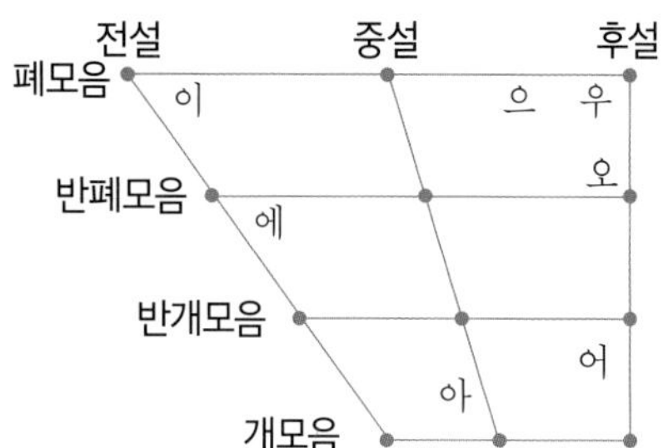
〈그림 4-3〉 한국어 단모음의 모음사각도[5]

  학습자들이 어려워하는 한국어 단모음에 대해 알아보기 전에 우선 한 가지 알아둘 것은 단모음을 분류하는 기준에 대한 것이다. 단모음을 분류하는 기준으로는 혀의 앞뒤 위치(전설/후설), 혀의 높이(고, 중, 저), 입술 모양(평순, 원순)의 세 가지가 있다. 이것은 한국어뿐만 아니라 모든 언어의 단모음을 분류하는 기준이 된다.

  왼쪽에 있는 단모음 분류표는 이 세 가지 기준에 따라 한국어의 단모음이 어떻게 분류되는지를 보여 주고 있고, 오른쪽에 제시한 모음사각도는 실제 한국어의 단모음이 모음사각도 내에서 어떻게 실현되는지를 좀 더 직접적으로 표시해 주고 있다.[6]

  모음 분류표와 모음사각도를 통해 우리가 확인할 수 있는 것은 전설모음보다 후설모음에 더 많은 단모음들이 분포되어 있다는 사실이다. 전설모음에는 'ㅣ, ㅔ'의 두 모음이

4　/ㅟ, ㅚ, ㅐ/를 괄호 속에 넣어 표시한 것은 현실 발음을 기준으로 단모음 분류표를 제시한 것이다.

5　이 모음사각도는 박기영·이정민(2018)에서 가져온 것이다.

6　한국어 교재에서 단모음 발음을 보여 줄 때 입 모양 그림에 위에 제시한 모음사각도를 넣어서 제시하는 경우가 많다.

이론에서 출발하여 현장까지!
손에 잡히는 한국어 교육학 개론

있고 후설모음에 나머지 다섯 개의 모음이 분포되어 있다. 후설모음 가운데에서도 'ㅓ, ㅗ, ㅜ, ㅡ'의 네 모음은 입술 모양, 혀의 높이라는 두 기준에 의해서 분류되고 있다. 'ㅓ, ㅗ'는 혀의 높이는 같지만 입술 모양에서 차이가 나고, 'ㅗ, ㅜ'는 입술 모양은 원순이지만 혀의 높이에서 차이가 난다. 또한 'ㅜ, ㅡ'는 혀의 높이는 같지만 입술 모양이 다르고, 'ㅡ, ㅓ'는 입술 모양은 평순이지만 혀의 높이가 다르다. 이 네 모음 사이의 관계는 서로 공통점을 더 많이 가지고 있으면서 하나의 차이점에 의해서만 구별되고 있다는 것이 특징이다.

모음사각도 내에서도 'ㅗ, ㅜ, ㅡ'의 모음은 후설이면서 고모음 쪽에 모여 있는 것을 볼 수 있다. 'ㅓ'는 위의 그림에서는 'ㅗ, ㅜ, ㅡ'와 다소 떨어져 있는 것으로 보이지만 입안 뒤쪽의 공간이 좁다는 것을 생각한다면 결국 후설모음들은 전설모음들에 비해 상대적으로 좁은 공간에 많은 모음이 분포되어 있다고 할 수 있다.

실제 외국인 학습자들이 한국어 단모음을 배울 때 'ㅣ, ㅔ, ㅏ'에 대해서는 거의 오류를 보이지 않는다. 외국인 학습자들이 어렵다고 느끼고 자주 오류를 보이는 모음은 전설모음보다는 후설모음 'ㅓ, ㅗ, ㅜ, ㅡ'이다. 다만 외국인 학습자들은 자신의 모어에 따라 구별하기 어려운 단모음이 차이가 난다. 'ㅓ'와 'ㅗ', 'ㅡ'와 'ㅜ'의 구별을 어려워하는 언어권 학습자들도 있으며 'ㅓ'와 'ㅗ', 'ㅗ'와 'ㅜ'의 구별을 어려워하는 학습자들도 있다.

결국 한국어 단모음의 교육 내용에서 좀 더 집중해서 가르쳐야 하는 내용은 후설모음에 속하는 'ㅓ, ㅗ, ㅜ, ㅡ' 모음 간의 구별 교육이라고 할 수 있을 것이다. 한국어 교사는 단모음의 교육 가운데 특히 이 네 모음 간의 구별을 어떻게 가르치는 것이 효과적인지를 고민해 보아야 한다.

한국어 자음

한국어 자음은 모두 19개이다. 그 19개의 자음은 조음 위치와 조음 방법에 따라 다음과 같이 분류할 수 있다. 조음 위치에 따라 양순음, 치조음, 경구개음, 연구개음, 후음으로 나눌 수 있으며, 조음 방법에 따라 파열음(폐쇄음), 마찰음, 파찰음, 비음, 유음으로 나눌 수 있다.[7]

〈표 4-2〉 한국어의 자음 분류표

조음 방법 / 조음위치			양순음	치조음	경구개음	연구개음	후음
장애음	파열음	평음	ㅂ	ㄷ		ㄱ	
		경음	ㅃ	ㄸ		ㄲ	
		격음	ㅍ	ㅌ		ㅋ	
	마찰음	평음		ㅅ			ㅎ
		경음		ㅆ			
	파찰음	평음			ㅈ		
		경음			ㅉ		
		격음			ㅊ		
공명음	비음		ㅁ	ㄴ		ㅇ	
	유음			ㄹ			

위의 자음 분류표를 통해 알 수 있는 한국어 자음의 특징은 평음, 경음, 격음에 의한

---

7   조음위치와 조음방법의 명칭은 한국어 교사가 자음의 발음을 이해하는 데는 도움을 줄 수 있지만, 한국어 학습자에게 발음을 가르칠 때는 직접 쓸 수 없는 명칭들이다. 학습자에게는 교사가 직접 손으로 그 부위를 가리키면서 설명하거나 아니면 입 모양의 모형을 이용하여 그 위치를 알려 주면서 설명을 해 주어야 한다.

구별이 19개의 자음 중 14개라는 사실이다. 양순음, 치조음, 경구개음, 연구개음 가운데 평음, 경음, 격음으로 구별되는 파열음, 파찰음이 12개(ㅂ, ㅃ, ㅍ/ㄷ, ㄸ, ㅌ/ㅈ, ㅉ, ㅊ/ㄱ, ㄲ, ㅋ)이고 마찰음 'ㅅ, ㅆ'는 각각 평음, 경음으로 구별된다. 평음, 경음, 격음으로 구별된다는 말은 실제로 많은 한국어 단어들이 이 소리들에 의해 의미가 달라진다는 이야기이다. '불, 뿔, 풀 / 달, 딸, 탈 / 자다, 짜다, 차다 / 굴, 꿀 / 끄다, 크다 / 사다, 싸다'와 같은 예들을 보면 앞서 언급한 소리의 차이에 의해서만 의미가 달라짐을 알 수 있다.

이처럼 한국어 자음의 70%가 넘는 자음이 평음, 경음, 격음이라는 소리의 특징에 따라 나뉘고 실제로 이 소리의 차이에 의해 구별되는 단어들이 많다면 당연히 평음, 경음, 격음의 구별은 한국어 자음 교육에서 매우 중요한 교육 내용이 될 수밖에 없다.

실제로 대부분의 외국인 학습자들이 한국어 자음의 발음에서 가장 많은 오류를 보이는 것은 바로 평음, 경음, 격음의 구별이다. 평음, 경음, 격음의 세 가지 구별이 있는 언어는 많지 않기 때문이다. 세 자음의 구별이 어렵다는 것이 세 자음의 발음이 모두 어렵다는 것은 아니다. 학습자의 모어에 따라 경음은 잘 발음하는데, 평음과 격음의 구별이 어려운 경우도 있고, 격음은 잘 발음하는데 평음과 경음의 구별이 어려운 경우도 있으며, 평음의 발음은 어렵지 않은데 경음과 격음의 구별이 어려운 경우도 있다. 평음, 경음, 격음 가운데 어떤 두 부류의 구별이 어려운 경우가 많은 것이다.

그러므로 한국어 교사는 한국어 평음, 경음, 격음이 각각 구별되는 음성적인 특징이 무엇인지 분명하게 알고 있어야 하며, 자신이 가르치는 한국어 학습자들이 어떤 구별을 어려워하는지 파악할 수 있어야 한다.

한국어 교사가 한국어 자음의 특징에 대해 확인할 때 한 가지 더 필요한 지식이 있다. 조음 위치와 조음 방법에 의한 한국어 자음의 분류 자체에 대한 지식도 필요하지만, 자음이 실제로 발음될 때 환경에 따라 그 발음에 약간의 변동이 생기는데 이 변동에 대해서 정확하게 파악하고 있어야 한다. 이러한 발음의 변동은 주로 어두, 비어두라는 위치나 뒤에 오는 모음의 종류에 따라 달라진다. 예를 들어 평음 'ㅂ, ㄷ, ㅈ, ㄱ'은 '바, 다, 자, 가'처럼 어두 초성으로 발음될 때와 '아바, 아다, 아자, 아가'처럼 모음 사이에서 발음될 때 그 음가가 달라진다. 어두 초성의 'ㅂ'을 무성음이라고 하고 모음 사이의 'ㅂ'을 유성음이라고 한다.[8] 한국 사람은 '바'와 '아바'의 'ㅂ'이 다른 소리라는 것을 인식하지 못한다. 왜냐하면 이 무성음과 유성음의 구별은 한국어에서 무의식적으로 일어나는 것이며 한국 사람에게는 같은 소리로 '인식'되기 때문이다. 그러나 학습자들의 경우에는 자신의 모어에 따라 이 두 소리가 다른 소리라는 것을 매우 자연스럽게 '인식'할 수 있다.

한국어의 유음 'ㄹ'도 우리는 모두 동일한 'ㄹ'로 인식하지만 음성적으로는 환경에 따라 매우 다른 소리로 발음된다. 어두 초성 위치나 모음과 모음 사이에서는 주로 탄설음(tap/flap)으로 발음되며(라면[ramyʌn], 나라[nara]), 종성 위치에서는 설측음으로 발음된다(달[dal], 몰라요[mollayo]).[9]

한편 뒤에 오는 모음의 종류에 따라 자음의 음가가 달라지는 것에는 'ㅅ, ㄴ, ㄹ' 등이 있다. 'ㅅ, ㄴ'은 후행하는 모음에 'ㅣ'나 반모음 'ㅣ'가 포함되어 있는 경우 경구개에 가까운 자음으로 발음된다. 예를 들어 '사람, 나라'의 경우 'ㅅ, ㄴ'은 자음 분류표에서 보듯이 치조음([s], [n])으로 발음되지만 '마셔, 아니'의 'ㅅ, ㄴ'은 경구개 위치에 가까운 자음([ʃ], [ɲ])으로 발음된다.

이와 같은 것을 한국어 자음의 변이음(allophone)이라고 하는데 이 변이음들은 한국어 모어 화자에게는 '인식'되기 어려운 소릿값이다. 그럼에도 불구하고 한국어 교사가 이와

---

8 보통 음성기호로 표시할 때 무성음은 [p], 유성음은 [b]로 표시한다. 즉 '바'는 [pa], '아바'는 [aba]로 표시한다.

9 보통 탄설음을 음성기호로 표시할 때는 [ɾ]을 사용하지만 여기서는 편의상 [r]로 쓰기로 한다. 탄설음, 설측음 외에도 한국어 유음의 변이음으로는 경구개 설측음 [ʎ]도 있으나(달려[taʎʎʌ]), 여기서는 더 자세히 기술하지는 않기로 한다.

같은 변이음 정보에 대해 지식을 갖추어야 하는 것은 같은 자음이라도 어느 위치에 오느냐에 따라 학습자가 보이는 발음의 오류 양상이 달라질 수 있기 때문이다. 예를 들어 중국인 학습자는 한국어 평음 'ㅂ'이 어두 초성에 올 때 한국어 격음 'ㅍ'으로 잘못 발음하는 경우가 많다. 그런데 'ㅂ'이 모음과 모음 사이에 올 때는 한국어 경음 'ㅃ'으로 잘못 발음하는 경우가 많다.[10] 즉 같은 평음인데도 그 환경에 따라 오류를 보이는 양상이 다른 것이다. 따라서 학습자의 발음 오류를 바탕으로 자음 발음 교육 내용을 정하기 위해서는 변이음이 실현되는 환경에 대해 충분히 파악하고 있어야 한다.

한국어 음운변동

여러분이 이제 막 한글 자모를 익힌 한국어 학습자라고 생각해 보자. 오늘 받침의 발음과 함께 연음규칙에 대해서 배웠다. '한국어'라고 쓰여 있는 것을 한 음절씩 [한][국][어]로 읽는 게 아니라 [한구거]라고 읽을 수 있게 되었다. 꽤 한글을 읽는 데 자신감이 생긴 여러분이 만약 다음과 같은 단어를 보게 되었다면 어떻게 발음할까?

깻잎

[깬닙]이라고 읽어야 할 것을 여러분들은 아마도 자신 있게(?) [깨십]이라고 읽을 것이다. 이처럼 외국인 학습자들은 한국어의 자모를 익힌 후에도 표기와 일치하지 않는 발음에 대한 학습이 필요하다. 표기와 일치하지 않는 발음은 대부분 음운변동과 관련이 있다. 한 번만 더 학습자의 입장에서 아래의 문장을 읽어 보자.

밥만 먹지 말고 반찬도 같이 드세요.

---

10 이와 같은 오류 양상에 대한 연구는 오재혁(2013)에 자세하게 기술되어 있다.

위의 문장에서 표기와 발음이 일치하지 않는 부분은 '밥만[밤만]', '먹지[먹찌]', '같이 [가치]'이다. 이 부분에 대한 학습이 따로 이루어지지 않으면 한국어 학습자들이 읽은 문 장이나 발화를 한국 사람이 듣는 즉시 이해하기는 어려울 것이다.

한국어에는 음운변동 현상이 꽤 많이 있는 편이다. 한국어 음운론에서 주로 언급되 는 음운변동을 자음과 모음으로 나누어 제시해 보면 아래 표와 같다.

〈표 4-3〉 한국어의 음운변동

유형	자음 관련 음운변동	모음 관련 음운변동
대치	평폐쇄음화, 비음화, 유음화, 치조비음화, 조음위치동화, 경음화, 구개음화	움라우트, 모음조화, 활음화
탈락	ㅎ탈락, 자음군단순화, 동일조음위치 장애음 탈락	― 탈락, 동모음 탈락, 활음 j 탈락, 활음 w 탈락
첨가	ㄴ첨가	활음 j 첨가, 활음 w 첨가
축약	ㅎ축약	ㅓ 축약

그렇다면 이러한 음운변동은 모두 한국어 발음 교육 내용에 포함되어야 하는가? 그 렇지는 않다. 앞에서도 잠깐 언급했듯이 외국인 학습자들은 표기와 발음을 함께 배우게 되므로 우리가 가르쳐야 하는 음운변동도 표기와의 관련성을 염두에 두면서 생각해 볼 필요가 있다. 위에 제시된 음운변동 가운데 자음과 관련된 음운변동인 'ㅎ탈락'과 모음 관련 음운변동인 '― 탈락'의 경우를 통해 좀 더 구체적으로 이 문제를 생각해 보기로 하 자.

'ㅎ탈락'은 용언 어간말의 'ㅎ'이 모음으로 시작하는 어미와 연결될 때 탈락하는 현상 으로, '좋아요, 넣어요, 싫어요, 많아요' 등을 그 예로 들 수 있다. 표기와 발음의 관계에 주목해서 본다면 표기에는 'ㅎ'이 있지만 발음할 때는 ㅎ이 탈락하므로 표기와 발음 간

이론에서 출발하여 현장까지!
손에 잡히는 한국어 교육학 개론

에 불일치가 발생하게 된다.[11]

한편 '_ 탈락'은 용언 어간말 모음 '_'가 모음 어미 '아/어'와 연결되면 탈락하는 현상으로, '쓰다 → 써, 아프다 → 아파' 등을 그 예로 들 수 있다. 이 경우에는 '_ 탈락'이 적용된 결과가 이미 표기에 반영이 되어 있다는 점에서 'ㅎ탈락'과는 차이가 난다.

두 음운변동의 예를 통해 우리가 알 수 있는 것은 음운변동이 적용된 결과가 표기에 반영이 되어 있는 음운변동과 그렇지 않은 음운변동이 있다는 사실이다. 모음과 관련된 음운변동은 대부분 그 적용 결과가 표기에 반영되어 있고 자음과 관련된 음운변동은 표기에 반영되어 있지 않다. 결국 많은 음운변동 가운데 한국어 발음 교육의 내용에 포함되어야 하는 것은 자음과 관련된 음운변동들이다.

한두 개 정도를 제외하면 자음과 관련된 음운변동들은 거의 대부분 한국어 교재에 반영되어 있는 것으로 보인다.[12] 한국어 교사는 한국어 음운론에서 다루고 있는 음운변동에 대해 그 적용 원리를 이해하고 그 음운변동이 적용되는 예들을 충분히 알고 있어야 한다. 특히 자음과 관련된 음운변동에 대해서는 좀 더 폭넓은 이해가 필요하다고 할 수 있을 것이다.

음운변동과 관련하여 하나 더 생각해 봐야 하는 것은 음운변동이 적용되는 범위에 대한 것이다. 외국인 학습자들의 경우 음운변동을 학습한 후에 단어를 대상으로 그 음운변동을 적용할 때는 별 어려움 없이 적용하는 것 같다. 그런데 그 음운변동의 적용 범위가 단어를 넘어서는 경우에는 교사의 도움 없이 학습자가 음운변동을 적용시키기가 쉽지 않다. 음운변동의 적용 범위가 단어를 넘어선다는 것은 학습자의 입장에서 보면 띄

---

11 이 불일치는 또한 연음규칙에 대한 예외가 된다. '좋아요'는 연음되어 [조하요]로 발음되는 것이 아니라 ㅎ이 탈락되어 [조아요]로 발음되기 때문이다.

12 위에 제시된 음운변동 가운데 '조음위치동화, 동일조음위치 장애음탈락'은 한국어 교재에 제시된 경우가 드문 것 같다.

어쓰기가 되어 있는 단어와 단어 사이에 음운변동이 적용되는 경우이다. 다음의 예를 보자.

배가 불러서 더 <u>못 먹겠어요</u>.
이 사진이 제일 <u>잘 나왔네</u>.

외국인 학습자는 처음 위의 문장을 보면 밑줄 친 부분을 '못[몯] 먹겠어요[먹껟써요]', '잘[잘] 나왔네[나완네]'로 읽을 가능성이 크다. 그러나 한국 사람은 일상 발화에서 밑줄 친 부분을 띄어서 말하거나 읽는 경우는 거의 없으며 각각 [몬먹껟써요], [잘라완네]로 읽을 것이다. 띄어서 읽으면 오히려 부자연스러운 발화가 된다. 이렇게 단어의 경계를 넘어서 적용되는 음운변동은 자연스럽게 발음하는 데 있어서 중요한 역할을 한다. 외국인 학습자가 이렇게 단어 경계를 넘어 음운변동이 적용되는 양상을 교사나 교재의 도움 없이 알기는 쉽지 않다. 그러므로 한국어 교사는 음운변동의 원리를 확인하면서 그 음운변동이 적용되는 범위가 단어에 한정되는지 아니면 단어의 경계를 넘어서 적용되는 경우도 있는지를 늘 확인해 볼 필요가 있다.

한국어 억양

마지막으로 고려해야 할 발음 교육의 내용으로 억양을 들 수 있다. '밥 먹어'라는 발화는 발화에 얹히는 억양이 어떻게 실현되느냐에 따라 평서문이 될 수도 있고 의문문이 될 수도 있으며 명령문이 될 수도 있다. 또한 단순히 평서문, 의문문, 명령문이라는 문장 종결법만 실현되는 것이 아니라 화자의 감정이나 태도가 억양을 통해 드러날 수 있다.

앞서 살펴본 것처럼 '이해명료성'이라는 발음 교육의 목표는 자음, 모음과 같은 분절음보다 강세, 억양과 같은 초분절음의 교육에 더 초점을 맞추고 있다. 영어에서는 강세나 억양이 '이해명료성'의 확보에 더 큰 비중을 차지하고 있지만 한국어에서는 자연스러운 억양으로 이루어지는 발화가 '이해명료성'과 '모어 화자와 같은 발음'이라는 두 가지 목표에 모두 관련성을 가지고 있을 가능성이 크다는 점을 고려하면 한국어 억양 또한 발음 교육의 내용에 반드시 포함되어야 할 것이다.

평서문, 의문문, 명령문 등 문장의 유형에 따라 억양이 달리 실현되기도 하지만, 동일한 종결어미가 의미에 따라 다른 억양의 실현을 보이기도 한다. 예를 들어, '–을걸'의 경우 추측과 아쉬움의 의미를 가지고 있는데 이 두 의미는 억양의 실현에서 차이를 보인다.

① 추측	② 아쉬움
가: 지금쯤 끝났을까?	가: 시험 망했어. 좀 더 열심히 공부할걸↘
나: 아마 끝났을걸.↗	나: 기말시험 잘 보면 괜찮을 거야.

위의 대화에서 추측의 의미를 가진 '아마 끝났을걸.'의 '–을걸'을 하강조로 읽어 보면 그 의미가 어색해짐을 금방 확인할 수 있다. 이처럼 의미에 따라 다른 억양의 실현을 보이는 경우도 억양 교육의 내용에 포함되어야 한다.

4.3. 발음 교육은 정확한 발음 진단으로부터

이제 여러분이 한국어 교사로서 수업을 시작하게 되었다고 생각해 보자. 여러분들이 외국인 학습자들의 한국어 발음을 향상시키기 위해 제일 먼저 할 일은 무엇일까? 학습자의 현재 한국어 발음이 어떤지 확인하는 일일 것이다. 우리는 이것을 '발음 진단'(pronunciation diagnostic test)이라고 부른다.

'발음 진단'은 다양한 방법으로 이루어질 수 있다. 교실 수업 중에 학습자들이 교재의 대화를 읽는 것을 들으면서 학습자의 발음을 진단할 수도 있고, 말하기 활동 중에 학습자의 발화에 귀를 기울이면서 발음의 오류를 확인할 수도 있다. 그러나 이러한 진단 방식은 다소 인상적인 오류만 확인할 수 있을 뿐이어서, 학습자의 발음에 대한 전반적이고 체계적인 진단이라고 하기는 어렵다. 학습자의 발음에 대한 체계적인 진단이 이루어지려면, 발음 진단 요소가 포함된 단어나 문장을 읽게 하고 그것을 녹음한 뒤 교사가 그 녹음된 발음을 반복해서 들으면서 학습자의 발음 상태를 확인해야 한다. 발음 진단 요소라 함은 앞서 우리가 살펴보았던 발음 교육 내용에 포함되어 있는 모음, 자음, 음운변동, 억양 등을 의미한다.

한국어 학습자의 발음 진단을 위한 진단지의 예시는 서울대 언어교육원(2009)에서 볼 수 있다. 서울대 언어교육원(2009)의 발음진단지 가운데 초급 학생용 진단지에 포함된 단어와 문장을 보이면 다음과 같다.

1.	2.	3.
① 거기 모기 부모 고기 머리 오이 메아리 매미	① 바다 대학 감기 사고 시간 자기 금	① 한국어 영어 학생 학기 입국 입맛 작년 운동화
② 이야기 여기 요리 유리 야구 겨우 교수 휴가	② 빨리 바빠요 또 어때요 까매요 어깨 싸요 날씨 찌개 이쪽	② 등록 음료수 신랑 설날 같이 붙여요 좋아요 싫어요
③ 바위 왜 의자 더워유 나와요 외워요	③ 파리 소포 타유 교통 치마 우체국 코 조카	③ 사진을 찍을 때는 웃으세요 오늘은 일요일이에요. 못 오면 전화해.
④ 우유가 차가워요.	④ 거리 바로 무료 길 주말 열 빨리 몰라요 걸려요	④ 밥만 먹지 말고 반찬도 같이 먹어야지.
⑤ '여유'가 뭐예요?	⑤ 하나 혼자 향기 화요일 시험 전화 영화 결혼	⑤ 밥만 먹지 말고 반찬도 같이 먹어야지.
⑥ 왜 교과서를 외워요?	⑥ 밥 곧 밭 옷 빚 꽃 책 부엌	⑥ 눈을 감고 이 음료수를 마셔 보세요.
⑦ 이야기가 너무 어려워요.	⑦ 담배 순두부 구경 침대 감기 준비 친구 공부 명동	⑦ 어떻게 연락하면 되지요?
⑧ 귀 위에서 모기가 윙윙거려요.	⑧ 너무 바쁘고 피곤해요.	⑧ 강남 역 근처는 너무 길이 막혀서 싫어요.
	⑨ 버스를 또 타야 돼요?	⑨ 일 년 동안 비빔밥만 먹었어요.
	⑩ 사과가 싸서 많이 샀어요.	⑩ 날씨가 좋아서 사진이 아주 잘 나올 거 같아요.
	⑪ 이 김치찌개 진짜 맛있어요.	⑪ 밥도 못 먹고 잠도 못 자고 열심히 공부했어요.
	⑫ 키 크고 까만 바지 입은 분이 누구예요?	

위의 발음진단지는 초급 학생용 발음진단지이다. 진단하고자 하는 발음의 출현 환경을 고려하여 모음, 자음, 음운변동 별로 발음 진단을 위한 단어와 문장이 제시되어 있다. 신예주(2019)에서는 교사가 학습자의 발음을 진단할 때 5점 척도로 발음의 정확도를 표시할 수 있도록 발음진단지를 고안하였다. 역시 모음, 자음, 음운변동, 억양으로 나누어 발음진단지를 만들었는데 그 가운데 자음과 관련된 진단지 형식 일부를 보이면 다음과 같다.

<表 4-5> 5점 척도로 정확도를 표시할 수 있는 발음진단지(신예주, 2019)

			5 = 한국인과 유사하다　4 = 웬만큼 정확하다　3 = 조금 다르다 2 = 다르지만 알아들을 수 있다　1 = 아주 다르다				
자음 (초성)	ㄱ	가위	5	4	3	2	1
	ㄴ	누나	5	4	3	2	1
	ㄷ	다기	5	4	3	2	1
	ㅁ	무마	5	4	3	2	1
	ㅂ	바지	5	4	3	2	1
	ㅅ	사자	5	4	3	2	1
	ㅈ	자주	5	4	3	2	1
	ㅊ	차표	5	4	3	2	1
	ㅋ	커피	5	4	3	2	1
	ㅌ	타조	5	4	3	2	1
	ㅍ	파도	5	4	3	2	1
	ㅎ	하늘	5	4	3	2	1
	ㄱ, ㅋ, ㄲ	고기, 크다, 까다	5	4	3	2	1
	ㄷ, ㅌ, ㄸ	도서, 토끼, 또	5	4	3	2	1
	ㅂ, ㅍ, ㅃ	바다, 파다, 빠르다	5	4	3	2	1
	ㅅ, ㅆ	사다, 싸다	5	4	3	2	1
	ㅈ, ㅊ, ㅉ	자다, 차다, 짜다	5	4	3	2	1

　그런데 앞서 제시한 두 발음진단지는 한국어 학습자가 한국어의 모음이나 자음을 어떻게 듣느냐(지각, perception)에 대한 진단은 생략되어 있고 학습자가 어떻게 발음했느냐(산출, production)에만 초점이 맞추어져 있다. 그러나 학습자의 한국어 발음 능력을 좀 더 정확하게 진단하고 그 진단을 바탕으로 하여 발음 교육이 이루어지기 위해서는 한국어 학습자의 한국어 발음 지각과 관련된 진단도 아울러 이루어져야 할 것이다.[13] 한국어

13　외국어로서의 영어 발음 교육의 경우 발화 산출 능력보다 발화 지각 능력에 더 큰 비중을 두고 발음 진단이 이루어지고 있다. 영어 교육에서 이루어지는 발음 진단에 대해서는

이론에서 출발하여 현장까지!
손에 잡히는 한국어 교육학 개론

발음 지각 능력을 진단하기 위한 진단지의 예시는 다음과 같다.[14]

<표 4-6> 최소대립쌍을 이용한 발화 지각 능력 진단지의 예시(박기영 · 이정민, 2018)

<모음>	<자음>
• 다음 문장을 듣고 같은 것을 고르십시오. 1) **촛불**을 (보세요, 부세요). 2) (커피를, 코피를) 흘렸어요. 3) (이가, 위가) 아파요. 4) (고기가, 거기가) 어땠어요? 5) (우리만, 오리만) 남았어요. 6) (흠이, 힘이) 있어요. 7) (승인만, 성인만) 남았어요. 8) (굴을, 귤을) 먹어요. 9) (벌을, 별을) 봤어요. 10) (향이, 형이) 좋아요.	• 다음 문장을 듣고 같은 것을 고르십시오. 1) 선물을 (사요, 싸요). 2) (방, 빵)이 커서 좋네요. 3) (팔, 발)을 다쳤어요. 4) 마음이 (변했어요, 편했어요). 5) (딸, 달)이 참 예쁘네요. 6) 거기 (서요, 써요). 7) (콩, 공)을 던졌어요. 8) (그림, 크림)을 샀어요. 9) 전 (개, 깨)를 좋아하지 않아요. 10) 이 책을 (읽고, 잃고) 싶지 않아요. 11) (자, 차) 있으면 좀 빌려 주세요. 12) 이 빵은 (싸요, 짜요). 13) (의사, 의자)가 어디에 있어요? 14) (사람, 사랑)보다 중요한 건 없어요. 15) 이건 (잊지, 입지) 마세요. 16) 창문을 (닦지, 닫지) 마세요.

<표 4-6>은 한국어 모음과 자음의 최소대립쌍(minimal pair)이 포함된 문장을 제시하여 모음과 자음 음소의 지각 변별 능력을 진단할 수 있도록 고안되었다.

한국어 교사가 발음을 진단할 때 우선 주의해야 할 점은 학습자의 지각 능력과 산출 능력을 균형 있게 살펴보아야 한다는 점이다. 학습자의 발음 오류를 발견하였을 때 이것

Gilbert, J. B(2012)를 참고할 수 있다.

14 이 지각 능력 진단용 발음진단지는 박기영·이정민(2018)에서 인용한 것이다.

이 지각 단계 즉 귀로 들을 때부터 문제를 가지고 있는 것인지 아니면 듣고 구별하는 것은 어려움이 없으나 직접 발음하는 것에 어려움이 있는 것인지를 우선 확인해야 한다. 그래야 발음 진단 후 발음 교정을 위한 연습을 할 때 듣고 구별하는 연습이 우선 이루어져야 하는지 아닌지를 결정할 수 있기 때문이다.

학습자의 발음을 진단할 때 주의해야 할 또 한 가지는 오류와 실수를 잘 구별해야 한다는 것이다. 즉 발음진단지를 통해 규칙적으로 계속 오류를 보이는 것과 단지 한 번 실수하여 잘못 발음한 것을 잘 구별해야 한다는 것이다. 그러기 위해서 한국어 교사는 언어권별 학습자의 전형적인 발음 오류에 대해서 어느 정도는 알고 있어야 한다.

마지막으로 주의해야 할 것은 오류가 일어나는 환경에 대해서도 잘 따져보아야 한다는 점이다. 우리가 앞서 2절에서 살펴보았듯이 어두와 비어두라는 환경에 따라서 오류를 보이는 양상이 달라질 수 있기 때문이다.

외국인 학습자의 발음을 교정하고 향상시키기 위해 교사가 수행해야 될 첫 번째 작업은 발음 진단이다. 정확한 진단이 이루어져야 이를 바탕으로 효과적인 발음 교육이 이루어질 수 있음을 늘 명심해야 할 것이다.

4.4. 어떻게 가르칠까: 한국어 발음 교육의 방법

여러분이 한국어 교사라면 'ㅓ'와 'ㅗ'의 발음을 잘 구별하지 못하는 학습자에게 두 모음의 구별을 어떻게 가르칠 수 있을까?

한국어 교사가 발음을 처음 가르칠 때 실제 수업에 사용되는 교재만 봐서는 어떻게 가르쳐야 하는지 막막한 심정이 될 때가 많다. 발음 교육의 경우 교재 자체에 관련 내용이 대부분 간략하게만 제시되어 있어 그 내용만 가지고 어떻게 수업을 해야할지 고민이 된다. 이 절에서는 발음 교육의 내용이 되는 모음, 자음, 음운변동, 억양 등을 어떻게 가르치면 좋은지 좀 더 구체적인 방법을 제시해 보고자 한다.[15]

구별이 어려운 모음 가르치기

자모 교육은 발음 교육의 시작일 뿐 그것으로 모든 발음 교육의 기초가 끝난 것은 아니다. 가능하면 초급 단계에서 학습자들이 자주 혼동을 일으키는 모음 간, 자음 간 발음에 대한 교육이 충분히 이루어질 필요가 있다. 문제는 이러한 발음 교육의 내용이 수업 때 사용되는 한국어 교재에 충분히 제시되어 있지 않다는 것이다. 결국 발음 교육이 실제 수업에서 이루어지느냐 그러지 않느냐는 한국어 교사의 관심과 역량에 달려 있다.

---

15 지면의 제약상 모음, 자음 교육의 예를 하나씩 제시하기로 한다.

발음의 교수도 '도입 → 제시 → 연습/활용[16] → 마무리'와 같은 단계에 따라 이루어진다. 한국어 교사인 여러분이 '오'와 '어'의 구별을 어려워하는 초급 학습자들에게 15~20분 정도의 수업 시간을 할애하여 두 모음의 구별을 가르친다고 생각해 보자. 그 발음 수업을 어떻게 시작하고 어떻게 가르치면 좋을까? 박기영·이정민(2018)에서 제시한 발음 교안을 바탕으로 하여 실제 발음 수업의 내용을 살펴보기로 하자.

① 도입

<듣고 받아쓰기를 이용한 도입>

1. 교사: 여러분, 듣고 받아쓰세요. '코피', '거기' (2번씩 반복)다 썼어요? 친구와 비교해 보세요. 같아요, 달라요?

2. 학습자가 받아쓴 단어가 무엇인지 질문하고, 학습자의 대답을 들으며 판서한다.

3. 예상되는 오류인 '커피', '고기'도 함께 비교 판서한다.

> * 참고: 도입 후 완성된 판서
>   1. 코피 고기 'ㅗ'
>   2. 커피 거기 'ㅓ'

<학습 목표 및 목적 제시>

1. 교사: 여러분, 커피를 마셔요, 코피를 마셔요? 네, 커피를 마시지요? 코피를 마시면 안 돼요. 어제 고기를 먹었어요, 거기를 먹었어요? 네, 맛있는 고기를 먹었어요. 'ㅗ'와 'ㅓ' 소리가 달라요. 잘 들어야 해요. 그리고 발음도 잘 해야 해요. 오늘 이 발음을 연습할 거예요.

➡ 대부분 발음 수업의 도입은 지각 활동으로 이루어진다. 즉 목표가 되는 발음을 들려 주고 그것을 구별하여 들을 수 있는지 없는지를 확인하면서 수업의 목표가 되는 발음 내용을 소개하는 것이다.
'오'와 '어'의 구별이 학습 목표인 이 수업에서도 최소대립쌍을 이루는 두 단어 '코피/커피'와 '고기/거기' 중 무엇으로 들렸는지를 확인하는 '듣고 받아쓰기' 방식으로 수업의 도입을 시작하고 있다.

---

[16] 듣고 따라하기와 같은 통제된 연습으로부터 대화 단계의 유의미한 맥락에서의 발음 훈련을 의미하는 '연습'과 좀 더 자연스러운 의사소통 상황에서 학습자들의 창의적이고 즉흥적인 발화를 통해 이루어지는 단계인 '활용'을 나누어 제시할 수도 있다. 그러나 실제 한국어 수업 상황에서는 '활용' 단계가 생략되는 경우가 많으므로 여기서는 주로 '연습'에 초점을 맞추어 실제 교육 방법을 살펴보기로 한다.

이론에서 출발하여 현장까지!
손에 잡히는 한국어 교육학 개론

② 제시

그럼 이제 학생들에게 '오'와 '어'가 어떻게 다른지 교사의 설명이 이루어져야 하는 '제시' 단계는 어떤 방식으로 이끌어가면 좋을까?

<조음 방법 설명하기>

1. 교사: (교사의 입 모양 보고 따라하기)따라하세요.
   '오', '어'

2. 입술 그림을 이용해 발음 방법 설명하기

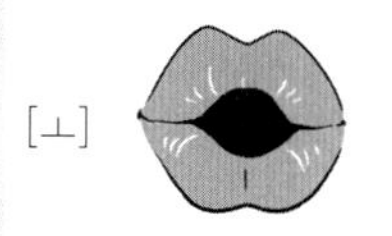

교사: 여러분 보세요. '오', 입술이 이렇게 동그랗게 돼요. 그리고 앞으로 쭈욱 나와요. 따라하세요.
여러분 보세요. '어', 입을 조금 열어요. 입술이 동그랗게 되지 않아요.
'오'는 입술에 힘이 있어요. 그리고 혀가 조금 올라와요.
'어'는 입술에 힘이 없어요. 그리고 혀도 힘이 없어요. 편하게 조금 열어요.
손바닥을 입 앞에 대세요. '오', 손바닥과 붙어요. '어', 손바닥과 안 붙어요.

<확인하기>

거울을 이용해서 교사의 입 모양과 학습자 자신의 입 모양을 비교해 보게 한다.

➡ 한국어 음운론에서 '어'와 '오'의 차이는 입술 모양의 차이 즉 평순모음 '어'와 원순모음 '오'의 차이로 설명된다. 그러나 이것만으로는 '어'와 '오'의 차이가 충분히 설명되지는 않는다. 교사의 입 모양을 보며 학습자들에게 따라하도록 하되, 두 발음의 차이에 대한 좀 더 자세한 설명이 필요하다. 초급 학생들을 대상으로 이루어지는 수업이므로 교사 발화가 어렵게 느껴질 수 있으므로 최대한 눈으로 확인할 수 있도록 설명하는 방법을 찾아야 한다.

입술 모양이 동그랗게 된다는 것도 손가락으로 동그라미를 만들어 보여 주며 설명할 수 있다. 그리고 원순모음을 발음하려면 평순모음보다 입술이 앞으로 나와야 한다. 그것을 확인하는 방법 중 하나는 입 앞 가까이에 손바닥이나 손가락을 세로로 놓게 하는 것이다. 이 상태에서 '오' 발음을 하면 입술에 손바닥이나 손가락이 닿게 되고, '어' 발음을 하면 닿지 않게 된다. 이러한 방식으로 학습자들에게 '오'와 '어'의 발음의 차이를 설명해 줄 수 있다. 또한 이 방식은 학습자 스스로 자신의 발음이 정확하게 이루어지고 있는지 확인할 수 있도록 해 준다.

입술을 동그랗게 하고 '오'를 발음하게 되면 그렇지 않은 발음보다 입술에 힘이 들어가게 된다. 그것도 입술을 손가락으로 눌러 보면서 확인시켜 줄 수 있다. 시각적인 제시를 위해 '오'와 '어' 발음 사진을 보여 줄 수도 있고, 거울을 이용하여 자신의 입 모양을 직접 관찰하며 '오'와 '어'의 구별을 확인할 수도 있다.

이처럼 발음 수업의 제시 단계에서 한국어 교사가 염두에 두어야 할 것은 초급 학습자들에게 발음의 차이를 어떻게 쉽게 알려줄 수 있는지를 늘 고민해야 한다는 점이다.

③ 연습/활용

학습자들에게 '오'와 '어'의 발음이 어떻게 다른지 설명해 주었다면 이제 두 모음을 구별하여 발음할 수 있도록 충분한 연습을 해야 한다. 연습은 무엇을 어떻게 하면 좋을까?

<듣기 연습>

: 듣고 소리 구별하기

1. 교사: 여러분 제 발음을 듣고 '오'가 있으면 손가락으로 1, '어'가 있으면 2 하세요.
'코피, 커피, 거기, 고기, 목, 먹, 설, 솔'

<발음 연습>

: 단모음 〉 단어 〉 문장

➡ 발음에 대한 설명 이후 연습은 듣기 연습(지각)과 발음 연습(산출) 두 가지 방식이 모두 포함되어야 한다. 처음 도입에서 이루어진 것처럼 받아쓰기 방식은 아니더라도 듣고 구별하는 연습이 이 단계에서 이루어져야 한다.

1. 교사: 따라하세요.

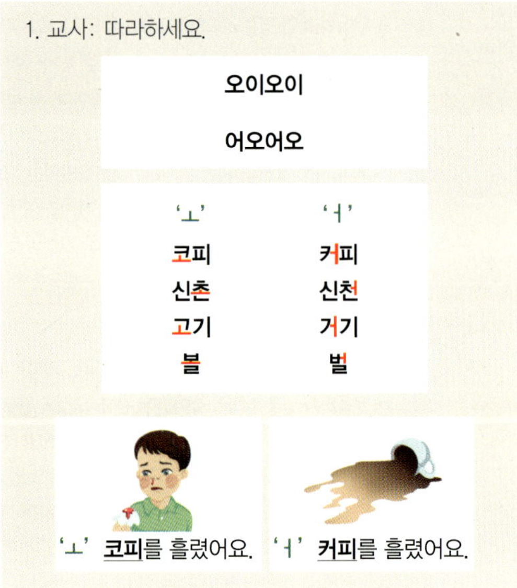

➡ 발음 연습은 '단모음 연습 〉 단모음이 포함된 단어 연습 〉 문장 연습 〉 대화 연습'의 순으로 통제된 연습에서 유의미한 맥락에서의 연습으로 반복, 확장되는 것이 좋다. 이때 연습 자료들은 초급 수준의 어휘나 문장을 선택하여 학습자들이 단어나 문장의 의미에 신경 쓰지 않고 발음에 집중할 수 있도록 만드는 것이 중요하다. 혹 초급 수준을 넘어서는 단어나 문장의 경우에는 그림카드나 PPT 등을 활용하여 의미에 대한 설명은 최대한 줄이는 것이 좋다.

이론에서 출발하여 현장까지!
손에 잡히는 한국어 교육학 개론

'ㅗ' **신촌**에 가요

'ㅓ' **신천**에 가요

거기에서 맛있는 **고기**를 살 수 있어요.

아이의 **볼**이 **벌**에 쏘였어요.

<유의적 맥락에서 연습하기>

가: 이건 뭐예요?
나: <u>커피</u>예요/<u>버섯</u>이에요.

– 커피, 고기, 포도, 오징어, 토마토
– 버섯, 껌, 생선, 설탕, 소금

교사: 제가 '가', 여러분이 '나' 읽어 봅시다. 짝하고
　　　같이 읽어 보세요.

④ 마무리

마무리 단계에서는 학습자들이 개인적으로 연습할 수 있는 과제를 부여해 준다. 발음 수업을 통해 학습자가 '오'와 '어'의 발음을 구별할 수 있게 되었다고 하더라도 그것이 계속 유지되기 위해서는 학습자 개인의 노력이 필요하다.

구별이 어려운 자음 가르치기

이번엔 여러분이 평음, 경음, 격음의 구별을 어려워하는 초급 학습자들에게 15~20분 정도의 수업 시간을 할애하여 'ㄱ, ㅋ, ㄲ/ㄷ, ㅌ, ㄸ/ㅂ, ㅍ, ㅃ'의 구별을 가르친다고 생각해 보자. 그 발음 수업을 어떻게 시작하고 어떻게 가르치면 좋을까? 여기서도 모음과 마찬가지로 박기영·이정민(2018)에서 제시한 발음 교안을 바탕으로 하여 실제 발음 수업의 내용을 살펴보기로 하자.

① 도입

박기영·이정민(2018:78-80)에서 제시한 도입 부분을 보이면 다음과 같다.

> **<두 소리를 듣고 같은 소리인지, 다른 소리인지 맞히기>**
> 1. 교사: 두 소리를 듣고 같으면 O, 다르면 X 하세요.
>   '가, 카', '코, 꼬', '기, 기', '꺼, 거', '쿠, 쿠'
>
> **<습 목표 및 목적 제시>**
> 1. 교사: 세 가지 소리가 있어요.
>   '가, 카, 까', '다, 타, 따', '바, 파, 빠'
>   읽어 보세요.
>   세 가지 소리가 어떻게 달라요? 어떻게 말해요?
>   오늘 공부할 거예요.

➡ 모음과 마찬가지로 평음, 격음, 경음의 교육을 위한 도입도 지각 활동으로 시작한다. 여기서는 최소대립쌍을 이용하지 않고 두 소리가 같은 소리인지 다른 소리인지를 확인하는 방식으로 수업의 도입이 이루어지고 있다. 모음에 비해 자음의 경우는 초급 수준의 단어로만 이루어진 최소대립쌍을 찾기가 쉽지 않다. 중급 이상의 경우라면 모음의 경우와 마찬가지로 최소대립쌍을 이루는 단어들로 '듣고 받아쓰기' 활동을 할 수도 있을 것이다.

② 제시

그럼 이제 학생들에게 '평음, 경음, 격음'이 서로 어떻게 다른지 알려주어야 하는 '제시' 단계는 어떤 방식으로 이끌어가면 좋을까?

이론에서 출발하여 현장까지!
손에 잡히는 한국어 교육학 개론

1. 티슈를 사용해서 기식의 차이를 보여 준다.

2. 기식과 긴장의 차이를 알려 준다.

교사: '가, 다, 바'는 가장 편안한 소리예요. 편하게 살짝 '하~' 해 보세요. 손바닥을 입 앞에 두고 다시 한번 '하~' 느껴 보세요. 그렇게 편하게 발음해 봅시다. 따라 하세요.

'가, 가, 가', '다, 다, 다', '바, 바, 바' '카, 타, 파'는 짧고 강하게 '하ㅡ!' 해 보세요. 손바닥을 입 앞에 두고 다시 한번 '하ㅡ!'해 보세요. 소리로 손바닥을 이렇게(오른손으로 왼손을 치는 시늉) 때리는 거예요. '하ㅡ!'

'카, 카, 카', '타, 타, 타', '파, 파, 파'

'까, 따, 빠'는 가장 힘이 많이 필요한 소리예요. '빠' 준비하세요. 입술이 이렇게 (입술을 꾹 닫은 모습을 보여 주며) 돼요. 더 꽉 다무세요. 그리고 조금 기다리고 '빠!' 그런데 이 티슈 (흔들며) 이렇게 되면 안 돼요. 가만히 있어야 돼요. 다시 해 보세요. 준비(입술 꼭 다물고) 좋아요. 티슈 흔들리면 안 돼요. '빠!'

'따' 준비하세요. 혀가 어디에 있어요? (혀가 윗니 뒤에 닿아 있는 모습을 보여 주고) 혀가 이렇게 있어요. 힘 주세요. 기다리세요. 자, '따!' 좋아요. 이 티슈 흔들리면 안 되죠? 다시 한번 해 보세요. '따'('까'도 똑같이 설명)

➡ 한국어 음운론에서 '평음, 경음, 격음'의 차이는 기식과 긴장의 차이를 가지고 설명을 한다. 이 차이를 학습자들이 이해하기 쉽게 설명하는 데 자주 사용하는 방법이 위에 나오는 티슈를 이용하는 것이다. 한 손으로 티슈 위쪽을 가볍게 잡고 입 앞에 움직이기 좋게 티슈를 둔 뒤, '파, 타, 카'를 발음하면 티슈가 심하게 흔들리는 것을 볼 수 있다. 이것은 발음할 때 나오는 기류의 양이 격음>평음>경음의 순으로 밀기 때문이나.

➡ 뚜렷한 음성적 특징을 가지고 있는 격음이나 경음에 대한 설명보다 '격음, 경음'이 가진 음성적 특징을 가지고 있지 않은 평음의 발음 방법을 설명하는 것이 어려울 수 있다. '하~'라는 소리를 편하게 숨을 쉬듯이 내게 함으로써 평음의 발음 방법을 익히도록 유도하는 것이 하나의 방법으로 위에 제시되고 있다. 그리고 이 방법을 '바, 다, 가'에 적용시켜 발음하게 하는 것이 뚜렷한 음성적 특징을 가지지 않은 평음의 발음을 설명하는 하나의 방법이 될 수 있다.

➡ 이에 비해 경음은 발음할 때 티슈가 움직이지 않는다. 티슈가 움직이지 않게 발음하도록 유도하는 것은 쉽지 않다. 그런데 위의 설명 가운데 '입을 꽉 다무세요. 그리고 조금 기다리고 '빠!'라는 부분이 있다. 이것은 '평음, 경음, 격음'이 차이를 보이는 '폐쇄 지속시간'을 학습자들이 이해하기 쉽게 설명한 것이다. 즉 '읍빠'와 같은 형식으로 발음하게 하면 '빠' 앞에 있는 '읍'을 통해 폐쇄지속시간(closure duration)을 길게 함으로써 경음을 발음하는 방식을 익힐 수 있도록 하는 것이다.

물론 위에서 설명한 것과 다른 방식으로 평음, 경음, 격음의 구별을 가르칠 수도 있다.

또한 학습자의 모어에 따라 좀 더 효과적인 방법이 있을 수도 있다.[17] 한 가지 덧붙일 것은 '평음, 격음, 경음'의 발음 차이를 설명할 때는 치조음 'ㄷ, ㅌ, ㄸ'나 연구개음 'ㄱ, ㅋ, ㄲ'보다 양순음인 '바, 파, 빠'를 먼저 하는 것이 좋다. 혀의 움직임을 따로 설명할 필요가 없고 시각적으로 가장 쉽게 학습자들이 인식할 수 있기 때문이다.

③ 연습/활용

학습자들에게 '평음, 격음, 경음'의 발음이 어떻게 다른지 설명해 주었다면 이제 이 자음들을 구별하여 발음할 수 있도록 충분한 연습을 해야 한다. 연습은 무엇을 어떻게 하면 좋을까?

<**발음 연습 1: 음절**>
: 듣고 따라하기

가가가다다다바바바
카카카타타타파파파
까까까따따따빠빠빠

* 경음을 잘 못할 경우
  으까으까 까까까
  으따으따 따따따
  으빠으빠 빠빠빠빠

➡ 모음과 마찬가지로 평음, 격음, 경음의 연습도 듣기 연습(지각)과 발음 연습(산출) 두 가지 방식이 모두 포함되어야 한다. 듣기 연습으로 음절을 듣고 평음, 격음, 경음 가운데 어떤 것인지 확인하는 연습과 주어진 단어에 포함된 자음의 발음이 어떤 것인지 맞히는 연습이 포함되어 있다. 다만, 앞선 '제시'에서 평음, 격음, 경음의 구별에 대해 설명했기 때문에 여기에서는 우선 무의미한 1음절의 발음 연습을 먼저 한 뒤, 듣기 연습을 하고 다시 발음 연습을 하는 방식으로 연습을 구성하였다.

17 　정명숙·이경희(2000)은 일본어권 학습자를 대상으로, 박미정(2009)는 영어권 학습자를 대상으로 평음, 경음, 격음의 교육 방법을 제시하고 그 효과를 실험을 통해 확인한 논의들이다.

이론에서 출발하여 현장까지!
손에 잡히는 한국어 교육학 개론

<듣기 연습 1: 음절>
: 듣고 소리 구별하기

1. 교사: 여러분 제 발음을 듣고 ('가, 다, 바') 이것 있으면 손가
　　　　락으로 1, ('카, 타, 파') 있으면 2, ('까, 따, 빠') 있으면
　　　　3 하세요.

　　가　따　파　빠　카　다　까　타　바

<듣기 연습 2: 단어>
: 듣고 같은 것 찾기

[바지]　바지/ 파지/ 빠지
[도토리] 도도리/ 도또리/ 도토리
[까마귀] 가마귀/ 까마귀/ 카마귀
[오빠]　오바/ 오빠/ 오파
[짜요]　자요/ 짜요/ 차요

<발음 연습 2: 단어>
: 듣고 따라하기

1. 개–깨　　　공–콩　　　그림–크림　　고리–꼬리
2. 방–빵　　　비–피　　　발–팔　　　　부리–뿌리
3. 달–딸–탈　떡–턱　　　도끼–토끼　　담–땀

<듣고 순서대로 연결하기 : 최소대립쌍 활용>
[토끼–꿀–팔아요–깨요–튀어요–토끼]

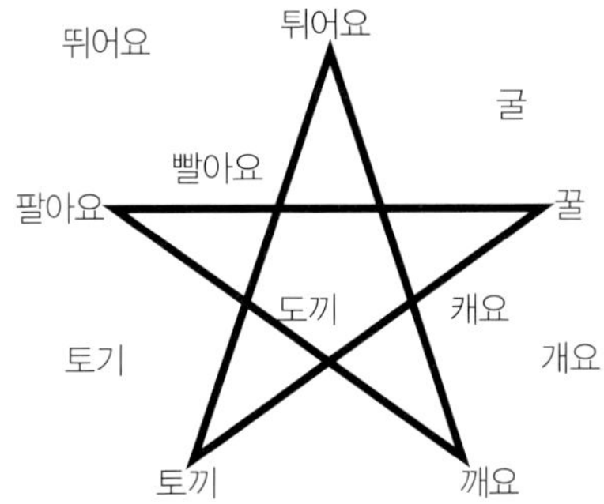

➡ 발음 연습도 모음의 경우와 유사하게 '무의
미한 1음절 연습 > 최소대립쌍을 활용한 단
어 연습 > 최소대립쌍이 포함된 문장 연습 >
대화 연습'으로 이루어져 있다. 물론 여기에
제시된 연습만이 전부는 아니다. '단어 > 문
장 > 대화'로 확장되는 순서만 지키면서 연
습 방식은 더 다양하게 추가할 수 있다. 학
습자들이 지루하지 않도록 다양한 게임이나
활동을 추가할 수도 있을 것이다.
연습하기 위한 단어나 문장을 선정할 때 주
의해야 할 점이나 연습 도중에 이루어지는
교사의 즉각적인 피드백이 갖는 중요성은 자
음의 교육에서도 모음의 교육과 동일하게 적
용된다.

<<발음 연습 3: 문장>>
: 밑줄 친 부분 주의해서 읽기

<u>딸</u>이 <u>탈</u>을 샀어요.
<u>방</u>에서 <u>빵</u>을 먹었어요.
<u>공</u>과 <u>콩</u>은 동그래요.
<u>발</u>레복을 <u>빨</u>래해야 돼요.
<u>발</u>리에 <u>빨</u>리 가고 싶어요.
<u>발</u>과 <u>팔</u>을 다쳤어요.
<u>그림</u>에 <u>크림</u>이 묻었어요.

<유의적 맥락에서 연습하기>

가: <u>병아리</u>가 어떻게 울어요?
나: '<u>삐약삐약</u>'하고 울어요.

1) 병아리/삐약삐약   2) 개구리/개굴개굴
3) 닭/꼬끼오   4) 까마귀/까악까악
5) 돼지/꿀꿀   6) 오리/꽥꽥
7) 귀뚜라미/귀뚤귀뚤

㉯ 마무리

마무리 단계에서는 학습자들이 개인적으로 연습할 수 있는 과제를 부여해 준다. 발음 수업을 통해 학습자가 '평음, 격음, 경음'의 발음을 구별할 수 있게 되었다고 하더라도 그것이 계속 유지되기 위해서는 학습자 개인의 노력이 필요하다. 또한 '평음, 격음, 경음'의 구별은 한 번의 발음 수업으로 이루어지는 것이 아니므로 초, 중급 단계에서 반복적으로 교육이 이루어질 필요가 있음도 기억해야 할 것이다.

　　우리는 지금까지 발음 교육의 목표, 발음 교육의 내용, 발음 진단 그리고 발음 교육의 실제적인 방법에 대해 간략하게 살펴보았다. 발음 교육을 위한 교재도 개발되고 음성 인식 기술이 발전하면서 발음 교육을 위한 다양한 앱들도 개발되고 있다. 그러나 아직까지 한국어 교육 현장에서 학습자의 발음을 향상시킬 수 있는 가장 중요한 요소는 한국어 교사의 관심과 노력이다. 아무쪼록 여러분을 통해 학습자들이 자신의 발음이 점점 향상되고 있다는 자신감을 가지게 되고 더욱 즐겁게 한국어를 배울 수 있기를 바란다.

5장

한국어 어휘 사용할 수 있게 가르치기

김민선 · 광운대학교

이 책을 읽고 있을 독자 대부분은 중고등학교 시절에 영어 단어집 하나쯤은 말 그대로 달달 외웠던 기억들이 있을 것이다. 동시에, 그렇게 열심히 외웠던 영어 단어들이 영어 원어민 앞에서는 입 밖으로 잘 나오지 않는 답답했던 기억도 있을 것이다. 왜 그런 걸까? 그 많은 단어의 의미를 알고 있었음에도 불구하고 왜 필요할 때 써먹을 수 없었던 것일까? 그 이유를 생각해 보면, 한국어만 할 줄 알아도 의사소통에 전혀 문제가 없는 우리의 언어 사용 환경이 가장 큰 요인이 아닌가 싶다. 그리고 영어 어휘를 그저 암기하는 식으로 공부한 것도 이유 중 하나일 것이다. 이와 같은 상황은 한국어를 배우는 우리의 외국인 학습자들에도 동일하게 일어날 수 있는 일이다. 그럼 한국어 학습자들이 한국어 어휘들을 적재적소에 사용할 수 있도록 가르치려면 어떻게 해야 할까? 한국어 어휘를 이해할 뿐만 아니라 사용할 수 있게 가르치기 위해 한국어 교사로서 생각해 봐야 할 것들을 함께 살펴보자.

5.1. 어휘 교육의 밑바탕 다지기

내가 한국어 교사라면 다음 어휘들을 학습자들에게 어떻게 설명할 것인가? 내가 생각하는 어휘 교육의 목표에 부합하게 설명해 보자.

'아버지', '아빠', '부친', '가장'

어휘 교육의 필요성과 목표

어휘는 의사소통의 핵심이다. 다음 장면을 그려 보면서 어휘 교육의 필요성을 생각해 보자. 어떤 사람이 당신에게 목이 마른 표정으로 '물'이라고 말하고 있다. 우리는 이 사람이 '물 좀 주세요.' 나 '물 좀 주시겠어요?'라고 말하지 않아도 물을 달라고 요청하는 것임을 알아차릴 수 있다. 완성된 문장이 아닌 '물'이라는 단어 하나만으로도 의사소통이 가능한 것이다. 이렇듯 어휘는 문법 형태나 문장 구조의 도움 없이도 발화의 목적을 성취할 만큼 의사소통에서 핵심적인 역할을 담당한다. 이런 이유로 의사소통능력 향상을 목표로 하는 한국어 교육 현장에서 어휘 교육의 중요성이 대두되어 왔다.

어휘 능력은 외국어 학습자의 외국어

〈그림 5-1〉 단어로 하나로 일어나는 의사소통

실력과 직결된다. 어휘를 이해하고 표현하는 능력은 말하고 듣고 읽고 쓰는 능력의 근간이 되기 때문이다. 이러한 이유로 말하기, 듣기, 쓰기, 읽기와 같은 기능 학습의 도입부에는 학습 시 활용할 재료들, 즉 어휘들을 먼저 익히는 것이 보통이다. 또한 한국어 학습자들은 한국어의 발음과 문법 그리고 한국 문화를 배울 때도 어휘를 통해 그 이해를 시작한다. 이렇게 어휘는 한국어 학습의 전반에 걸쳐 나타나며 어휘 자체가 학습 목표 항목이 되기도 하고, 다른 학습을 준비하는 데 필요한 기반이 되어 주기도 한다. 따라서 학습자들은 초급이든 고급이든 그 수준에 맞는 어휘를 끊임없이 익혀야 더 나은 한국어 수준에 도달할 수가 있다.

그런데 한국어 어휘를 학습하는 것은 그렇게 간단한 일이 아니다. 유창한 한국어를 구사하기 위해 알아야 하는 어휘의 절대 양을 채우는 것도, 단어를 해당 맥락에서 의미적으로나 사회문화적으로 적절하게 사용하는 것도 쉬운 일이 아니다. 이런 탓에 한국어 학습자들은 초급 단계에서는 철자나 모어 간섭에 의한 어휘적 오류를, 고급 단계에서는 의미적·문체적·연어적 오류를 주로 발생시킨다(강현화·원미진, 2017:39-40). 때문에 학습자에게 한국어 어휘를 어떻게 가르칠 것인가 하는 문제는 어휘 교육에 있어서 매우 중요한 문제라고 할 수 있다.

어휘 교육의 목표는 학습자 어휘 능력(lexical competence)의 향상에 있다. 그렇다면 한국어 어휘를 가르치는 교사는 어떤 목표를 가지고 어휘 능력을 향상시켜야 할까? 영어 단어집을 열심히 외웠지만 정작 중요한 순간에 그 어휘를 사용할 수 없었던 우리의 경험을 상기한다면 어휘 교육은 단순히 어휘를 많이 알도록 어휘의 정보를 제시하는 수준에 그쳐서는 안 되며 학습자의 어휘 지식이 그들의 의사소통능력에 수렴 되게 해야 할 것이다. 즉 한국어 어휘를 지식적으로 많이 아는 학습자가 아니라 한국어 어휘를 적재적소에 사용할 줄 아는 학습자를 키우는 것이 한국어 어휘 교육의 목표가 되어야 하겠다. 따라서 어휘의 번역적 정보를 전달하는 것을 넘어 어휘의 의미와 구체적인 용법을 효과적인 방법으로 제시하고 익히게 하여 학습자가 원활한 의사소통을 할 수 있게끔 돕는 활동이 한국어 어휘 교육 현장에서 이루어져야 하겠다.

어휘의 개념

어휘 교육이라고 하면 단어의 뜻을 알려주는 것부터 떠오를 것이다. 그럼 어휘와 단어는 같은 의미일까? 한국어 교육 현장에서 '어휘(vocabulary)'와 '단어(word)'는 명확한 구분이 없이 혼용되고 있는 게 사실이다. 그러나 학술적으로는 그 차이를 살펴볼 수 있다. 단어가 '개별적인 낱낱의 의미 단위'를 가리킨다면 어휘는 '개별적인 낱낱의 의미 단위인 어휘소를 모아 놓은 집합의 개념'이다. 간단히 말해 어휘는 '단어들'인 셈이다.

단어는 흔히 '문장에서 사용되는 최소한의 의미 단위'로 정의되는데 한국어에서는 조사나 어미와 같은 문법적 요소도 단어로 취급하는 것이 일반적이기 때문에 단어의 정의를 '문장에서 자립적으로 쓰이거나 자립적인 말에 붙어서 문법적 기능을 담당하는 말'로 정의하기도 한다(구본관, 2017:386). 한편 어휘는 '어휘소(lexeme)'의 집합으로 정의한다. 어휘소란 '의미로 구분되는 언어의 단위'를 말하는데 여기에는 단어뿐만 아니라 접사, 어근, 관용적 표현(관용구, 사자성어, 속담)까지 포함된다. 더불어 어휘가 저장되어 있는 곳, 비유적으로 말하면 어휘가 저장되어 있는 머릿속 창고를 어휘집(lexicon)이라고 한다(강현화·원미진, 2017:43-44).

일상적인 층위에서나 언어 교육에서 '어휘'에 대응하는 영어 단어를 'vocabulary'로 사용하는 것이 일반적인데 'lexis'라는 단어도 어휘를 가리키는 말로 학술적인 장에서 흔히 사용되고 있다. 'lexis'는 담화(discourse) 내에서 어휘가 실제 사용되는 의미와 기능에 초점을 둔 개념으로 실제적인 언어 사용을 중요시하는 시각을 담고 있다(Celce-Murcia와 Olshtain, 2001:74). 앞서 설명한 용어들을 간단히 요약하자면 단어는 '어휘소의 한 종류'

이며 어휘소는 '하나의 의미로 해석되는 언어의 단위'를, 어휘는 '어휘소의 집합', 그리고 어휘집은 '어휘의 집합'으로 정리해 볼 수 있겠다.

■ 어휘 능력의 개념

앞서 어휘 교육의 목표는 학습자의 어휘 능력을 향상시키는 것에 있다고 했다. 어휘 능력이란 '어휘를 이해하고 구사하는 데 관련된 일체의 능력'이라는 뜻(김광해, 1997:4)으로, 간명하게는 '어휘를 표현하고 이해하는 능력'이라고 볼 수 있다. 그리고 어휘 능력은 어휘의 양적인 능력뿐만 아니라 질적인 능력도 함의하고 있다. 어휘의 양적 능력이란, 말 그대로 학습자가 사용할 수 있는 어휘가 얼마나 많은가에 대한 문제라면 어휘의 질적인 능력은 개별 단어의 의미는 물론 그것을 문장(발화, 담화) 속에서 얼마나 잘 운용하는가에 대한 문제이다. 따라서 어휘를 제대로 교수하기 위해 중요하게 다루어야 할 부분은 '어휘의 질적 측면'인 것이다. 그렇다면 어휘를 질적으로 안다는 것은 무엇을 말하는 것일까? Nation(2001:27)은 어휘의 질적인 지식과 관련된 부분을 형태, 의미, 용법적 측면으로 나누고 이를 다시 이해 능력과 표현 능력으로 구분하여 아래 〈표 5-1〉과 같이 제시하였다.

〈표 5-1〉 어휘의 질적 측면에 대한 이해 및 표현 능력(Nation, 2001:27)

형태	구어	이해	어떻게 들리는가?
		표현	어떻게 발음되는가?
	문어	이해	단어가 어떻게 생겼는가?
		표현	어떻게 쓰는가, 철자는 어떠한가?
	단어 요소	이해	단어에서 인식되는 요소는 무엇인가?
		표현	의미를 나타내기 위해 필요한 단어 요소는 무엇인가?
	형태와 의미	이해	단어의 형태 기호는 무엇을 의미하는가?
		표현	의미를 나타내기 위해 사용되는 단어 형태는 무엇인가?

의미	개념과 지식	이해	개념에 무엇이 포함되는가?
		표현	개념이 지시하는 항목은 무엇인가?
	연상	이해	이 단어가 상기시키는 다른 단어들은 무엇인가?
		표현	이 단어 대신에 쓸 수 있는 다른 말은 무엇인가?
용법	문법 기능	이해	어떤 구조에서 단어가 나타나는가?
		표현	어떤 구조에서 단어를 써야 하는가?
	공기 관계	이해	함께 나타난 단어와 단어 유형은 무엇인가?
		표현	어떤 유형의 단어를 같이 써야 하는가?
	용법의 제약 (사용역/ 빈도)	이해	어디에서, 언제, 얼마나 자주 이 단어를 읽거나 듣는가?
		표현	어디에서, 언제, 얼마나 자주 이 단어를 사용하는가?

한편, 강현화·원미진(2017:46)은 어휘의 질적 능력을 다음과 같은 요소들로 정리하고 있다.

- 형식에 대한 지식 (단어의 음, 철자, 형태와 조어법)
- 의미에 대한 지식 (단어의 의미, 개념 및 연상적 의미)
- 문법에 대한 지식 (단어의 문법적 기능)
- 용법에 대한 지식 (연어 관계에 대한 지식, 사용 제약, 빈도 등)
- 능동적인 사용을 위해 단어를 상기할 수 있는 능력
- 구어나 문어 텍스트에 있어서 단어가 나타날 가능성에 관한 지식 (화용 및 담화적 기능과 그 문제 수준에 대한 지식, 문화적 함의)

위에서 살펴본 바와 같이 하나의 단어를 안다는 것은 그 단어의 음과 철자와 같은 형태적 정보와 맥락에서 갖는 단어의 의미적 정보 그리고 담화·화용적 정보를 입체적으로 알고 사용할 수 있는 능력을 포함하는 것이라고 할 수 있다.

2부_5장. 한국어 어휘 사용할 수 있게 가르치기

한국어 어휘의 특징과 분류

한국어 어휘의 다면적인 특징과 분류를 요약적으로 살피는 것으로 한국어 어휘 교육을 위한 밑그림을 마무리하고자 한다. 아래는 한국어 어휘의 특징을 나열한 것이다(조현용, 2000; 이충우, 1994; 강현화·원미진, 2017).

- 접두사, 접미사에 의한 어휘의 팽창과 첨가어적 특성으로 어휘의 규모가 크다.
- 한자어와 외래어의 유입의 영향으로 유의어가 많다.
- 동음이의어가 많다.
- 대우를 나타내는 어휘가 발달하였다.
- 색채어, 감각어, 의성어, 의태어 등에서 음운교체에 의한 섬세한 어감의 차이가 발달했다.
- 개념어로는 한자어가 많이 쓰인다.
- 기초 어휘에는 고유어가, 전문 어휘에는 한자어가 발달했다.
- 2, 3, 4음절어가 발달했다.
- 격에 따라 체언의 형식이 달라지지 않는다.

다음으로 한국어의 어휘가 어떻게 분류될 수 있는지 알아보자. 한국어 어휘는 어종, 품사, 어휘장(lexical field) 묶음에 따라 분류할 수 있는데 첫째, '어종'에 따라 분류하면 한국어 어휘는 '고유어, 한자어, 외래어'로 나뉜다. 각각이 한국어 어휘에서 차지하는 크기를 국립국어원 『표준국어대사전(1999)』에 실린 단어 50만여 개로 살펴보면 한자어 58.5%, 고유어 25.9%, 기타(혼합 형태) 10.9%, 외래어 4.7%의 순이다(정호성, 2000:63–65). 고유어는 순수 우리말로 중심 어휘군을, 한자어 및 외래어는 차용어로 보조 어휘군의 역할을 한다. 한편 한자어는 한문 문장의 일부가 한국어 단어 체계 안으로 들어와 우리말의 일부를 이루게 된 것들인데 이 어휘들은 한자로도 표기될 수 있다. 한자어는 외래어와 달리 음운 체계에 동화되어 완벽한 한국 한자음으로 읽힌다. 이와 달리 외래어는 한국어에 본래부터 있던 어휘가 아니라 외국에서 들어온 말로 외래어 표기법에 따라 읽히고 쓰인다.

둘째, '품사'에 따른 분류는 통상 학교 문법을 따라 9품사로 보는 것이 일반적이다. '명사, 대명사, 수사'는 체언으로 묶이는데 문장의 주어나 목적어 등 뼈대가 되는 자리에 많이 쓰인다. '조사'는 관계언이라고도 하며 자립성이 있는 말에 붙어 그 말과 다른 말의 관계를 나타낸다. '동사, 형용사'는 용언이라고 하는데 주체를 서술하는 기능을 가지며 '관형사, 부사'는 수식언으로 다른 말을 꾸며주는 기능을 한다. 마지막으로 '감탄사'는 독립언이라고도 하며 기능상 문장의 다른 성분과 직접 관련을 맺지 않는다.

셋째는 '어휘장', 다시 말해 어휘들 사이의 관련성을 가진 조직 체계의 묶음에 따라서도 분류할 수 있다. 의미 관계, 통합 관계, 상하 관계, 연상, 어휘 형성에 의한 어휘장이 그것이며 다음은 각각의 설명과 예시를 보여준다.

- 의미 관계에 의한 어휘장: 의미적 관련성을 가진 조직 체계의 묶음
  - 예 계절 어휘장: 봄, 여름, 가을, 겨울, 초여름, 늦가을 등
- 통합 관계에 의한 어휘장: 함께 사용되는 어휘 간의 묶음
  - 예 떨다: 궁상, 청승, 내숭, 허풍, 오두방정 등
- 상하 관계에 의한 어휘장: 계층적 구조로 구성된 어휘 묶음
  - 예 교통기관: 기차, 지하철, 버스, 자동차 등
- 연상에 의한 어휘장: 떠오르는 생각을 묶은 어휘 묶음
  - 예 생일: 케이크, 선물, 미역국, 파티, 축하, 초대, 카드 등
- 어휘 형성에 의한 어휘장: 합성어와 파생어 형성에서 이루어진 묶음
  - 예 헛소문, 헛소리, 헛기침, 헛고생, 헛손질, 헛걸음, 헛발질 등

한국어 어휘 교육에서 주요하게 쓰이는 용어 몇 가지를 더 알아보자. 먼저 '기초 어휘(basic vocabulary)'란 일상적인 언어생활에 쓰이는 필수적인 단어 1,000개 내지 2,000개를 최소한으로 선정한 후 이를 체계적으로 분류해 제시한 어휘이다. 이 어휘들은 사용 빈도가 높고 초급 단계에서 제공된다. '기본 어휘(fundamental vocabulary)'란 한정된 언어 사용 국면에서 몇몇 어휘의 층위를 확인할 수 있는 경우 여러 층에 걸쳐서 공통적으로 출현하는 어휘의 집합을 말한다. 이 어휘들은 특정한 목적에 의해서 조사·정리된 어휘 목록이다. '초등학교 학습용 기본 어휘', '법학을 위한 기본 어휘'가 그 예이다. 한편 '이해 어휘(comprehensive vocabulary)'란 듣기나 읽기에 활용되며 자신이 직접 쓰지 못해도 그 의미나 용법을 아는 어휘를 가리킨다. 반면 '사용 어휘(productive vocabulary)'란 말하기나 쓰기에 활용되며 말하거나 글을 지을 때 사용이 가능한 어휘를 말한다. 일반적으로 사용 어휘의 양은 이해 어휘의 1/3 정도로 추정된다(조현용, 2000:51–56; 원미진, 2019:23–24).

5.2. 그 많은 어휘, 골라서 원리대로 가르치기

어휘 선정의 방법과 원리

수많은 한국어 어휘 가운데 교육적 가치를 생각해 어휘를 고르는 체계적인 방법이 있을까? 한국어 교육용 어휘는 등급별로 선정되어 제공되는데 그 어휘를 선정하는 방법은 크게 '주관적 방법'과 '객관적 방법' 그리고 '절충적 방법'으로 나누어 살펴볼 수 있다. 주관적 방법은 전문가의 직관으로 어휘를 평정하여 선정하는 방법이고 객관적 방법은 빈도 산출과 같은 계량적 방법을 활용하여 빈도 순위에 따라 어휘를 선정하는 것이다. 그런데 주관적 방법은 전문가 간의 직관과 경험의 차이가 있을 수 있고 객관적 분석은 빈

이론에서 출발하여 현장까지!
손에 잡히는 한국어 교육학 개론

도 순위와 실제 교수에서 필요로 하는 중요 어휘가 일치하지 않을 수 있는 단점이 있다. 이 때문에 최근에는 두 가지 방법의 장점을 취한 절충식 방법을 선택하고 있다. 먼저 객관적인 빈도 분석을 통해 어휘 목록을 선정한 후 한국어 학습자와 교사를 대상으로 어휘에 대한 친숙도를 조사하거나 전문가가 어휘를 평정을 하는 방식으로 진행된다.

한국어의 어휘는 표준국어대사전을 기준으로 50만 개가 넘는다고 한다. 이들 어휘 가운데 어떤 단어를 어떤 기준에 따라 골라 학습자들에게 가르쳐야 할까? 가령, 한국어 초급 학습자들에게는 어떤 단어를 선별해서 가르쳐야 할지 생각해 보자.

교육용 어휘를 선정하고 등급을 나누는(위계화) 기준에는 뭐가 있을까? McCarthy(1999)는 빈도가 높은 단어가 학습자의 생존 차원의 언어 이해와 생산에 직결되기 때문에 교수 어휘 선정에 빈도(frequency)가 무엇보다 우선시되어야 한다고 했다. 더불어 이해영(2003:239−244)과 강현화·원미진(2017:48−51)에서는 중복 범위(range), 사용 분포 빈도(spread frequency), 학습의 용이성, 활용성 등도 언급된다.

그럼 간단히 이들의 개념을 짚어보자. '사용 빈도'란 각 단어가 얼마나 자주 등장하는가의 문제인데 빈도가 높은 것이 교육의 가치가 있는 것이다. '중복 범위'는 한 단어가 등장하는 텍스트의 종류의 수를 통해 파악하는 것인데 어휘가 폭넓게 사용될수록 교육적 의미가 있다. 한편 '사용 분포 빈도'는 중복 범위 중에 세부 말뭉치에서 유의미하게 일정한 빈도를 유지하는지에 대한 여부를 말하는데 세부 장르에서 일정 수의 빈도를 유지하는 어휘를 중요하게 본다. 또한 '학습의 용이성'이 있는데 이것은 해당 단어가 다른 단어에 비해 학습이 쉽게 이루어지는가에 대한 고려이다. 해당 어휘가 학습자의 모국어와 같은 유사성, 단어가 지시하는 대상의 명료성, 단어의 음절의 간결성, 그리고 단어 사용에 규칙성이 높으면 학습이 쉽게 일어난다고 본다. 마지막으로 '활용성'은 학습자의 필요도 라고도 볼 수 있는데 정해진 상황과 맥락에 필요한 어휘인지를 고려하는 것이다. 이것은 학습자 집단별, 학습 목적별 어휘 선정 시에 유용하다.

더 알아보기

국가 차원의 표준화된 한국어 교육과정을 마련하기 위해 진행된 〈국제 통용 한국어 표준 교육과정〉 연구는 2010년, 2011년, 2016년, 2017년 총 네 차례에 걸쳐 체계화되고 정밀화되는 과정을 거쳐 완성되었다. 이 가운데 어휘 영역도 목록화와 등급화에 있어 재정비가 되어 왔다. 가장 최근에 진행된 4단계 연구에서는 한국어 교육 현장에서의 활용도를 높이기 위해 '한국어교육 어휘 내용 개발(1–4단계)'에서 선정한 초급 단계의 어휘를 1급과 2급, 중급 단계의 어휘를 3급과 4급, 고급 단계의 어휘를 5급과 6급으로 등급을 나누어 6등급 체계로 수정·보완하였다. 등급을 나누기 위해 어휘 빈도, 중복도 등의 계량적 자료를 참고하여 1차적인 등급을 판정하였고 한국어 교육 전문가 및 어휘 전문가, 한국어 교사에 의한 평정을 진행하였다. 이런 과정을 통해 1급 735개, 2급 1,100개, 3급 1,655개, 4급 2,200개, 5급 2,365개, 6급 2,580개로 총 10,635개의 어휘를 선정하였다(김정숙·이정희, 2018).

어휘 교육의 원리

어휘를 교수하는 방법은 학습자의 수준과 교육의 내용 및 목적에 따라서 다양하고 유연하게 교수 상황에 적용될 수 있지만 어휘를 가르치는 원리는 어떤 교수 방법이든 간에 동일하게 고려되어야 한다. 학습자의 어휘 능력을 향상시키기 위해 교사가 꼭 유념해야 하는 교육 원리는 무엇일까? 최근까지의 어휘 교육과 관련된 연구들의 내용을 종합하면 '맥락의 원리', '배경지식 통합의 원리', '반복 노출의 원리', '상세화의 원리', '능동적 참여와 활용의 원리'가 그것인데 여기서는 이 내용들을 중심으로 어휘 교육의 원리에 대해 살펴보겠다(구본관 외, 2014; 102-107).

'맥락의 원리'는 단순히 어휘의 뜻을 암기하는 전통적인 방법에서 벗어나 어휘가 사용되는 다양한 맥락을 통해 어휘를 교수하는 것인데 어휘가 실제로 사용되는 다양하고 풍부한 맥락을 제공해야 한다는 것이 주요 원리이다. 따라서 학습할 어휘가 발화나 담화에서 어떤 의미로 기능하는지에 대한 제시가 중요하다.

'배경지식 통합의 원리'는 학습자들이 이미 알고 있는 개념이나 배경지식, 경험과 연결시켜서 어휘를 설명하고 이에 대한 활동을 함으로써 학습 효과를 높이는 원리이다. 즉 학습자들이 익히는 어휘를 그들의 배경지식과 경험을 토대로, 언어 사용 맥락에서 충분히 이해하고 사용할 수 있도록 해야 한다는 것을 의미한다. 이 원리에 입각하여 학습자들은 학습하는 어휘를 실제적으로 파악하고 개인화(personalizing)하게 된다.

'반복 노출의 원리'란 학습시키는 어휘를 학습자에게 반복하여 노출시키라는 것이다. 일반적으로 20회의 반복 노출을 하면 처음 보는 어휘를 완전히 익힐 수 있다고 한다. 교사들은 수업에서 한두 번 제시한 어휘를 학습자가 알 것이라고 기대하지만 교실에서 만나는 대부분의 학습자들은 보다 많은 반복 학습을 필요로 한다.

'상세화의 원리'는 어휘를 가르칠 때 상세하고도 깊이 있는 단어 지식을 직접적으로 가르치라는 것이다. 어휘의 뜻이나 어휘가 사용된 예문을 제공하는 것에서 더 나아가 유의어(synonym) 및 반의어(antonym)도 자세히 제시하고 해당 어휘를 언제, 어떻게 사용하는지 알려줄 필요가 있다는 것이다. 이런 원리를 통해 학습자들은 추상적이거나 개념적인 의미의 단어들까지 깊이 있게 이해하고 사용할 수 있게 된다.

'능동적 참여와 활용의 원리'는 어휘 학습에 학습자를 적극적으로 참여시키고 학습한 어휘를 실제 언어 사용에 활발히 적용시켜야 한다는 것이다. 학습자들은 상호작용이 활발한 대화 연습이나 토의·토론 활동을 통해 그 어휘에 대한 지식을 실제적으로 가질 수 있다. 따라서 어휘 지도는 여러 영역들과 관련하여 목표 어휘를 활용하도록 이루어져야 한다.

더불어 어휘 교수의 원리에 있어 어휘를 간접적으로 가르칠 것인가(우연적 학습), 또는 직접적으로 가르칠 것인가(의도적 학습)에 대한 학자들의 논의들이 있어 왔다. 그 가운데 Paribakht와 Wesche(1999)는 가장 효과적인 어휘 학습은 문맥을 통해서 어휘를 듣거나 읽을 때 자연적으로 일어난다고 하였다. 그러나 곧 이어 Wesche와 Paribakht(2000)에서는 초급 단계에서 배워야 하는 핵심적인 단어는 학습자가 텍스트 이해의 일정 수준을 넘어설 때까지 직접적으로 교수하는 것이 효과적이라고 밝혔다. 현재 한국어 교실에서도 두 가지 방법이 모두 활용되고 있다.

5.3. 어휘 교수 내용의 여러 갈래

본 장에서는 어휘 교육의 내용이 되는 것들을 언어적 특징에 따라 범주화하여 살펴보도록 하겠다. 단어 형성법에 따른 교수 내용, 어휘의 의미 관계에 따른 교수 내용, 어휘의 의미 결합에 따른 교수 내용 그리고 사회언어학적 특징에 따른 교수 내용에 어떤 어휘들이 해당되는지 살펴보고자 한다(조현용, 1999:269-279, 강현화·원미진, 2017:53-61).

단어 형성법에 따른 교수

한국어 단어는 하나의 형태소로 이루어진 단어인 단일어(simple word)와 두 개 이상의 형태소로 이루어진 복합어(complex word)로 나뉜다. 그리고 복합어는 합성어(compound word)와 파생어(derived word)로 다시 나뉜다. 단일어는 보통 기초 어휘들로 구성되어 있으며 이것 자체를 교수하면 된다. 나아가 교사가 주목해야 하는 것들은 합성어와 파생어인데 이 어휘들은 어휘 확장에 효과적이기 때문이다.

먼저 합성어는 어근(root)과 어근이 결합한 단어로 새로운 단어 형성에 중요한 역할을 한다. 이 가운데 한자어로 이루어진 단어들은 해당 한자어를 이루는 조어 단위를 활용해 어휘의 의미를 추측하는 학습을 할 수 있다. 초급부터 배우게 되는 '식당, 식사'라는 단어의 '식'이 '먹다'라는 의미를 가지고 있다는 것을 가르치고 이 의미를 이용해 '식품, 식탁, 식재료, 식기, 식욕' 등의 의미를 추측하게 할 수 있는 것이다.

파생어는 어근과 접사가 결합한 단어를 말한다. 생산성이 높은 접두사(prefix)와 접미사(suffix)를 가르치거나 접사를 교수하는 것은 어휘 확장에 매우 효과적인데 이러한 항목들을 교재에 적극적으로 실은 예도 찾아볼 수 있다. 〈이화한국어 3〉이 그러한데, 매과 '어휘를 늘려 봅시다'라는 어휘 학습 섹션이 구성되어 있다. 이 교재에서는 '-답다, -스럽다, -적, -덧, -받다' 등의 접미사나 접두사, 접사를 명시적으로 가르치고 있다.

출처: 이화여자대학교 언어교육원(2011), 〈이화한국어 3-1〉, 이화여자대학교출판문화원, 33쪽

어휘의 의미 관계에 따른 교수

어휘들은 어휘간의 의미 관계를 사용하여 교수할 수도 있다. 어휘간의 의미 관계를 고려해 어휘를 나누면 유의어(synonym), 반의어(antonym), 상위어(hypernym), 하위어(hyponym)로 분류할 수 있는데 여기에 해당하는 어휘들은 단어 간의 연관성을 보여준다는 점에서 어휘 확장에 도움이 되며 어휘의 정확한 의미를 파악하는 데도 유용하다.

유의어는 비슷한 의미를 가지는 두 개 또는 그 이상의 단어들인데 교사는 이 단어들이 맥락 속에서 의미의 변화가 없이 교체가 가능한지를 유의해서 제시해야 한다. 한편 반의어는 의미가 서로 대립하고 있는 둘 이상의 단어로 중간 단계가 없는 극성 대립(출석↔결석)과 중간 단계가 있는 비극성 대립(많다↔적다), 방향성의 관계적 대립이나 방향성의 이동 변화를 나타내는 방향 대립이 있다(오른쪽↔왼쪽, 주다↔받다). 반의어를 제시할 때에

이론에서 출발하여 현장까지!
손에 잡히는 한국어 교육학 개론

는 앞서 학습한 단어의 반대 의미를 새 어휘로 제공하는 것이 학습 부담을 덜어 주는 방법이다. 또한 상위어와 하위어는 한 단어가 다른 단어에 포함되는 관계를 말한다(요일〉일요일, 월요일, 화요일…, 교통 수단〉지하철, 버스, 비행기, 배). 한국어 교재에도 아래와 같이 단원의 주제와 연관성이 있는 어휘들을 상하 관계를 이용해 제시하는 경우가 많다.

〈그림 5-3〉 상위어 · 하위어 교육 자료

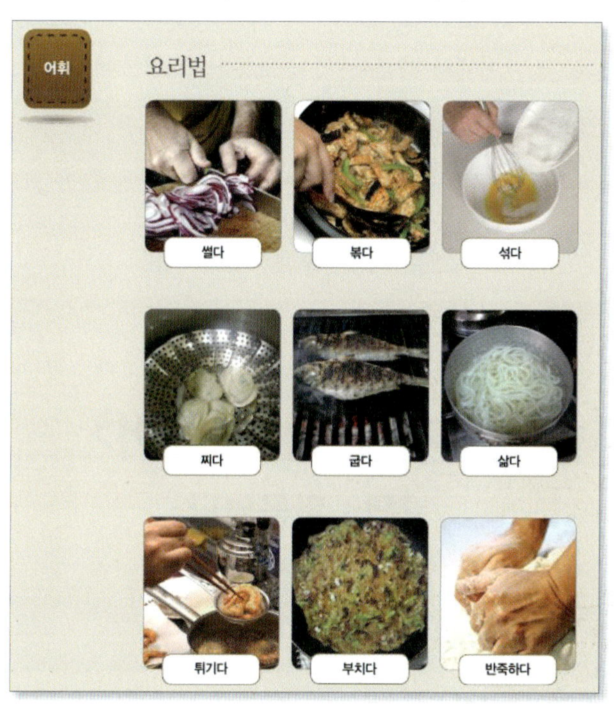

출처: 이화여자대학교 언어교육원(2011), 〈이화한국어 2-1〉, 이화여자대학교출판문화원, 65쪽

어휘의 의미 결합에 따른 교수

어휘 교육에서 중요한 교육 대상이 되어야 하는 것 중에 하나는 단어들이 고정적으로

결합하여 쓰이는 구 이상의 표현들이다. 언어의 유창성은 이러한 어휘의 연쇄들을 모국어 화자처럼 구사하는 데에서 발생한다. 이러한 것들에는 '연어, 관용 표현, 속담'과 같은 것들이 속해 있다. 연어의 예로는 '수다를 떨다, 게으름을 부리다' 등을 들 수 있다. 또한 관용 표현은 둘 이상의 단어가 모여 의미가 특수화되어 있는 고정적인 결합을 말하는데 그 의미가 구성 요소의 합이 아닌 제3의 의미여야 한다. 그 예로 '미역국을 먹다, 마음을 먹다, 얼굴이 두껍다' 등이 있다. 한편 속담은 사회문화적인 맥락의 설명을 요할 때가 많기 때문에 중급 이상, 고급 단계에서 다루는 것이 보통이다. 더불어 자연스럽고 유창한 한국어를 구사하도록 연어나 관용 표현을 적극적으로 교수해야 한다는 인식이 높아지면서 교수 자료도 다양하게 개발되고 있다. 아래는 동영상으로 제작된 관용 표현 교육 자료이다.

<그림 5-4> 관용 표현 교육 자료

출처: 이화여대 언어교육원의 '한국 사람처럼 말하기' 유튜브 영상(https://youtu.be/9ZElbvClBKU)

사회언어학적 특징에 따른 교수

어휘의 구조나 의미뿐만 아니라 어휘가 가진 사회언어학적 정보도 중요한 어휘 교육의 내용이다. 특별히 한국어에는 높임말이 발달해 있기 때문에 상대를 높이는 존대어나 자신을 낮추는 겸양어의 교육이 필수적이다. 또한 금기가 되는 말을 대체하는 완곡어나 성별어(남성어, 여성어), 특정 연령에서 주로 사용되는 연령어, 유행어 등도 교육 대상이 된다. 아래는 존대어를 다룬 교재 예시이다.

〈그림 5-5〉 존대어 교육 자료

2　다음에서 높임법이 어색한 것을 찾아 바르게 고쳐 봅시다.

[1] 교수님, 그 작품을 ①쓰신 작가 ②분의 ③나이가 ④어떻게 되세요?

　　___ 번 _______________　⇨ _______________

[2] 마이클이 발표를 시작하면서

> 지금부터 ①내 발표를 시작하겠습니다. 제가 요즘 바쁜 일이 하도 많아서 준비할 시간이 많지 ②않았습니다. 여러분들께서 ③들으시면서 부족하더라도 널리 이해해 주시면 ④감사하겠습니다.

　　___ 번 _______________　⇨ _______________

[3] 그건 김 ①교수님께서 잘 알고 ②계시니 ③그분께 ④물어보는 게 좋겠군요.

　　___ 번 _______________　⇨ _______________

출처: 허용(2007), 〈외국인 유학생을 위한 인문 한국어〉, 다락원, 18쪽

더 알아보기

어휘 학자들은 덩어리말(chunk) 즉, 다중 어휘 단위가 유창한 일상 대화의 대부분을 형성한다고 보기 때문에 연어(collocation)의 역할을 강조한다(전병만 외 역, 2008:203–203). 연어란 의미적으로 그리고 구조적으로 붙어서 한 문장 안에 나타나는 말 덩어리를 말한다. 연어는 모국어 화자들에 의해 생산·사용되나 외국어 학습자들은 목표어의 불충분한 노출, 모국어의 영향, 목표어에 존재하는 연어에 대한 집중도 부족 등으로 연어를 잘 구사하지 못하는 경우가 많다(Celce–Murcia, M. & Olshtain, E. 2001).

5.4. 어휘를 사용할 수 있게 가르치는 활동

> 학습자가 어휘를 이해하는 것에 머물지 않고 사용하도록 하려면 어떻게 가르쳐야 할까? 예를 들어 '말씀'이라는 단어를 학습자가 의사소통에서 사용할 수 있게 가르칠 수 있는 방법을 구체적인 생각해 보자.

교수할 어휘를 효과적으로 제시하고 어휘가 가진 다면적인 의미와 용법을 설명하여 학습자가 해당 어휘에 대한 실제적인 '이해'를 갖도록 하는 것은 매우 중요하다. 이것은 학습자가 학습한 어휘를 의사소통 과정에서 '사용'하기 위한 선결 단계가 되기 때문이다. 그러나 이해 어휘가 사용 어휘로 전환되려면 학습 과정에서 이해 단계를 넘어 사용 연습이 제공되어야 한다. 또한 학습한 어휘를 학습자가 사용할 수 있게 하려면 새롭게 교수되는 어휘가 실제적인 발화나 텍스트 안에서 다른 어휘와의 연관성과 함께 맥락적으로 제시되고 연습되어야 한다.

이 장에서는 이해영(2006)에 따라, 어휘를 효과적으로 이해하고 사용하는 활동 유형을 크게 어휘 초점 활동(vocabulary focused activity)과 언어 기술과의 통합 활동으로 나누고 각 활동 유형에 해당하는 교재 예시들을 살펴보려고 한다.

어휘 초점 활동

• 찾아 쓰기

아래의 제시된 예는 보기에서 단어를 골라 지문의 빈칸을 채우고 담화를 완성하는

활동이다.[1]

　피동형 동사의 의미와 사용이 전형적으로 드러날 수 있는 상황이 그림으로 제시되어 있고 해당 그림을 묘사하는 지문을 제공함으로서 교수하고자 하는 어휘를 맥락 안에서 익히게 하였다.

<그림 5-6> 찾아 쓰기 활동 예

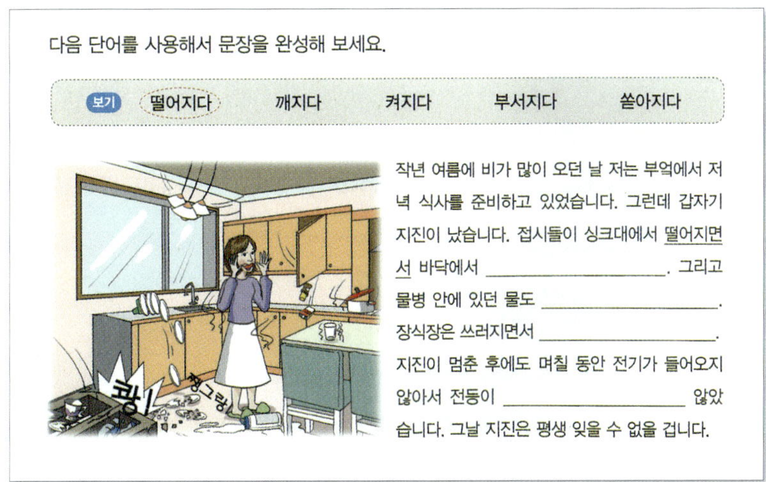

출처: 이화여자대학교 언어교육원(2011), 〈이화한국어 3-2〉, 이화여자대학교출판문화원, 38쪽

• 선택하기

　아래의 예시는 성격이라는 주제 하에 묶일 수 있는 의미 관계를 가진 어휘들을 보기로 제시하였다. 그리고 이들 단어 중 학습자 자신을 설명할 수 있는 단어를 선택해 보게

1　본 활동은 해당 교재에서 피동사를 교육하는 문법 파트에 속해 있다. 그러나 어휘가 가진 문법적, 의미적 정보를 학습하는 어휘 학습 활동으로도 볼 수 있다.

함으로써 학습자들에게 해당 단어들을 자기화 해 볼 수 있는 기회를 제공하고 있다. 이를 통해 학습자들은 자신이 어떠한 성격인지를 목표 어휘로 생각하면서 어휘의 의미를 실제적으로 이해하도록 유도된다. 더불어 이 활동은 짝과 같이 자신의 성격에 대해 서로 이야기해 보는 말하기 활동(구어 산출 연습)으로 확장될 수 있다.

〈그림 5-7〉 선택하기 활동 예

다음은 성격과 관련된 어휘입니다. 자신의 성격을 나타내는 어휘를 골라서 체크해 보세요.

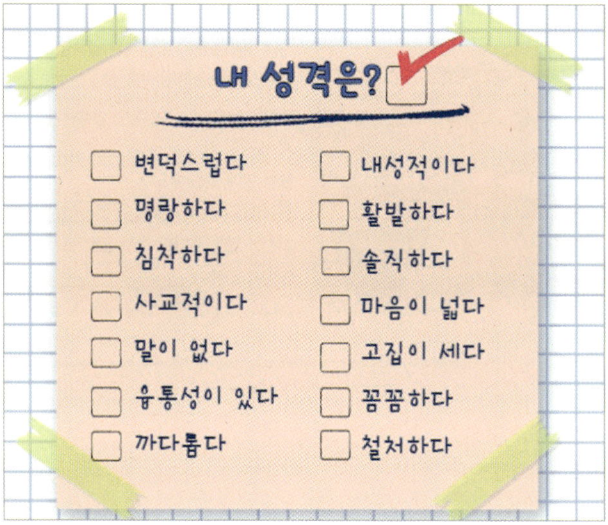

• 연결하기

연결하기 활동은 약간씩의 차이를 두고 변형된 형태로 빈도 높게 활용되는 어휘 학습 활동 유형이다. 의미적으로 관련성이 있는 것들에 선을 그어 연결하게 하는 활동인데 아래 예시는 목적어에 알맞은 서술어를 찾는 활동으로 어휘의 연어 관계를 활용한 것이다.

본 예시는 연어의 속성에 잘 맞는 활동으로 두 개의 단어가 고정적으로 같이 사용된다는 것을 학습시키는 데 유용하다. 또한 아래 활동은 영어의 'wear(입다)'라는 단어가 한국어에서는 목적어가 무엇인가에 따라 상이한 단어로 사용된다는 정보를 제공해 주고 있다. 아래 예시는 이해 확인 활동에 그쳤지만 자신이 오늘 무엇을 입었는지를 학습한 어휘를 사용해 짝과 같이 말해 보는 활동으로 활용하면 어휘의 사용까지 연습하게 할 수 있을 것이다.

<그림 5-8> 연결하기 활동 예

출처: 이해영 외(2007), 〈초급 한국어 듣기〉, 한림출판사, 127쪽

· 분류하기

아래 예시는 감정이라는 주제의 하위어로 관계하는 감정 형용사들을 보기로 제시하고 그 어휘를 긍정적인 것과 부정적으로 분류하는 활동이다. 먼저 어휘의 의미를 알아야 분류 작업을 할 수 있기 때문에 학습자들은 어휘의 의미를 사전에서 찾거나 기억을 더듬으면서 이해하는 단계를 거치게 된다. 분류를 한 후에는 짝과 함께 어떻게 분류했는지를 서로 말하도록 하는 말하기 활동을 덧붙여 습득을 자극할 수 있다. 한편 이 활동에서는 단어의 목록만이 제시되어 있어 해당 단어가 가진 섬세한 의미나 유의어와의 차이를 학습자들이 알기 힘들다. 따라서 교실 활동 시에 활동에 제시된 어휘가 사용된 예시 발화를 통해 어휘의 사용 맥락을 제공해 주면 좋을 것이다.

〈그림 5-9〉 분류하기 활동 예

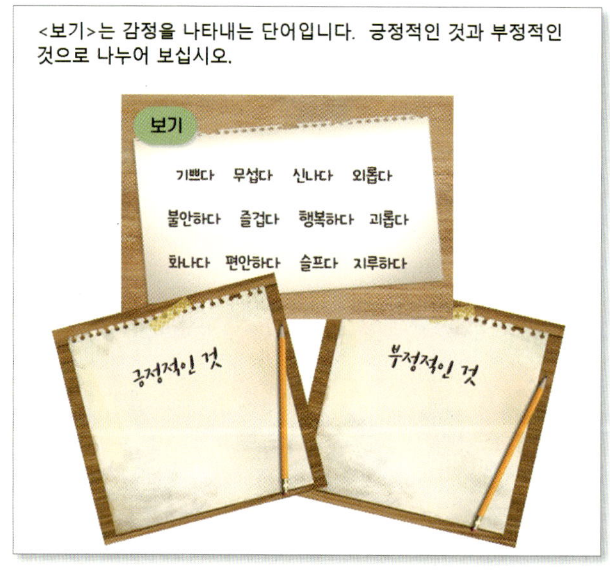

• **순서 정하기**

아래 제시된 순서 정하기 활동은 학습한 어휘를 활용해 일이 일어난 순서를 매기는
활동이다. 일이 일어난 순서를 논리적으로 배열하면서 학습한 어휘에 대한 습득이 자연
스럽게 이루어지게 된다. 이 활동 역시, 말하기나 쓰기 활동으로 확대하여 진행할 수 있
다.

<그림 5-10> 순서 정하기 활동 예

출처: 연세대학교 한국어학당(2013), 〈연세한국어 1-2〉, 연세대학교 대학출판문화원, 287쪽

•관련 어휘 확장하기

아래 제시된 활동은 한국의 날씨라는 주제를 계절로 범주화하여 날씨와 관련한 어휘들의 확장을 돕는다. 앞서 언급한 어휘장을 이용한 활동으로 말하기 짝활동으로 문제를 해결하게 할 수도 있다.

〈그림 5-11〉 관련 어휘 확장하기 활동 예

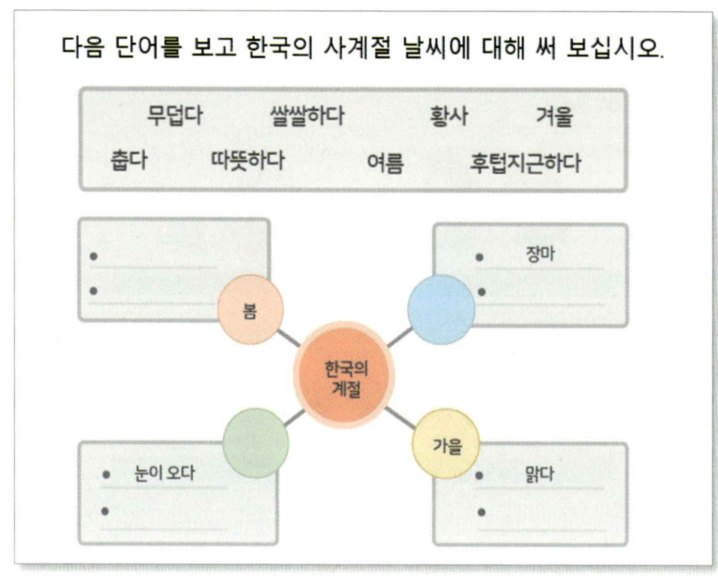

•게임하기

아래 예시는 온라인에서 무료로 사용할 수 있는 저작도구 사이트이다. 교사가 수업에 필요한 한국어 어휘를 입력하여 어휘 퍼즐 게임이나 빙고 게임 활동을 직접 고안할 수 있다. 이미 학습한 어휘를 흥미 있게 복습하는 방식으로 활용해도 좋다.

이론에서 출발하여 현장까지!
손에 잡히는 한국어 교육학 개론

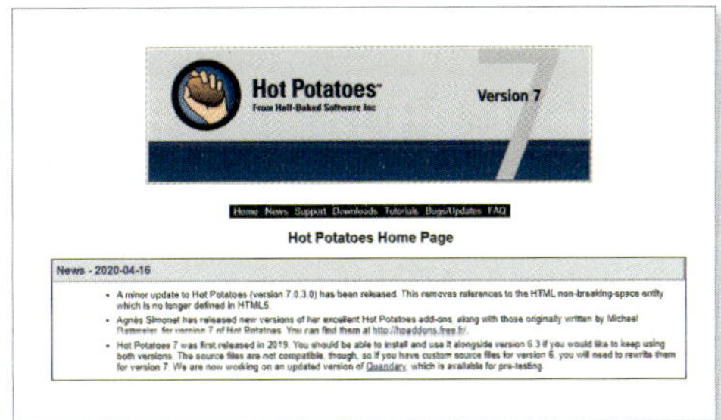

출처: Puzzle-Maker

https://www.puzzle-maker.com

출처: Hot Potatoes

https://hotpot.uvic.ca

〈그림 5-13〉 어휘 빙고 게임 활동 예

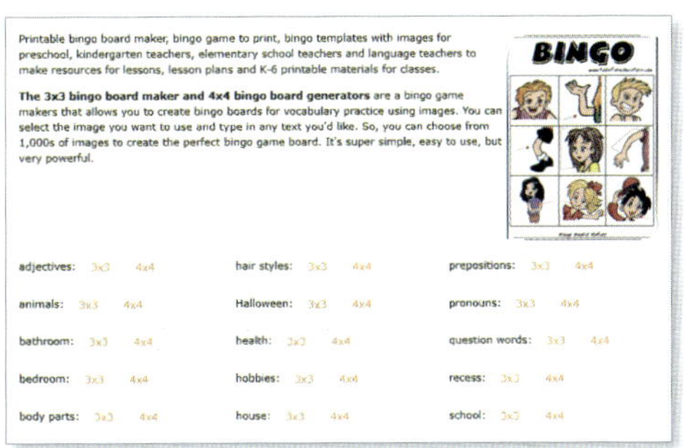

출처: Toolsforeducators

http://www.toolsforeducators.com/bingo/

언어 기술과의 통합 활동

• 산출 활동

산출 활동은 구어 산출 활동과 문어 산출 활동으로 나누어 볼 수 있다. 아래 제시된 예는 듣기 활동과 통합된 어휘 학습인데 본격적인 듣기 활동을 하기 전에 듣게 될 어휘들을 말하기 활동으로 익히는 단계를 제공하고 있다. 영화 포스터들을 보고 제시된 단어를 사용하여 어떤 영화일지를 추측해 보고 말하는 활동이다. 또 다른 예는 말하기 활동과 통합된 어휘 학습을 보여준다. 학습자들은 교재가 제시하는 과제 활동을 통해 자연스럽게 어휘를 사용하게 되고 자기화해 보면서 어휘를 익히게 된다. 문어 산출 활동으로 제시된 예는 떡국을 만들 때 사용하는 재료로서 제공된 단어를 사용하여 떡국을 만드는 방법을 써 보는 활동이다.

<그림 5-14> 구어 산출 활동 예

출처: 이화여자대학교 언어교육원(2011), 〈이화한국어 3-1〉, 이화여자대학교출판문화원, 46쪽

이론에서 출발하여 현장까지!
손에 잡히는 한국어 교육학 개론

〈그림 5-15〉 구어 산출 활동 예

출처: 이해영 외(2010), 〈Korean Language in Action〉, 도서출판 하우, 44쪽

〈그림 5-16〉 문어 산출 활동 예

출처: 이해영 외(2010), 〈Korean Language in Action〉, 도서출판 하우, 114~115쪽

아래 제시된 이해 확인 활동은 먼저 문장을 듣고 빈칸에 들어갈 어휘를 적은 후 예문을 통해 어휘의 의미를 추측해 보는 활동이다. 듣기 활동을 통해 단어의 음성 형태를 익히고 발화문이 제공하는 맥락을 통해 단어의 의미와 용법을 학습하게 하는 활동이다. 이 활동 역시 말하기 활동으로 확대가 가능하다. 단어를 듣고 받아 적은 후 짝과의 논의를 통해 의미를 파악하게 할 수 있다.

<그림 5-17> 이해 확인 활동 예

1. 다음은 전인 교육과 관련된 어휘입니다.

(1) 잘 듣고 빈칸에 알맞은 어휘를 써 보십시오. 그리고 어휘의 의미를 추측해 보십시오. 07

① 한국의 고등학교는 대학 진학률을 높이기 위해 ＿＿＿＿＿＿＿＿의 교육을 하고 있지요.

② 그 환자는 작은 자극에도 감정과 기분이 쉽게 바뀝니다. ＿＿＿＿＿＿＿ 안정이 우선적으로 필요하다고 판단됩니다.

③ 이번 프로젝트는 혼자 힘으로 할 수 없는 일입니다. 팀원들이 함께 힘을 모아서 ＿＿＿＿＿＿＿ 할 수 있는 일입니다.

④ 그 인터넷 정보 회사는 올해부터 숙박 정보 서비스, 예약 서비스를 하나로 합쳐서 ＿＿＿＿＿＿＿ 운영하고 있습니다.

⑤ 청소년기에는 감정뿐 아니라 몸도 빠르게 변화합니다. 내 몸에서 일어나는 ＿＿＿＿＿＿＿ 변화에 대해 관심을 가져야 합니다.

⑥ 앞으로는 외우는 것을 주로 하여 가르치는 ＿＿＿＿＿＿＿ 교육이 아닌 학생 스스로 생각하고 토론할 수 있도록 하는 교육이 이루어져야 합니다.

⑦ 어린이 영양제는 키가 크는 데에 도움을 줄 수 있을까요? 이에 대한 연구 결과, 아이들이 ＿＿＿＿＿＿ 데 어느 정도의 도움은 준다고 합니다.

⑧ 대도시들은 대부분 환경보다 산업 발전에 더욱 관심을 가져왔으나 최근 서울시는 환경과 산업이 모두 ＿＿＿＿＿＿＿ 발전할 수 있는 방법을 찾고 있습니다.

출처: 이화여자대학교 언어교육원(2018), 〈유학생을 위한 대학 한국어1, 듣기 · 말하기〉, 이화여자대학교출판문화원, 33쪽

　　한국어 교실에서 만났던 한 성인 초급 학습자가 이렇게 말했던 것이 기억이 난다. "어제 물고기를 먹었어요."라고. 문법적으로는 틀린 곳이 없는데도 빙긋 웃음이 나는 이유를 한국어 모어 화자들은 다 알 것이다. 이 단편적인 예가 보여주듯이 한국어 학습자들은 그들이 배우는 어휘들의 소리와 철자, 의미를 알더라도 그 단어가 한국인들의 언어생활의 어느 지점에 위치하는지는 알기가 어렵다. 다시 말해 그 단어가 어떤 맥락에서 사용되는지를 알려 주지 않는다면 어휘를 이해해도 적절히 사용하는 데까지 온전히 나아가지 못하는 것이다. 이제 우리는 한국어 학습자들이 배운 어휘를 사용할 수 있도록 어휘를 그들의 손에 쥐게 해 줘야 한다는 것에 깊은 공감을 하게 되었다. 한국어 교사로서 우리가 사용하는 어휘가 우리의 언어생활에서 어떻게 사용되고 있는지에 대한 민감함을 기르는 일과 교수할 어휘들을 실제적으로 사용하도록 연습시킬 양질의 교육 자료들을 고민하고 개발하는 일이 계속되어야 하겠다.

6장

한국어 문법 정확하게 가르치기

박선희 • 이화여자대학교

'문법' 하면 어렵다는 생각부터 하게 될 것이다. 실제로 현장에 있는 교사들에게도 문법은 쉽지 않은 영역으로 남는다(방성원, 2011). 그러나 문법은 어휘와 더불어 한 언어의 근간을 이루며 언어교수의 핵심이 되어 왔기에 문법 교수는 언어 교수와 동일한 개념으로 생각되거나 교육과정과 교수자료 개발에서 주요한 내용으로 인식되어 왔다(Celce-Murcia, 2001).

문법은 교육과정 전체가 가지는 목적을 설정하고 교수 내용과 그 배열을 담은 교수요목의 모형을 결정하고, 교수 학습 활동의 구체적인 유형과 교수 기법을 고안하는 데 고려되며, 교사-학습자 간 상호작용의 유형과 내용을 결정하는 데 중요한 역할을 한다. 문법 교수에서 먼저 문법 항목의 선정과 배열을 고려해야 하는데 이는 수업에서 무엇을 어떤 순서로 배울 것인가와 관련된다(Thornbury, 1999). 문법 항목 선택의 기준으로는 유용성과 빈도를 생각할 수 있다. 대부분의 교수 현장에서는 별도로 교재나 교과서를 지정하고 교사는 이를 따르게 되므로 교재 집필진이 아니라면 문법 항목의 선정과 배열은 고정이 되어 있을 것이다. 따라서 이 장에서는 주어진 문법 항목과 의미 기능, 문법적 정확성 확보를 위한 교사와 학습자 간의 상호작용 유형, 문법 교수 활동, 문법 교수의 내용 등을 알아보기로 한다.

6.1. 문법 항목과 의미 기능

문법을 가르치는 것은 문법 항목이 가지는 의미 기능을 학습자들이 수용할 수 있도록 학습자들에게 제시하고 문법 항목을 정확하게 사용할 수 있도록 하는 것이다.

〈그림 6-1〉 문법 형태와 의미 기능의 대응

문법 항목들은 주로 조사나 어미와 같은 개별 형태소이지만 '-어 보다'와 같이 두 개 이상의 형태소가 결합해 '시도'와 같은 하나의 의미 기능을 나타낼 때 덩어리 구성(chunk)을 형성하기도 한다.

문법 항목들은 의미 기능에서 보다 가까운 것과 그렇지 않은 것들로 부류화할 수 있다. 가령 '-었-'과 '-(으)ㄹ 것이다'는 현재를 기준으로 과거와 미래와 같은 시간성을 나타낸다는 점에서 '시제'로 긴밀하게 묶일 수 있고 '-고 있다'나 '-어 있다'는 사태의 진행과 완료를 나타내므로 '동작상'으로 묶일 수 있다. 이처럼 두 개 이상의 문법 항목들이 서로 긴밀한 의미 기능을 가진 것들로 묶여 '시제', '동작상', '양태', '피동', '사동', '부정', '높임법'과 같이 부류화될 수 있는데 이를 '문법 범주(grammatical category)'라고 한다. 한국어 교육에서 주요하게 다루어지는 문법 범주와 각 문법 범주별 대표적인 문법 항목들은 다음과 같다.

⟨표 6-1⟩ 한국어의 문법 범주

문법 범주	주요 의미 기능	문법 항목의 예
시제 (tense)	발화시를 기준으로 사건의 시간적 위치를 나타냄	–었–, –(으)ㄹ 것이다
동작상 (aspect)	문장의 사태가 가지는 내적 시간 구성을 나타냄	–고 있다, –어 있다, –어 가다, –어 오다, –어 버리다, –어 내다
양태 (modality)	문장의 사태에 대한 화자의 주관적인 태도를 나타냄	–겠–, –지, –더–, –네, –(으)ㄹ 수 있다, –어야 하다
사동 (causatives)	사동주가 피사동주로 하여금 어떠한 행위를 하거나 어떠한 상황에 놓이게 함을 나타냄	사동사에 의한 사동, –게 하다
피동 (passives)	생략되거나 부사어로 실현되는 능동주에 의해 주어가 처한 상황이나 행위가 이루어짐을 나타냄	피동사에 의한 피동, –어지다
부정 (negation)	부정의 뜻을 나타냄	–지 않다, –지 못하다, –지 말다, 안, 못
높임법 (honorifics)	주어나 주제, 목적어나 부사어로 나타나는 대상과 청자에 대한 높임과 낮춤을 나타냄	–(으)시–, 께서, 께, –(스)ㅂ니다

문법 범주와 관련하여 한 가지 더 생각해 볼 것은 하나의 형태가 여러 개의 의미 기능을 가질 수 있다는 점이다. 다음 문장들에 쓰인 '–었–'은 서로 다른 의미 기능을 가지고 있다.

(1)　가. 현주는 지난달에 제주도를 여행했다.
　　　나. 민수가 방금 밥 한 공기를 다 먹었다.
　　　다. 여권을 잃어 버려서 내일 태국 여행은 다 갔다.

(1가)에서 '–었–'은 '제주도를 여행하다'가 과거에 일어났음을 나타내고, (1나)에서는 '밥 한 공기를 먹다'와 같은 사건이 종결되었음을 나타낸다. (1다)에서는 '태국 여행을 가다'와 같은 사건이 불가능하게 된 것에 대한 화자의 확신을 나타낸다. 문법 항목 '–었–'

의 의미 기능에 따라 관련된 문법 범주는 (1가)에서는 과거의 시간을 드러내므로 '시제', (1나)에서는 사태의 완료를 나타내므로 '동작상', (1다)에서는 사태에 대해 화자가 가지는 주관적인 태도를 나타내므로 '양태'가 된다. 즉, '-었-'이라는 형태와 의미 기능의 대응이 일대일이 아닌 일대다가 된 것인데 학습자들의 경우 일반적으로 하나의 형태가 하나의 의미 기능으로 대응이 될 것으로 생각하는 경향이 있어(Andersen, 1984) 문법 교수에서 주의가 필요한 부분이다. 하나의 문법 범주에 속하는 항목들을 단원 주제나 과제에 따라 하나씩 교수해 나갈 경우 학습자들은 이전에 배운 선수 학습 항목과 새로 배우는 목표 항목이 어떤 차이를 가지는지 궁금해 하게 될 것이기 때문이다.

6.2. 문법 항목들 변별하기

의미 기능이 비슷한 두 개의 문법 항목을 변별할 때 어떤 점들을 고려해야 할까?

하나의 문법 범주에 속하는 항목들을 단원 주제나 과제에 따라 하나씩 교수해 나갈 경우 학습자들은 이전에 배운 선수 학습 항목과 새로 배우는 목표 항목이 어떤 차이를 가지는지 궁금해 하게 될 것이다. 교사는 하나의 문법 범주에 속하는 여러 형태들이 어떠한 관계를 가지고 있는지 그 어휘, 형태, 통사, 담화 화용 층위에서 제약과 의미 기능의 차이를 정리해 둘 필요가 있다.

먼저 결합하는 어휘에 제약을 가지는 경우이다. (2가)와 (2나)에서 완료상 표지인 '-어 있다'와 '-고 있다'는 행위가 끝나고 그 결과 상태가 지속됨을 공통적으로 나타내는데,

그 결합의 조건은 상이하다.

(2)　가. 영희가 의자에 <u>앉아 있어요</u>/*<u>앉고 있어요</u>.

　　　나. 영희가 오늘 멋진 셔츠를 <u>입고 있어요</u>/*<u>입어 있어요</u>.

(2)에서 '-어 있다'는 자동사에 결합하고 '-고 있다'는 주로 탈착동사인 타동사에 결합하므로 결합하는 용언에 차이가 있다.

다음은 문법 항목들이 형태 통사적으로 차이를 보이는 경우인데, 시제, 상 형태소 결합이나 후행절의 서법 실현에 제약을 가지는 경우이다.

(3)　가. 어제 눈이 많이 *<u>왔어서/왔으니까</u> 오늘은 길이 좀 막힐 거예요.

　　　나. 눈이 많이 *<u>와서/오니까</u> 우산을 가지고 가세요.

사건의 인과관계를 나타내는 '-어서'와 '-(으)니까'의 경우 (3가)에서와 같이 '-어서' 앞에는 과거시제 형태소 '-었-'이 결합할 수 없지만 '-(으)니까'에는 '-었-'이 결합할 수 있다. (3나)에서 '-어서'는 후행절의 서법이 명령문이나 청유문일 경우 비문이 된다. 그리고 문법 항목들이 담화 상황에 따라 적절함에 차이를 가지기도 한다.

(4)　가: 왜 이렇게 늦었어?

　　　나: 차가 <u>막혀서/*막히니까</u> 늦었어. 미안해.

(5)　선생님: 왜 숙제를 안 했어요?

　　　학생: 어제 몸이 좀 안 <u>좋아서/*좋으니까</u> 숙제를 못 했어요. 죄송합니다.

가령, 사과를 해야 하거나 양해를 구할 경우 또는 자신보다 사회적 지위나 연령이 높은 청자에게 이유 제시가 필요한 상황에서는 '-(으)니까'는 부적절하고 '-어서'가 적절하다.

이처럼 문법 항목들 간의 차이를 제시할 때는 어려운 메타언어를 사용하기보다는 위의 예문에서 든 것과 같이 학습자들에게 예문을 들어 그 차이를 인식할 수 있도록 하는 것이 효과적이다.

6.3. 문법 수업 구성하기

의사소통 중심 접근방법에 기반을 둔 교육 과정에서 문법 수업을 어떻게 구성하면 좋을까?

현재 한국어교육에서 주류가 되는 교수법은 의사소통 중심 접근방법이다. 이 절에서는 문법 교수 절차를 일반적인 의사소통 중심 접근방법의 수업 단계에 따라 알아보기로 한다. 일반적으로 한국어 수업은 '도입-제시-연습-활용-마무리'의 다섯 단계로 나누어지는데(최정순, 1997:144), 의사소통 중심 접근방법에 의한 수업은 일반적으로 본격적인 의사소통 과제와 언어 기술의 연계를 '활용' 단계에 두고 이를 중심으로 구조화할 수 있다. 먼저, '도입' 단계에서는 목표 문법 형태를 노출시켜 학습자들이 형태에 주목하도록 한다. 그리고 문법 항목의 형태와 의미의 대응 구조를 '제시'해 인지시킨다. 이후 이전 단계에서 얻은 문법 지식이 언어 습득으로 연계될 필요가 있는데, '연습'과 '활용' 단계를 통해 학습자는 언어 지식을 검증하고 사용할 기회를 가진다. 그러고 나서 수업을 '마무리'한다.

먼저, '도입' 단계에서 목표 문법 항목을 그 기능이 잘 드러날 수 있는 예문을 통해 학습자들에게 노출시킨다. 학습자들이 교사가 제시하는 담화 상황과 문장만으로 해당 문법 항목의 의미 기능을 알아차릴 수 있다면 좋은 도입이 될 수 있다. 가령 과거시제

'-었-'을 교수하기 위해 발화시 현재를 기준으로 과거 시간을 지정하고 그 시간에 일어난 사건을 표시하기 위함인 것을 과거 날짜나 '어제'와 같은 어휘를 사용해서 학습자들에게 전달할 수 있을 것이다. 교사는 다음과 같은 교수 발화를 구성할 수 있다.

(6)　교사: 오늘은 9월 6일 월요일이에요. 어제는 9월 5일 일요일이었어요. 저는 친구와 어제 남대문 시장에 갔어요. 어제 남대문에서 떡볶이를 먹었어요. 그리고 쇼핑을 했어요. 여러분은 어제 무엇을 했어요?

'제시' 단계에서 교사는 형태와 의미 기능의 연결을 명시적으로 제시하고 형태, 통사, 의미, 담화 층위의 제약을 설명한 후 학습자들이 이를 잘 이해했는지 확인한다. 형태가 가지는 의미 기능을 파악할 수 있도록 전형적인 예문을 칠판 판서나 자료 등으로 보여주고 의미 기능을 학습자가 쉽게 이해할 수 있도록 설명한다. 판서에는 학습자들이 새로 학습하게 되는 형태에 집중할 수 있도록 문법 항목의 색깔을 달리하는 것도 효과적이다.

<그림 6-2> 제시 단계의 예문 판서

문법 항목의 의미 기능을 설명할 때 문법 용어는 쉽고 익숙한 것을 활용하고 이전 학습한 항목과의 비교를 통해서 의미 기능을 드러낼 수 있다.

이론에서 출발하여 현장까지!
손에 잡히는 한국어 교육학 개론

(7)　교사: 오늘, 지금이 아니라 어제, 작년의 어떤 일을 이야기하고 싶어요. 이때 '-었-'을
　　　　쓰세요. 오늘 학교에서 한국어를 공부해요. 어제 남대문에서 쇼핑을 했어요. 어제
　　　　남대문에서 떡볶이를 먹었어요.

더 알아보기　'연역적 문법 교수'와 '귀납적 문법 교수'

제시 단계에서 문법 항목이 쓰인 예들과 의미 기능을 어떤 순서에 따라 제시하는지에 따라서 '연역적 문법 교수'와 '귀납적 문법 교수'로 나눌 수 있다.
'연역적 문법 교수'는 위 (7)에서와 같이 문법 항목의 의미 기능을 먼저 제시한 후 형태가 쓰인 예들을 제시하는 것이다. '귀납적 문법 교수'는 '-었-'이 쓰인 문장들을 제시하여 학습자들이 형태-의미 기능의 대응 구조를 스스로 발견해 낼 수 있도록 기회를 제공한 후 문법 항목의 의미 기능을 명시적으로 설명하는 순서를 따른다.

문법 항목의 형태 정보는 문법 항목이 결합하는 대상이 무엇인지와 결합 시에 형태 교체가 일어나는지를 포함해야 한다. 문법 항목이 하나 이상의 이형태를 가질 경우 언어맥락적 조건에 따라 결합 조건을 제시한다. 규칙 활용을 먼저 설명하되 적용의 범위가 좁은 이형태 활용을 순서상 뒤로 배치하고 불규칙 용언 활용은 용언을 예로 들어 제시한다. 가령, 과거시제 형태소 '-었-'에 대한 형태 정보는 다음과 같이 제시할 수 있다.

-었-

앞에 오는 동사나, 형용사, '이다'가 모음 'ㅏ', 'ㅗ'로 끝나면 '-았-'을 쓰고, 모음 'ㅏ', 'ㅗ'로 끝나지 않으면 '-었-'을 쓴다. 앞에 오는 단어가 '하다'로 끝나면 '-였-'을 쓰는데 보통 '하였다'를 줄여서 '했다'로 쓴다.

[칠판 판서의 예]

닫다	닫-	+ -았-	+ -습니다	닫았습니다
좁다	좁-	+ -았-	+ -습니다	좁았습니다
가다	가-	+ -았-	+ -습니다	갔습니다
먹다	먹-	+ -었-	+ -습니다	먹었습니다
죽다	죽-	+ -었-	+ -습니다	죽었습니다
크다	크-	+ -었-	+ -습니다	컸습니다
학생이다	학생이-	+ -었-	+ -습니다	학생이었습니다
공부하다	공부하-	+ -였-	+ -습니다	공부했습니다
듣다	듣-	+ -었-	+ -습니다	들었습니다
춥다	춥-	+ -었-	+ -습니다	추웠습니다
낫다	낫-	+ -았-	+ -습니다	나았습니다
하얗다	하얗-	+ -았-	+ -습니다	하얬습니다
부르다	부르-	+ -었-	+ -습니다	불렀습니다

·　　·　　·　　·　　·

또한 제시 단계에서 다른 유의 항목과의 차이점을 설명한다. 앞서 인과관계 '-어서',

‘-(으)니까’에서 들었던 바와 같이 형태, 통사, 의미, 담화 화용 층위의 제약에 대해서도 예문을 들어 설명할 수 있다.

다음으로 ‘연습’ 단계와 ‘활용’ 단계와 관련되는 의사소통 중심 활동을 소개한다. 의사소통 중심 접근방법에서 주로 사용하는 활동에는 Littlewood(1981)의 구조적 활동(structural activity), 유사 의사소통적 활동(quasi-communicative activity), 기능적 활동(functional activity), 사회적 상호작용 활동(social interactional communicative activity) 등이 있다. 수업의 단계상 문법적 정확성 확보에 중점을 두는 것이 ‘연습’ 단계인데 구조적 활동, 유사 의사소통적 활동, 기능적 활동이 이에 속하며 사회적 상호작용 활동은 문법 항목의 실제적인 ‘활용’을 목적으로 한다. 수업 단계에 따라 각 활동을 대응시키면 다음과 같다.

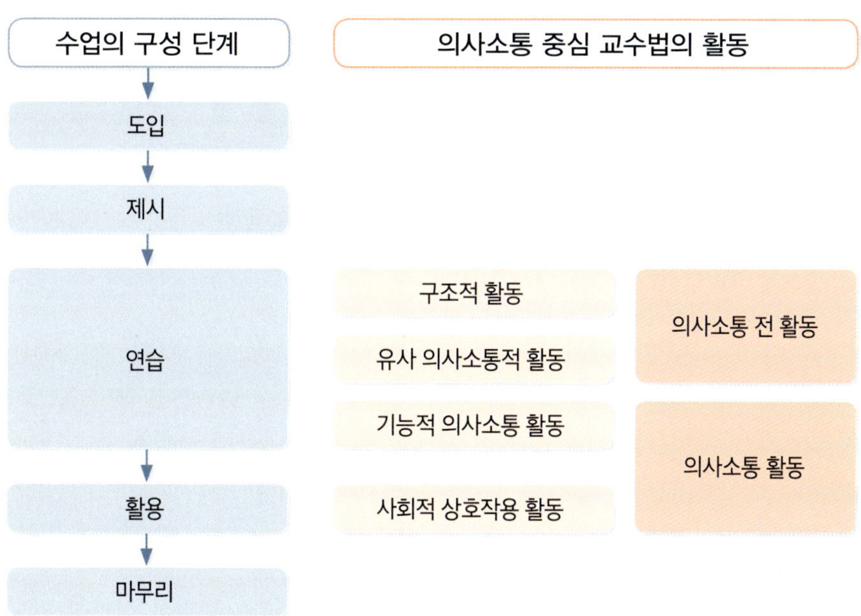

〈그림 6-4〉 의사소통 중심 수업의 구성과 활동의 대응

구조적(structural) 활동은 자극과 반응으로 이루어진 활동으로 실제적인 의사소통 상황에서의 상호작용이 아니라 문법 연습을 위한 문장 층위의 연습 활동이다(박선희, 2013:154). 구화식 또는 청화식 수업에서 행해지는 교사-학습자 간 활동이 그 예이다. 가령, 구조적 활동의 예로 반복, 대치, 변환, 문장 완성하기 등을 들 수 있다.

(8) **반복**
교사: 저를 따라하세요. '극장에 가요.'
학생들: 극장에 가요

(9) **대치**
교사: 주어에 '이/가' 대신 '은/는'을 쓰세요. '철수가 학교에 갑니다.'
학생들: 철수는 학교에 갑니다.

(10) **변환**
교사: 피동문으로 바꿔서 말하세요. '경찰이 도둑을 잡았어요.'
학생들: 도둑이 경찰에게 잡혔어요.

(11) **문장 완성하기**
교사: '에 가요'에 장소 명사를 넣어서 문장을 만들어 보세요. 극장!
학습자: 극장에 가요.
교사: 학교!
학습자: 학교에 가요.

교사와 전체 학급이 상호작용을 통해 구조적 활동을 대화로 구성해 볼 수도 있는데 학습자용 부교재의 형태로 제시한 후 함께 확인할 수도 있다.

다음으로 유사 의사소통적 활동은 구조와 기능 사이의 연결을 긴밀하게 연습하도록 하며 대화를 구성하도록 하는 방식인데 궁극적으로는 지극히 문법적 정확성 확보를 위한 연습이다(박선희, 2013:154). 학습자들이 주어진 정보를 가지고 새로운 정보의 흐름 없이 질문과 반응을 연습하도록 한다. 가령 다음 학습자용 부교재는 과거에 있었던 일에 대한 정보를 제공하고 이를 활용해서 학습자들이 대화를 구성하도록 하므로 유사 의사소통적 활동의 예가 된다.

〈그림 6-5〉 유사 의사소통적 활동의 예

회상	대답
(1) 초등학교 때 제일 친하게 지낸 친구	상우
(2) 어렸을 때 산 집	학교 근처 작은 아파트
(3) 주말에 가족들과 같이 간 곳	놀이동산
(4) 고등학교 때 친구들과 한 운동	농구
(5) 고등학교 때 좋아해서 자주 들은 음악	

이해영 · 한상미 · 김현진 · 김은애 · 이정란(2010). 『중급 한국어 2』. 한글파크, 48쪽

기능적 의사소통 활동은 사용할 수 있는 어떤 표현이라도 사용하여 학습자들이 해결해야 하는 문제나 교환해야 하는 정보가 있다. 가령, 주어진 그림들 사이의 유사점과 차이점을 기록하는 과제, 여러 장의 그림을 보고 사건의 순서를 재배열하는 활동, 서로 다른 지도나 그림에서 없어진 특징을 발견하는 활동, 한 학습자가 다른 학습자에게 구두로 정보를 전달하도록 하고 정보를 받은 학습자가 그림이나 모양을 완성하도록 하는 활동, 지시사항을 따르는 활동, 공유된 정보를 가지고 문제를 해결하는 활동 등이 기능적 의사소통 활동에 해당한다. 이때 교사는 학습자들이 주어진 문법 항목을 사용해서 연습하도록 지도한다.

마지막으로 사회적 상호작용 활동은 문법 항목에 대한 연습 후에 실제 담화 맥락에서 유의미한 과제를 수행하는 것으로 정확성과 함께 유창성을 확보하는 활동이다. 담화의 시작과 끝을 포함하여 주어진 사회적 상황에서 일관성 있는 텍스트를 읽거나 쓰고, 대화를 듣거나 구성한다. 사회적 상호작용 활동의 예는 발표, 대화 또는 역할극, 시뮬레이션, 촌극, 즉흥활동, 토의 등이 있다. 사회적 상호작용 활동을 통해 학습자들은 학습한 문법 항목을 실제적인 언어 맥락에서 사용해 보는 기회를 갖는다.

6.4. 문법 항목의 정확성 확보를 위한 활동들

문법 교수의 유형은 문법 항목과 항목이 가지는 의미 기능의 대응 구조를 중심으로 나누어 볼 수도 있고, 입력으로부터 출력 및 상호작용에 이르는 습득 과정을 중심으로 나누어 볼 수도 있다. 먼저, 문법 교수의 유형은 문법 항목과 의미 기능에 대한 집중도에 따라 크게 두 가지 유형으로 나누어 볼 수 있다. 형태 중심 교수(focus on forms)는 문법 항목 자체를 교수의 대상으로 삼는 반면, 의미 중심 형태 교수(focus on form)는 의사소통 활동에 필요한 문법 항목에 대한 교수를 제공한다(Long, 1997). 한편 문법 교수 활동으로 학습자에게 제공하는 입력을 조정하거나 상호작용적 피드백(interactional feedback)이나 협동적 출력 과제(collaborative output task)를 활용할 수도 있다(Nassaji와 Fotos, 2011).

입력 강화(textual enhancement)

입력 강화는 입력을 시각적으로 명료하게 하여 목표로 하는 언어 형태에 학습자가 주의 집중하도록 유도하는 기법이다. 이 기법은 읽기 자료에서는 이탤릭체로 표시하기, 밑줄 긋기, 진하게 표시하기, 글씨 크기를 달리하기 등으로 실현되며(Sharwood Smith, 1991),

듣기 자료에서는 강세 주기, 천천히 읽기, 크게 읽기 등으로 입력 자료를 강조한다.

<그림 6-6> 입력 강화의 예

입력 강화는 입력을 시각적으로 **명료하게 하여** 문법 항목에 학습자가 주의를 집중하도록 하는 기법이다. 이 기법은 읽기 자료에서는 이탤릭체로 표시하**기**, 밑줄 긋**기**, 진하게 표시하**기**, 글씨 크기를 달리하**기** 등으로 실현되며 듣기 자료에서는 *강세 주기*, *천천히 읽기*, *크게 읽기* 등으로 입력 자료를 강조한다.

상호작용적 피드백(interactional feedback)

교사는 학습자가 생산한 오류에 대해 적절한 피드백을 제공해서 문법 교수의 기회로 활용할 수 있다. 상호작용적 피드백형에는 설명요구(clarification request), 반복(repetition), 직접적인 유도(direct elicitation), 형태 고쳐 되말하기(recast), 메타언어적 피드백(metalinguistic feedback), 비언어적 피드백(nonverbal feedback) 등이 있다.

설명요구(clarification request)는 교사나 대화상대자가 화자의 발화를 온전히 이해하지 못해서 더 분명하게 이야기해 줄 것을 요청하는 형태를 가지는 기법이다. 오류 형태에 대한 수정을 포함하지 않기 때문에 오류를 일으킨 학습자에게 자가수정의 기회를 제공한다(Nassaji와 Fotos, 2011:76).

〈그림 6-7〉 설명요구(clarification request)의 예

> 학습자: 어제 친구하고 시청에 갔어요. 시청에서 남산이 봤어요.
> 교　사: 네? 다시 한 번 이야기해 주시겠어요?
> 학습자: 아…… 시청에서 남산이 보였어요.

반복(repetition)은 학습자의 발화에 나타난 오류의 전체나 일부분을 반복하는 것인데 올림조의 억양으로 실현된다. 이 경우도 오류 형태에 대한 수정이 없기 때문에 학습자에게 자가수정의 기회를 제공한다(Nassaji와 Fotos, 2011:76-77).

〈그림 6-8〉 반복(repetition)의 예

> 학습자: 어제 친구하고 시청에 갔어요. 시청에서 남산이 봤어요.
> 교　사: 시청에서 남산이 봤어요?
> 학습자: 아…… 시청에서 남산이 보였어요.

직접적인 유도(direct elicitation)는 학습자의 발화를 오류가 일어난 직전까지 따라하고 학습자가 발화를 완성할 수 있도록 기다리는 형식을 취한다. 오류 형태를 수정하지 않으면서 학습자의 발화에 문제가 있음을 알려 주는 방식이다(Nassaji와 Fotos, 2011:77-78).

〈그림 6-9〉 직접적인 유도(direct elicitation)의 예

> 학습자: 어제 친구하고 시청에 갔어요. 시청에서 남산이 봤어요.
> 교　사: 시청에서 남산이……?
> 학습자: 아…… 시청에서 남산이 보였어요.

형태 고쳐 되말하기는 교사가 학습자 발화에서 오류 형태를 고쳐주되 의사소통의 흐름을 끊지 않는 기법이다(Nassaji와 Fotos, 2011:76).

<〈그림 6-10〉 형태 고쳐 되말하기(recast)의 예

학습자: 어제 친구하고 시청에 갔어요. 시청에서 남산이 봤어요.
교   사: 아…… 시청에서 남산이 보였어요?
학습자: 아…… 시청에서 남산이 보였어요.

메타언어적 피드백(metalinguistic feedback)은 발화의 부적합함에 대해서 메타언어적인 설명을 제공하는 것이다. 이때, 오류의 위치나 종류에 대한 힌트를 제공할 수도 있고 명시적인 설명을 제공할 수도 있다(Nassaji와 Fotos, 2011:77).

〈그림 6-11〉 메타언어적 피드백(metalinguistic feedback)의 예

학습자: 어제 친구하고 시청에 갔어요. 시청에서 남산이 봤어요.
교   사: '남산이'의 '이'가 맞아요? '남산이'에서 조사 '이'가 맞아요?
       '남산이'를 쓰려면 '봤어요'가 아니라 '보였어요'로 바꿔야죠.
       피동문을 만들어 보세요.
학습자: 아…… 시청에서 남산이 보였어요.

상호작용적 피드백의 마지막 기법인 비언어적 피드백(nonverbal feedback)은 몸짓이나 표정, 머리, 손, 손가락 등을 움직여서 비언어적인 방식으로 오류가 있음을 드러내는 것이다(Nassaji와 Fotos, 2011:78).

협동적 출력 과제(collaborative output task)

협동적 출력 과제를 통한 문법교수의 유형에는 문법 받아쓰기(dictogloss), 빈칸 채워 재구성하기(reconstruction cloze task), 텍스트 수정 과제(text-editing task), 협동적 직소 과제(collaborative output jigsaw task) 등이 있다.

문법 받아쓰기(dictogloss) 즉 딕토글로스는 교사가 학습자들에게 텍스트를 읽어 준 후 학습자들이 이를 그룹 활동을 통해 재구성하게 함으로써, 학습자가 목표 항목을 협동적으로 재생산해 내도록 하는 문법 활동이다. L2교실에서 출력을 유도하는 동시에 언어 형태에 대한 토론을 동시에 촉진하게 되는데 다음과 같은 단계로 구조화된다.

이론에서 출발하여 현장까지!
손에 잡히는 한국어 교육학 개론

(12) **문법 받아쓰기(dictogloss) 활동의 네 가지 단계(Wajnryb, 1990:7-9; 박선희, 2013:157)**

① 준비 단계

과제의 목적과 절차를 학생들에게 설명하고, 텍스트의 주제에 대한 이야기하도록 하거나 학습자가 텍스트에서 모르는 어휘에 대해 설명해 주며 과제 수행을 준비시킨 후, 문법 받아쓰기를 함께 할 그룹을 정한다.

② 받아쓰기 단계

교사가 보통 속도로 텍스트를 두 번 정도 읽는다. 처음에 학습자는 교사가 읽는 텍스트를 주의를 집중하여 듣고 두 번째에 내용과 관련된 중요한 단어나 단상을 메모하게 한다. 이때 학생들이 문장을 그대로 받아 적지 않도록 주의시킨다.

③ 재구성 단계

학생들은 그룹별로 모여서 텍스트를 재구성한다. 아울러 자신들이 재구성한 텍스트가 문법적으로 정확한지에 대해 논의한다. 이때 교사는 학습자 활동을 지켜보면서 필요한 피드백이나 언어적 입력을 제공한다.

④ 분석과 수정 단계

교사가 학습자들에게 원텍스트를 제공한 후 학습자들이 재구성한 텍스트와 비교하면서 오류를 수정하게 한다. 이 과정을 통해 학습자들은 자신의 제2언어 사용과 목표어가 가지는 차이를 인지하게 되고 자신의 목표어 지식을 점검할 수 있게 된다. 교사는 이때 학습자들이 당면한 언어적 문제를 해결하도록 지원한다.

빈칸 채워 재구성하기(reconstruction cloze task)는 문법 받아쓰기와 유사한 과제로 특정 언어 형태를 제거한 빈칸을 학습자들이 채워 넣도록 하는 과제이다(Nassaji와 Fotos, 2011:11). 이 과제는 전체 텍스트가 아니라 목표로 한 특정 문법 항목을 중심으로 학습자가 재생산하게 한다는 점에서 딕토글로스에 비해 시간이 적게 드는 활동이다. 빈칸 채워 재구성하기의 단계는 다음과 같다.

(13) **빈칸 채워 재구성하기(reconstruction cloze task) 활동의 다섯 단계(Nassaji와 Fotos, 2011:110; 박선희, 2013: 161)**

① 교사가 학생들에게 원텍스트를 표준 속도로 읽어 준다.

② 학습자는 텍스트의 의미에 집중하여 들으면서 내용과 관련된 단어 등을 적는다.

③ 학생들은 텍스트에 빈칸이 표시된 형태의 자료를 받는다.

④ 학습자들은 텍스트를 짝과 함께 재구성하고 빈칸의 단어나 구를 정확하게 쓴다.

⑤ 학습자들은 원텍스트와 재구성한 텍스트를 비교해 가며 차이를 논의한다.

텍스트 수정 과제(text-editing task)는 원텍스트와 오류를 포함한 텍스트를 학습자들에게 제공한 후 두 텍스트를 비교하여 오류를 수정하도록 하는 과제이다. 학습자들이 빈번하게 범하는 오류들을 기록해 두었다가 텍스트 수정 과제로 구성해 볼 수 있다. 텍스트 수정 과제의 세 단계는 다음과 같다.

(14) **텍스트 수정 과제(text-editing task) 활동의 세 단계(Nassaji와 Fotos, 2011:110; 박선희, 2013: 162).**

① 교사는 목표 문법 형태를 포함한 텍스트를 학습자에게 먼저 읽어 준다.

② 교사는 앞서 들려 준 텍스트와 내용은 유사하나 목표 문법 항목과 관련된 오류를 포함한 텍스트를 학습자에게 나눠준다.

③ 학습자는 오류가 포함된 텍스트를 소집단 내에서 협동적으로 수정한다.

협동적 직소 과제(collaborative output jigsaw task)는 정보차 활동의 일종으로 과제 완성을 위해 타 학습자들과 의미협상을 하도록 고안된다. 그룹 활동에 소극적인 학습자들이 책임감을 가지고 적극적으로 참여하게 하는 데 효과적이다. 협동적 직소 과제의 절차는 다음과 같다.

(15) **협동적 직소 과제(collaborative output jigsaw task) 활동의 다섯 단계(Nassaji와 Fotos, 2011:111; 박선희, 2013: 162)**

① 교사는 학습자에게 원텍스트를 읽어 준다.

② 학습자들은 원텍스트로부터 조정된 두 가지 텍스트를 나눠 받는데 한 학생은 A형식, 다른 학생은 B형식을 받는다.

③ 학습자들은 원텍스트와 일치하도록 A, B 텍스트의 문장들을 수정한다.

④ 학습자들은 A와 B형식의 서로 다른 문장들 중에서 원텍스트와 문법적으로 같은 것을 찾는다.

⑤ 학습자들은 자신들이 조합한 텍스트를 원텍스트와 비교하며 차이를 확인한다.

6.5. 문법 평가하기

한국어 문법 능력을 평가하기 위해서 어떤 것들을 생각해야 할까? 먼저 평가의 목적과 평가 대상인 항목들의 선정과 문항 유형 등을 고려해야 할 것이다.

평가 목적에 따른 문법 항목들의 목록

문법 평가는 측정의 시기에 따라 성취도 평가와 숙달도 평가로 나누어 볼 수 있다. 성취도 평가는 교육과정에서 목표로 하는 문법 항목들에 대한 숙달도를 평가한다. 숙달도 평가에서는 학습자가 가지고 있는 전반적인 언어 능력을 측정하는 것으로 우리가 익숙한 한국어능력시험(TOPIK)이 이에 해당한다. 현재 한국어능력시험에서 문법을 별도의 영역으로 평가하고 있지 않지만 각 숙달도에서 기대되는 문법 항목에 대한 기술은 다음 자료를 참고할 수 있다.

급	목표	문법 항목의 예
1급	생존에 필요한 기초적인 언어생활과 관련된 한국어의 기본 문장 구조와 기초적인 문법 규칙을 이해하고 사용	• 주어–목적어–서술어의 기본적인 문장 구조 • 서술문, 의문문, 청유문, 명령문 등 문장의 종류 • '누가', '언제', '어디', '무엇', '왜' 등으로 구성된 의문문 • '그리고', '그러나' 등과 같은 자주 쓰이는 접속사 • '이/가', '은/는', '을/를', '에' 등 기본 조사 • '–고', '–어서', '–지만' 등 기본적인 연결어미 • 기본적인 시제 표현 • '안', '–지 않다'로 이어지는 부정문 • '으', 'ㅂ', 'ㄹ' 불규칙이나 탈락
2급	일상적인 생활에서 자주 접하는 화제, 매우 기본적인 공식적인 상황에서 접하는 화제와 관련된 문법 표현을 이해하고 사용	• '보다', '이다', '밖에' 등 비교적 자주 쓰이는 조사 • '–(으)ㄹ까요', '–(으)ㄹ 거예요' 등 자주 쓰이는 종결형 • '–고 있다', '–어 있다', '–어 주다', '–어 보다' 등 기본적인 보조용언 • '–(으)면', '–는데', '–(으)면서' 등 자주 쓰이는 연결어미 • 'ㄹ', 'ㅅ', 'ㅎ', 'ㄷ' 불규칙 • 관형형 • 용언의 부사형 • 높임법의 기본적인 형태
3급	일상생활과 관련하여 비교적 깊이 있는 의사소통의 맥락에서 자주 등장하는 문법 표현을 이해하고 활용 공적인 상황에서 기본적으로 의사소통에 필요한 문법 표현을 이해하고 사용	• '만큼', '처럼', '대로', '뿐' 등 비교적 복잡한 의미를 갖는 조사 • '–어도', '–(으)ㄴ지', '–(으)ㄹ 테니까', '–는 대로', '–느라고' 등 비교적 복잡한 의미를 갖는 연결어미 • '–(으)ㄹ 뻔하다', '–는 척하다', '–기 위해서', '–(으)ㄹ 뿐만 아니라' 등 비교적 복잡한 의미를 갖는 문법 표현 • '–어 가다', '–어 놓다', '–어 버리다' 등의 비교적 복잡한 의미를 갖는 보조용언 • 반말 • 사동법과 피동법 • 간접화법

급		
4급	공식적 상황에서의 의사소통과 특정 주제에 대해 논리적으로 서술하고 토론하는 데 필요한 문법 표현을 이해하고 활용	• '치고', '치고는', '는커녕' 등 복잡한 의미를 갖는 조사 • '–더니', '–었더니', '–더라도', '–었더라면', '–길래', '–다면' 등 복잡한 의미 또는 사용상의 제약을 갖는 보조용언 • '–게 마련이다', '(으)로 인해서', '–기에는', '–는 한' 등 복잡한 맥락을 서술하거나 사회적 맥락을 논리적으로 서술하는 데 필요한 문법 표현
5급	정치, 경제, 사회, 과학, 문화, 예술 등 사회의 제영역과 관련하여 깊이 있는 의사소통에 필요한 문법을 이해하고 활용 한국의 대표적인 시나 소설, 수필을 읽기에 필요한 수준의 문법 표현을 이해하고 활용	• '–듯이', '–겠거니', '–되', '–고서라도', '–다가도', '–(으)니만큼' 등과 같이 복잡한 의미를 갖는 연결어미 또는 연결어미+조사 결합형 • 신문기사, 논설문 등에서 자주 사용되는 문법 표현
6급	정치, 경제, 사회, 과학, 문화, 예술 등 사회 제영역과 관련하여 전문적이고 학문적으로 의사소통하는 데 필요한 어휘와 문법 표현을 이해하고 활용	• 신문, 사설, 논설문, 학문적인 저술 등에서 주로 사용되는 문법 표현 • 계약서, 협정서 등 전문적인 영역에서의 실용문에서 특별하게 사용되는 문법 표현

이 외에도 학습자의 언어 숙달도에 따라 습득할 것으로 기대되는 항목들을 〈국제 통용 표준 한국어 교육과정 적용 연구〉(2017)에서는 별도의 목록으로 제시하고 있으니 참고하기 바란다.

<그림 6-12> 문법 등급 목록

등급별 번호	등급	분류	대표형	관련형	의미	국제통용 (2단계)	문법·표현 교육내용 개발(1~4단계)
37	1급	표현	이 아니다	가 아니다		초급	초급
38	1급	표현	-고 싶다			초급	초급
39	1급	표현	-고 있다			초급	초급
40	1급	표현	-어야 되다	-아야 되다, -여야 되다, 〈유의〉 -어야 하다, -아야 하다, 어야 하다		초급	초급
41	1급	표현	-지 않다			초급	초급
42	1급	표현	-을 수 있다	-ㄹ 수 있다, 〈반의〉 -ㄹ 수 없다, -을 수 없다			초급
43	1급	표현	-지 못하다			초급	초급
44	1급	표현	-기 전에	-기 전		초급	초급
45	1급	표현	-은 후에	-은 후, -ㄴ 후, 〈유의〉 -은 뒤에, -ㄴ 뒤에, -은 뒤, -ㄴ 뒤		초급	초급
1	2급	조사	께			초급	초급
2	2급	조사	마다			초급	초급
3	2급	조사	밖에			초급	초급
4	2급	조사	처럼			초급	초급
5	2급	조사	에서부터(서부터)				초급
6	2급	조사	에다가	에다			초급
7	2급	조사	에게로				초급
8	2급	조사	에게서				초급

출처: 김중섭 외(2017), 〈국제 통용 한국어 표준 교육과정 적용 연구〉, 국립국어원 연구 보고서

문법 평가 문항의 유형

문법 평가 문항의 유형은 앞서 살핀 문법 활동을 응용하거나 말하기, 듣기, 읽기, 쓰기 과제에 대한 수행을 평가할 수도 있다. 본격적으로 문법 항목을 확인하기 위한 문항들은 '문장이나 대화의 빈칸 채우기', '문장이나 대화의 빈칸에 알맞은 것 고르기', '틀린 것 또는 알맞은 것 고르기', '비슷한 문법 항목 고르기', '문장 완성하기' 등과 같은 것들을 들 수 있다.

이론에서 출발하여 현장까지!
손에 잡히는 한국어 교육학 개론

1. (   )에 들어갈 가장 알맞은 것을 고르십시오.

오늘은 영희의 생일입니다. 저는 영희(   ) 책을 선물했습니다.

① 가   ② 의   ③ 에게   ④ 에서

'빈칸 채우기' 유형은 위 '빈칸에 알맞은 것 고르기'에서 선택항을 없애고 괄호 대신 밑줄을 그어 학생들이 직접 쓰도록 하면 된다. 다음은 '틀린 것 고르기' 문항의 예이다.

1. 밑줄 친 부분이 틀린 것을 고르십시오.

① 저는 공부하면서 음악을 들어요.

② 눈이 오니까 우산을 가져갑시다.

③ 어제 저는 도서관에 가서 공부를 했어요.

④ 저는 영미에게 선물하러 백화점에서 화장품을 샀어요.

'비슷한 문법 항목 고르기' 문항의 예는 다음과 같다.

1. 다음 문장의 밑줄 친 부분과 바꾸었을 때 의미가 가장 비슷한 것을 고르십시오.

길에서 넘어지는 바람에 다리를 다쳤어요.

① 넘어지느라고   ② 넘어져서   ③ 넘어졌지만   ④ 넘어지게

'문장 완성하기' 문항의 예는 다음과 같다.

<그림 6-16> '문장 완성하기' 문항의 예

연습 1

보기 에서 알맞은 것을 골라 대화를 완성하십시오.

보기   아이가 계속 울다   서울로 떠나다   늦게 일어나다
       갑자기 더워지다   교통사고가 나다

(1) 가: 왜 이렇게 늦었어요? 차가 막혔어요?

    나: 미안합니다. 길에서 ___교통사고가 나는 바람에___ 차가 많이 막혔어요.

(2) 가: 피곤해 보이는데요. 어제 잠을 못 잤어요?

    나: 네. 어젯밤에 _______________________ 잠을 못 잤어요.

이해영 · 한상미 · 김현진 · 김은애 · 이정란(2010). 『중급 한국어 2』. 한글파크, 49쪽

지금까지 문법 항목이 가지는 '형태-의미 기능'의 대응 구조, 문법 범주, 유의 문법 항목들 간의 변별, 문법 수업의 구성과 문법 활동, 문법 평가에 대해 알아보면서 어떻게 문법을 정확하게 가르칠 수 있을지 살펴보았다. 문법은 가르치기 쉽지 않지만 평소 유의 항목들에 대한 교수 정보를 잘 정리해 두면서 차근히 준비해 보자.

이론에서 출발하여 현장까지!
손에 잡히는 한국어 교육학 개론

7장

한국어 화용적 현상, 파악하기와 교실에서 다루기

이해영 · 이화여자대학교

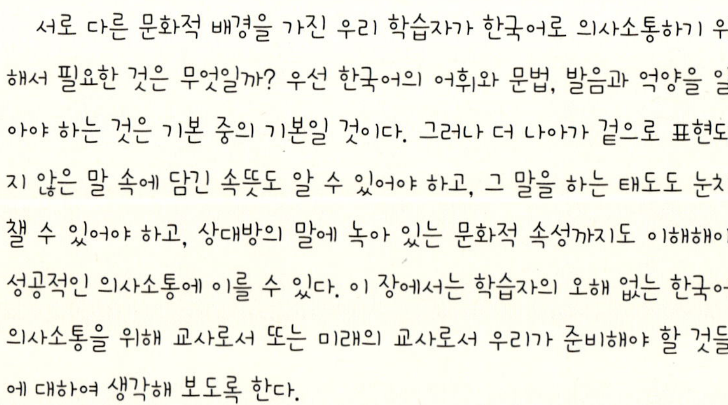

서로 다른 문화적 배경을 가진 우리 학습자가 한국어로 의사소통하기 위해서 필요한 것은 무엇일까? 우선 한국어의 어휘와 문법, 발음과 억양을 알아야 하는 것은 기본 중의 기본일 것이다. 그러나 더 나아가 겉으로 표현되지 않은 말 속에 담긴 속뜻도 알 수 있어야 하고, 그 말을 하는 태도도 눈치챌 수 있어야 하고, 상대방의 말에 녹아 있는 문화적 속성까지도 이해해야 성공적인 의사소통에 이를 수 있다. 이 장에서는 학습자의 오해 없는 한국어 의사소통을 위해 교사로서 또는 미래의 교사로서 우리가 준비해야 할 것들에 대하여 생각해 보도록 한다.

이론에서 출발하여 현장까지!
손에 잡히는 한국어 교육학 개론

7.1. 오해 없이 소통하는 방법 가르치기

먼저 화용론(Pragmatics)이 무엇인지 생각해 보자. 화용론은 말 그대로 말의 사용과 관련된 연구라고 생각해 볼 수 있겠다. 학자들은 화용론을 사람들의 언어 사용 방식에 대한 연구이며 이는 맥락(context)과 관련 지어 설명된다고도 하고(Levinson, 1983:21), 또 서로 의사소통하는 가운데 화자가 말하고 청자에 의해서 해석되는 의미에 대한 연구라고도 하였다(Yule, 1996:3-4).

화용론에서 맥락이 중요하고, 화자의 의도와 청자의 해석이 중요하다고 했는데, 이해를 위해서 다음 예를 살펴보도록 하자. 아래 그림에서의 '괜찮다'는 좋다는 것일까, 싫다는 것일까? 괜찮다는 것은 진짜 괜찮은 것일까?

〈그림 7-1〉 '괜찮아'의 의미

출처: 이해영 외(2018), 〈알 듯 말 듯 마음을 읽는 한국어 대화법 77〉, 도서출판 하우

해석의 열쇠는 상황이다. 상황에 따라서 '괜찮다'는 사양이나 거절의 의미, 싫다는 의사 표명이 될 수도 있고, 전혀 문제 되지 않으니 신경 쓰지 않아도 된다고 안심시키는 말이 될 수도 있다. 결국 우리가 어떤 말을 이해하려고 할 때 상황이 중요하다는 것을 확인할 수 있다. 물론 상황이라 하면 말하는 사람과 듣는 사람의 관계까지도 포함된다.

학습자들의 성공적인 한국어 의사소통을 위해 교사로서 우리는 위와 같은 화용적 현상을 가르쳐야 한다. 화용 교육을 위의 설명에 기대어 정의해 보면 사람들의 언어 사용 방식에 대한 교육이라 할 수 있겠다. 즉, 화자와 청자의 관계에 따라 언어 사용이 어떻게 바뀌는지, 화자의 의도가 상황에 따라 어떻게 해석되는지를 교육하는 것과 관련된다.

한국어 학습자들이 한국어로 의사소통을 잘하기 위해서 문법과 어휘, 발음의 방법을 학습하는 것으로 충분할까? 아니면 무엇이 또 필요할까?

화용이라는 말은 낯선 것 같지만 실제로는 낯설지도 않다. 우리는 이미 화용적 현상을 잘 알고 일상생활에서 멋지게 의사소통하고 있기 때문이다. 여기서 두 가지 궁금증이 생긴다.

- 한국인들은 외국인 한국어 학습자들의 발음, 어휘, 문법, 화용 중 어떤 것의 오류를 더 참기 어려울까?
- 혹시 문법적 능력이 향상된다면 화용적 능력은 자동으로 향상될까?

첫 번째 질문에 대하여 이해영(2009:217)에서는 한국어 모어 화자들은 외국인이 어색한 문법을 사용한 것보다 화용적 문제를 일으켰을 때 더욱 민감하게 반응하고 있음

이론에서 출발하여 현장까지!
손에 잡히는 한국어 교육학 개론

을 실험 결과로 보여주고 있다. 화용적 실패(pragmatic failure)는 단지 언어 지식의 부족으로 이해되기보다는 개인의 인성에 대한 오해까지 유발할 수 있기 때문에 의사소통에 있어서 화용은 발음이나 억양, 어휘, 문법과는 또 다른 차원의 중요성을 가진다(이해영, 2015:249).

두 번째 질문과 관련하여 화용적 능력(pragmatic competence)이 먼저 발달되는지, 문법적 능력(grammatical competence)이 먼저 발달되는지에 대한 흥미로운 연구(이정란, 2011)도 있다. Bardovi-Harlig(1999:686)에서 고급 학습자의 화용적 능력에 있어 높은 수준의 문법적 능력이 높은 수준의 화용적 능력을 보장하지 않는다고 한 언급은 의미심장하다. 문화적 배경을 알아야 이해할 수 있는 은유는 숙달도가 높아져도 이해하지 못했다는 이해영·Tran Thi Thu Phuong(2020)의 연구 결과도 문법적 능력 발달이 반드시 화용적 능력 발달을 담보하지 않고 있음을 보여준다. 종합해 볼 때, 문법적 능력이 있다고, 숙달도가 높다고 화용적 능력이 자동으로 습득되는 것은 아니므로 한국어 학습자의 의사소통을 위해서 화용 교육은 반드시 필요함을 확인할 수 있다.

7.2. 언어와 문화의 긴밀한 만남

생각해 보기

한국어와 다른 문화적 배경을 가진 학습자들은 한국어 화용적 현상을 학습할 때 어떤 어려움을 겪을까? 그 이유는 어떻게 설명할 수 있을까?

위에서 살펴보았듯이 상대방과 대화할 때 의사 소통의 실패를 유발할 수 있는 민감한 화용적 현상은 단순히 문법적 능력이 향상되고 숙달도가 높아진다고 해서 저절로 습득되는 것이 아니었다. 문화적 배경이 다를 경우는 어떨까? 이 절에서는 문화적 차이에 대해서 주목해 보도록 하자.

<그림 7-2> 인사법과 문화적 차이

출처: 이해영 외(2018), 〈알 듯 말 듯 마음을 읽는 한국어 대화법 77〉, 도서출판 하우

위의 그림에 나오는 왕린의 친구들은 인사를 했을까? 안 했을까? "밥 먹었어?"나 "어디 가?"만으로도 충분한 인사가 될까? 이 질문에 대한 대답은 언어문화적 차이에 대한 설명에서 찾을 수 있을 것이다. 또 다른 예를 보도록 하자.

이론에서 출발하여 현장까지!
손에 잡히는 한국어 교육학 개론

위의 그림에서 남자는 자신의 칭찬에 대한 여자의 반응에 당황하고 있다. 왜 그럴까? 어떤 문화에서는 상대방의 칭찬에 대한 응답으로 감사를 표하기도 하지만, 한국 문화에서는 항상 감사하고 수용하는 것은 아니다. 위의 그림에서처럼 칭찬을 거부하고 칭찬의 내용을 부인하듯 말함으로써 겸손한 태도를 나타내기도 한다. 한국 문화에서는 당연하게 받아들여지는 〈그림 7-3〉의 겸손한 태도는 오히려 상대방의 호의를 거절하는 것으로 보일 수 있다. 문화는 역시 의사소통을 해석하는 열쇠가 되고 있다.

비교문화적 화용론

Kasper & Blum-Kulka(1993:3-13)는 서로 다른 문화적 배경을 가지고 있는 언어 사용자들이 보여주는 언어 행위에 대하여 연구하였는데, 이를 비교문화적 화용론(cross-cultural pragmatics, CCP) 연구라고 한다. 비교문화적 화용론 연구를 통해서 우리는 서로 다른 문화적 배경을 가진 학습자들이 사고방식과 가치관의 차이로 인해서 화용적 실패를 일으키고 있음을 알 수 있다.[1] 비교문화적 화용론에서는 대화 참여자들이 언어적, 문화적 차이로 인하여 의사소통 전략을 잘못 사용하고 의사소통에 실패하는 사례들을 설명하는 데 주력해 왔다(LoCastro, 2012:79). 이를 통해 화자의 가치, 믿음, 세계관으로부터 파생된 사회적 행위가 어떻게 언어적 형태로 변형되는지를 분석하게 된다(LoCastro, 2012:227).

화용적 전이와 화용적 실패

우리가 교실에서 화용 교육을 할 때는 이와 같은 차이로 인해 발생된 내용에 집중하여 교육하게 될 것이다. 학습자는 문화적 배경이 다른 언어를 학습하면서 모어로부터의 화용적 전이(pragmatic transfer)를 발생시키게 된다. 문법이나 발음의 전이와 같이 화용적 전이에도 긍정적 전이와 부정적 전이가 있다. 학습자의 모어에 있는 현상으로 인해 긍정적 전이가 나타나는 경우 학습에 도움을 주지만, 반대로 학습자의 모어에 없는 현상으로 인해 부정적 전이가 나타나는 경우에는 학습에 방해가 될 것이다. 이와 같은 부정적 전이로 인해 발생하는 것이 화용적 실패(pragmatic failure)이다. 아래의 그림을 보자. 오해는 왜 생길까?

---

1   '비교문화적'이란 용어는 '서로 다른 문화 간', '교차문화적', '간 문화적' 등으로 번역되기도 한다. 이 책에서는 이해영(2015)에서처럼 대화 참여자들이 의사소통에 대한 이해를 문화 비교의 관점에서 접근한다는 입장에서 '비교문화적'이라는 용어를 사용하기로 한다.

〈그림 7-4〉 사과 화행에 대한 서로 다른 이해

한국인은 친한 친구 사이의 사과 화행에 있어 "많이 기다렸지?", "내가 너무 늦었지? 지루했겠다.", "더운데 안에 들어가 있지." 등과 같은 배려의 표현이나 청자의 상황을 살펴주는 표현을 선호하지만, 태국인들은 화자와 청자의 관계가 가까울수록 사과를 명시적으로 표현한다고 한다(이해영 외, 2016). 사과에 대한 인식이나 전략 사용에 차이가 있는 것이다. 이처럼 한국인이 명시적으로 "미안해"라는 말을 안 했을 때 이상하게 받아들이는 언어권도 있지만, 또 한국인은 명시적으로 미안하다는 말 한마디 이상의 것을 원하기도 한다. 이혜용(2010:152)은 한국인은 가까울수록 배려, 청자 살피기 등의 정감적 표현을 필요로 한다고 하였다. 즉, 한국인들은 명시적인 사과 표현 외에 다른 사과 전략을 활용한다는 것이다. 이와 같은 이문화간 차이는 의사소통에 있어 걸림돌이 되고 오해의 원인이 되기도 한다.

화용언어적 실패와 사회화용적 실패

전이로 인한 화용적 실패는 두 가지로 나뉜다. 우리는 전이로 인한 의사소통 실패의 원인을 살펴봄으로써 학습자들이 발생시킨 화용적 문제의 원인에 접근할 수 있게 될 것이다. Thomas(1983:99)와 Leech(1983:10-11)에서 제시하고 있는 두 가지 화용적 실패를 정리하면 다음과 같다(Locastro, 2012).

- 화용언어적 실패(pragmalinguistic failure): 비모어 화자가 목표어의 맥락에 적절한 언어 사용에 관한 지식이 부족하여 잘못된 언어적인 수단을 사용했을 때 발생하는 것
- 사회화용적 실패(sociopragmatic failure): 목표어에 대한 사회문화적 능력이 부족하여 생기는 담화적 또는 상호작용적 실수. 가치관이나 사고방식의 차이로 인해 발생하는 것

다음의 대화 중 어떤 대화가 화용언어적 실패의 사례이고, 어떤 대화가 사회화용적 실패의 사례일까?

(1)   한국인 선생님: 올가 씨가 읽어 보시겠어요?
      러시아인 학생: 아니오.
(2)   한국인 선배: 교정 다 했어. 잘 썼던데?
      일본인 후배: 언니, 정말 미안해요.

(1)에서는 러시아어가 모어인 한국어 학습자가 한국인 선생님의 발화 '올가 씨가 읽어 보시겠어요?'를 단순한 판정 의문문으로 받아들인 사례로, 슬라브어에는 의문문이 요청으로 사용되지 않기 때문이다. 또한 (2)와 같이 일본인 학습자들이 도움을 받은 상황에서 감사 인사보다 사과 표현을 선택하는 것은 일본어에서는 상대방의 노력과 시간을 썼다는 것에 초점을 맞추어 이야기하기 때문이다(이해영, 2002:53-54). (1)에서처럼 언어적 요소로 인한 화용적 실패는 화용언어적 실패이고, (2)에서처럼 가치관이나 사고방식의 문화적 차이로 인해 발생하는 화용적 실패는 사회화용적 실패이다. 물론 '미안해요'라고 말한 것은 결국 잘못된 언어표현으로 나타난 것이라는 점에서 동시에 화용언어적 실패이기도 하다.[2]

---

2   인식적 차원에서는 화용언어적 실패와 사회화용적 실패가 명확하게 구분되고 있으나, 그

이론에서 출발하여 현장까지!
손에 잡히는 한국어 교육학 개론

(2)에서 나타난 일본인 학습자의 사회화용적 실패의 원인은 상대방 중심의 말하기 습관이나 태도와 관련된 일본인의 문화적 특수성에서 찾기도 한다(이해영, 2002:60-64). 일본인이라면 자신에게 도움을 주기 위해 시간을 쓰고 노력을 한 상대방에게 고마움에 앞서 미안함을 느끼게 되는데, 이는 일본어의 가치관이 전이되었기 때문이다. 이와 같은 현상을 권순희·정경화(2015)에서는 타인에게 민폐를 주는 것을 피하고 타인을 배려하고 소통을 공감하는 일본 문화에서 기인한 것으로 설명하고 있다.

한국어의 언어 문화적 특징이 학습자의 언어 문화적 특징과 차이가 있다면 습득은 더욱 어려울 것이다. 가령, 한국어의 특수한 문화적 현상이 반영된 사회문화적 함축(sociocultural implicature)을 한국어 학습자가 이해하기 위해서는 문화적 현상에 대한 이해도 필요하다. 한국어 학습자가 지역별 특징에 대한 통념을 알고 있어야 아래 〈그림 7-5〉의 여자 발화를 이해하기 쉬울 것이다. 이는 단순히 어휘와 문법에 대한 지식만으로는 해결되지 않는 부분이다.

〈그림 7-5〉 사회문화적 함축이 있는 대화

구분이 절대적인 것은 아니다. 어느 곳에 속하는지 알기 어려운 것도 있으며, 연속체를 형성하고 있기 때문이다.(Thomas, 1983:100-101)

다행스럽게도 위의 대화에 대한 학습자의 이해 여부를 살펴본 이해영·정혜선(2019)에서는 거주 경험 유무에 따라 습득의 정도가 달라진다는 것을 보여 주고 있다. 더 나아가 우리 학생들은 인터넷 영상들을 통해서 교실 밖에서도 흥미진진한 화용적 현상을 만날 수 있고, 덕분에 문화적 차이가 있는 화용적 현상에 대한 이해도 점점 향상되는 것을 볼 수 있다. 교사들은 교실에서 이러한 영상들을 활용해 보는 것도 유익한 방법이 될 것이다.

더 알아보기

대화 가운데 우리는 화자의 말을 이해하기 위해서 겉으로 표현된 것 이상으로 전달된 의미를 파악해야 할 때도 있다. 이를 함축이라고 한다(7.3. 참조). 학습자들이 목표어로 의사소통하면서 표현된 것 이상의 전달된 의미를 파악한다는 것은 쉽지 않은데, 특히 특정한 사회문화적 내용이 함축된 경우라면 더욱 어려울 것이다. 목표어의 사회문화적 배경에 대한 이해가 필요한 경우는 숙달도가 높아져도 좀처럼 이해되기 어려웠다는 연구도 있다(이해영·정혜선, 2019). 이처럼 습득의 난이도가 높은 사회문화적 내용이 함축된 경우라면 교실에서 반드시 교육되어야 할 것이다.

7.3. 외국인들이 어려워하는 한국어의 화용적 현상

지금부터 우리는 외국인들이 어려워하는 한국어의 몇 가지 화용적 현상에 대해서 살펴보기로 한다. 이것은 다소 이론적으로 보이지만, 교재를 만들고 교실 활동을 구성하는데 바탕이 되어 준다.

함축과 협력

의사소통을 잘하기 위해서 우리는 상대방이 말한 것 이상의 의미를 해석해야 하는 경우를 종종 만나게 된다. 동일한 어휘와 문장 형식으로 전달된 발화라 해도 상황과 맥락에 따라 전혀 다른 의미를 가지므로 우리는 축자적인 의미 해석 이상의 능력이 필요하다. 이것이 그 유명한 Grice(1975)의 함축(implicature)이다. 함축은 문자 그대로의 의미와는 별도로 화자가 암시하거나 전달하는 의미이다. 그 의미를 파악하지 못하면 의사소통에 실패하게 되겠지만, 다행히 우리의 대화는 협조적으로 이루어지고 해석된다는 가정을 누구나 가지고 대화하게 된다. 그러므로 우리의 대화는 실패하는 일이 거의 없다. Grice(1975)는 이것을 두고 협력 원리(cooperative principle)라고 말한다.

> **더 알아보기**
>
> Grice(1975)는 함축을 문자 그대로의 의미가 아닌 화자가 암시하거나 전달하는 의미라고 하면서 그 종류를 고정 함축(conventional implicature)과 대화 함축(conversational implicature)으로 구분하였다. 고정 함축은 문맥에 의존적이지 않고 어휘의 전제처럼 특정 단어와 관련되는 것으로 가령, 한국어의 존칭어, 공손성을 나타내는 언어적 장치 등이 여기에 속한다. 반면 대화 함축은 대화 가운데 발생되는 함축으로, 맥락이나 상황이 달라지면 함축 의미는 달라진다. 함축 습득에 대하여 연구한 Bouton(1988; 1994), Taguchi(2005; 2009; 2011) 등은 흥미로운 결과를 제시하고 있다. 가령 고정 함축이 습득이 쉬울지, 대화 함축이 쉬운지, 또는 사회문화적 함축이 쉬운지 등에 대한 연구자의 견해를 읽을 수 있을 것이다. 한국어 함축 습득 연구로는 임채훈(2016), 주재훈(2018), 이해영·정혜선(2019), 이해영·Tran Thi Thu Phuong(2020) 등이 있다.

Grice(1975)는 우리의 대화가 협조적으로 이루어지는 데에는 아래의 네 가지 격률

(maxim)이 기여하고 있다고 말한다. 아래의 격률을 살펴보자.

- 질의 격률(maxim of quality): 거짓이라고 믿는 것이나 증거가 없는 것을 말하지 말라.
- 양의 격률(maxim of quantity): 현재의 대화 목적에 맞게 요구되는 만큼의 정보만 제공하라. 따라서 필요 이상 제공하지 않아야 한다.
- 관계의 격률(maxim of relation): 관계있는 말을 하라.
- 태도의 격률(maxim of manner): 불분명하게, 애매하게 말하지 말라. 또한 불필요하게 길게 말하지 말고 순서대로 말하라.

우리는 말할 때 위의 격률을 얼마나 지키고 있을까? 아래의 대화를 보면 남자는 여자의 질문에 전혀 관련이 없는 말을 하는 것으로 보인다. 관계의 격률을 위반하고 있는 것이다. 우리가 Grice(1975) 대화의 격률을 지키지 않아서 문제가 되었을까?

〈그림 7-6〉 관계의 격률의 의도적 위반

사실 남자의 말이 여자의 질문에 엉뚱하게 동문서답한 것으로 들리지는 않는다. 그 이유는 대화가 여전히 협조적으로 이루어진다는 가정 때문이다. 한국어 모어 화자라면 남자의 말을 듣고 '시험 이야기가 싫다'든지, 결국 '시험을 못 봤다'든지 하는 함축 의미를

이론에서 출발하여 현장까지!
손에 잡히는 한국어 교육학 개론

쉽게 파악할 수 있다. 이와 같은 것을 의도적인 위반(flouting)이라고 하는데, 우리는 격률을 지켜서 이야기하기도 하지만 의도적 위반을 통해서 다른 메시지를 전달하기도 한다.

그렇다면 모어 화자가 쉽게 해석한 함축 의미를 한국어 학습자는 잘 해석해 낼 수 있을까? 몇 가지 예들을 통해 생각해 보자. 아래 예에서 여자는 새로 생긴 냉면 집에 대해 긍정적인가, 부정적인가? 한국어 모어 화자라면 여자의 언급되지 않은 비판 내용을 금방 알아차릴 것이다. 그러나 한국어 학습자는 숙달도가 높아짐에 따라 이해 정도가 높아졌기는 했지만 1, 2학년은 평균이 0점을 받았고, 3, 4학년은 평균 13점에 머물렀다. 이는 학습이 매우 어려운 항목이라는 것을 보여주는 것으로 교실 학습이 필요한 이유이다(이해영·정혜선, 2019:253).

〈그림 7-7〉 언급되지 않은 비판이 포함된 대화

화행

사람들은 어떤 의도를 가지고 발화를 하고 있으며 발화를 통해서 무엇인가를 하고 있다(Austin, 1962:12). 사람들은 자신의 의사를 표현하려고 할 때, 발화를 통해서 일정한 행위를 수행한다. 가령, 거절하기 위해서, 인사하기 위해서, 사과하기 위해서, 상대방의 칭찬에 반응하기 위해서 우리는 특별한 발화를 선택한다. 거절, 요청, 인사, 사과, 칭찬, 약속, 경고 등 화자가 발화를 통해서 수행하는 것을 Austin(1962)은 화행(speech act)이라고 하였다. 다음은 Austin(1962)의 화행의 구성 요소이다.

- 발화 행위(locutionary act, 언표적 행위)
- 발화 수반 행위(illocutionary act, 언표 내적 행위)
- 발화 효과 행위(perlocutionary act, 언향적 행위)

더 알아보기

Searle(1975: 354–358)에서 제시한 발화 수반 행위는 다음과 같다.
- 단언행위(assertives/representatives): 단언하기, 주장하기. 결론짓기, 보고하기, 진술하기
- 지시행위(directives): 충고하기, 명령하기, 주문하기, 질문하기, 요구하기
- 언약행위(commissives): 제공하기, 서약하기, 약속하기, 거절하기, 위협하기
- 표현행위(expressives): 사고하기, 비난하기, 축하하기, 칭찬하기, 감사하기
- 선언행위(declaratives): 선언하기, 선포하기, 제명하기, 해고하기, 후보 지명하기

발화 행위가 표현된 발화라면, 발화 수반 행위는 의도된 의미라고 할 수 있다. 또 실제로 나타난 발화의 효과를 발화 효과 행위라고 하는데, 다음 만화를 보면 쉽게 이해할 수 있을 것이다.

이론에서 출발하여 현장까지!
손에 잡히는 한국어 교육학 개론

〈그림 7-8〉 발화 수반 행위로서의 거절 화행

위에서 말한 "도와줄 수 있니?"는 무슨 뜻일까? 가능성 있는 의미는 진짜 도와줄 수 있는지 묻는 것일 수도 있고, 아니면 요청일 수도 있다. 도와줄 수 있는지 묻는 것은 발화 행위이다. 그러나 실제로 의도한 바가 요청이었다면 발화 수반 행위는 요청이 된다. 단순 질문이 아닌 요청이었기 때문에 대화 상대자는 오후에 도와줄 수 없다고 말하게 된 것이다. 만약 이 말을 들은 상대방이 실제 도와주는 행위를 하게 된다면 이는 발화 효과 행위이다.

그런데 재미있는 것은 대화 상대자가 오후에는 수업이 있어서 안 될 것 같다고 말끝을 흐리면서도 추측의 표현을 사용하고 있다는 점이다. 수업이 있으면 당연히 안 되는 것인데도 정확하고 직접적으로 안 된다고 하지 않는다. 물론 둘 간의 관계가 아주 가깝다면 더 직접적으로 말했겠지만, 이 둘의 관계는 추측성 표현과 말끝 흐리기가 제격이었던 것이다. 7.2.에서도 보았듯이 이 표현에는 대화 참여자의 관계뿐 아니라 문화적 특징도 개입되어 있다. 다른 언어권에서 온 학습자들은 감정을 상하게 하는 줄도 모르고 "수업이 있어서 안 돼. 미안해."라고 말했을 수도 있다.

화행 연구는 언어 교육에 지대한 영향을 주었다. 특히 우리가 알고 있는 기능 교수요목은 가장 깊은 관련이 있다. 한국어 교육에서도 화용 습득 분야 중 가장 많이 연구된 분야가 화행 습득 연구다. 그만큼 화행 연구의 결과는 학습에 있어 중요한 내용이었다. 화행은 7.2에서 본 것처럼 문화에 따라 흥미로운 차이를 보이기도 한다. 또 화행은 더러는 직접적으로, 더러는 간접적으로 표현되는데, 그 이유는 아래에서 살펴볼 공손성과 연관된다. 이러한 특징 때문에 성공적이고 자연스러운 한국어 의사소통을 원하는 우리 학습자들은 한국어 화행을 보다 더 잘 이해하고 사용하기를 원한다.

간접 화행과 공손성

위의 만화에서 도와달라는 말과 거절하는 말을 선택하는 두 대화 참여자는 직접 화행(direct speech act)보다 간접 화행(indirect speech act)을 선택했다.[3] 그 이유는 무엇일까? 간접 화행은 왜 사용하는 것일까? 사실 간접 화행이나 함축 표현은 언어의 경제성에 위배된다. 그럼에도 불구하고 간접성을 선택하는 이유는 공손성(politeness)에 있다. 아래 만화를 보면 "여기 제 자리예요. 비켜 주세요."는 무례하고 부담스럽다. 맞는 말이지만 우리는 보통 이런 경우에도 "저, 그 자리 맞아요?", "제 자리인 것 같은데요." 등으로 확인부터 하게 된다. 상대방의 체면을 위협하는 행위(face threthening act)를 하면 무례하거나 불손한 사람으로 보이기 쉽다. 이런 수평적 에티켓이 바로 Brown & Levinson(1978; 1987)에서 이야기하는 공손성(politeness)다.[4]

---

3 직접 화행과 간접 화행은 문장의 형식과 발화 기능의 대응에 따라서 구분된다. 화행이 사용된 문장 유형의 고유 기능이 해당 화행과 일치할 때 그 화행을 직접 화행이라 하며, 반대로 다른 유형의 문장을 이용해서 수행되는 화행은 간접 화행이라고 한다(Levinson, 1983).

4 Brown & Levinson(1987)이 책에서 말하고 있는 공손성은 문법 범주로서의 높임법과 다른

출처: 이해영 외(2018), 〈알 듯 말 듯 마음을 읽는 한국어 대화법 77〉, 도서출판 하우

체면 위협의 정도에 따라 화자는 서로 다른 전략을 사용하게 된다. 가령 체면 위협의 정도가 전혀 없다면 화자는 직접적으로 의사 표현을 할 수도 있다. 만약 체면 위협의 정

개념이다. 높임법이 수직적 관계에 관심을 가지는 문법 범주라면, 공손성은 대인 관계 전반에서의 체면 위협 행위에 대한 원리이다.

도가 극히 높아진다면 의사 표현을 포기할 수도 있을 것이다. 보통은 간접적으로 말할수록 화자의 의도가 감추어지고 상대방의 체면에 대한 위협의 정도가 낮아진다. 아래 예시를 보면 밑으로 갈수록 체면 위협의 정도는 낮아진다(이해영, 1998:427-428; 2006 변형). 즉, ①에서 ⑤로 갈수록 화자의 의도인 요청의 부각 정도는 약해지면서 간접성이 커지는데, 따라서 Brown & Levinson(1978; 1987)이 말한 대로 체면 위협의 정도가 낮아지고 공손성은 커지게 된다.

(3)   간접성의 정도와 공손성의 정도
    ① 문 좀 여세요.
    ② 문 좀 열어 주세요.
    ③ 문 좀 열어 주시겠어요?
    ④ 문 좀 열어 주실 수 있으세요?
    ⑤ 저, 문 좀……

그러나 항상 간접적인 것이 제일 좋은 것은 아니다. 아래 만화에서는 공손하게 말했지만 어색하다. 또는 숨은 의도가 전달되는 것처럼 보인다. 어떤 면에서 그런지 생각해 보자. 상대방에게 이익이 되는 것이나 말하는 사람의 권리일 경우는 "비빔밥 둘 주세요." 처럼 보다 직접적으로 말하게 된다. 아래 그림에서처럼 "비빔밥 좀 주시면 안 될까요?"라고 말한다면 무전취식을 하려는 사람으로 오해 받을 수도 있다.

출처: 이해영 외(2018), 〈알 듯 말 듯 마음을 읽는 한국어 대화법 77〉, 도서출판 하우

한국어에서 공손성은 언어적 장치로 나타난다. 그 언어적 장치는 어휘는 물론, 형태소, 통사적 구성 등으로 문장 문법의 각 층위에서 다루어지는 것들이지만 이들의 사용 목적은 단 한 가지, 공손성(politeness)의 실현에 있다(이해영, 1996; 2018). 화자는 자신의 체면을 손상시키고 싶지도, 타인의 체면도 손상시키고 싶지도 않다. 대화는 서로 간의 체면을 유지하기 위한 방향으로 흐르며 이를 위해 화자는 대화의 목적 달성을 위한 다양

한 언어적 장치를 사용하여 공손성을 나타내게 된다(이해영 2018:4). 또한 말끝을 흐리면서 발화하는 것 역시 공손성을 나타내는 다양한 한국어의 언어적 장치 중의 한 예이다.

7.4. 교실로 들어가기와 교실에서 나가기

우리는 앞에서 화용적 능력은 단순히 문법적 능력이 향상되고 숙달도가 높아진다고 해서 저절로 발달되는 것이 아님을 확인했다. 또한 화용적 현상은 특히 문화적 배경이 다를 경우 습득이 더욱 어렵다는 것도 알 수 있었다. 결론적으로 이문화간 소통을 위해 화용적 현상은 교육되어야 하지만, 문법이나 어휘처럼 등급화된 학습 항목으로 제공되지 않고 있다. 이러한 상황에서 화용적 현상을 가르치는 것은 쉽지 않다.

생각해 보기

교사로서 우리가 한국어 학습자들에게 가르칠 수 있는 화용적 현상에는 어떤 것이 있을까? 또 어떤 방법이 있을까?

등급화된 기능 목록 화행 교육에 참조하기

인사하기, 칭찬하기, 요청하기, 거절하기, 부인하기, 불평하기, 사과하기, 감사하기 등의 화행을 가르치려고 할 때 우리가 참고할 만한 것이 있을까? 화행 목록이 정리되어 있는 자료를 찾는 것은 쉽지 않다. 다만 〈국제 통용 한국어 표준 교육과정 활용 점검 및 보완 연구〉(2016), 〈국제 통용 한국어 표준 교육과정 적용 연구〉(2017)에서는 6개의 숙달도 등급별 기능 목록을 제공하고 있어, 교실에서 화행을 교육하는 데 참고가 된다. 가령, '요청하기'라는 화행을 가르친다고 가정해 보자. 요청 화행은 몇 급에서 가르칠 수 있을까? 아래 기능 목록 표를 보면, 전급에서 다룰 수 있으며 주로 2급에서 다루면 좋은 것으로 제안되어 있다. 우리는 이 표를 통해서 2급 학생들에게 맞는 어휘와 문법 표현을 사용하여 화용적으로 적절한 직접, 간접 요청을 교수하면 좋을 것이라는 정보를 얻을 수 있다.

〈표 7-1〉 등급화된 기능 목록

구분	급					
항목(52)	1	2	3	4	5	6
설명하기				●		
진술하기						●
보고하기					●	
묘사하기				●		
서술하기			●			
기술하기						●
확인하기			●			
비교하기				●		
대조하기			●			
수정하기				●		
질문하고 답하기		●				
제안하기	●					
권유하기			●			
요청하기		●				
경고하기				●		
충고하기/ 충고 구하기				●		
조언하기/ 조언 구하기			●			

구분	급					
항목(52)	1	2	3	4	5	6
문제 제기하기					●	
의도 표현하기				●		
바람 · 희망 · 기대 표현하기		●				
가능/불가능 표현하기		●				
능력 표현하기		●				
의무 표현하기		●				
사과 표현하기	●					
거절 표현하기			●			
만족/불만족 표현하기			●			
걱정 표현하기			●			
고민 표현하기				●		
위로 표현하기			●			
불평 · 불만 표현하기				●		
후회 표현하기			●			
안도 표현하기				●		
놀람 표현하기			●			
선호 표현하기			●			

2부_7장. 한국어 화용적 현상, 파악하기와 교실에서 다루기

기능	1	2	3	4	5	6
허락하기/허락구하기		●				
명령하기	●					
금지하기		●				
주의주기/주의하기					●	
지시하기				●		
동의하기				●		
반대하기				●		
부인하기				●		
추측하기			●			

기능	1	2	3	4	5	6
희로애락 표현하기		●				
심정 표현하기					●	
인사하기	●					
소개하기	●					
감사하기	●					
축하하기	●					
칭찬하기			●			
환영하기		●				
호칭하기	●					

출처: 김중섭 외(2017), 〈국제 통용 한국어 표준 교육과정 적용 연구〉, 국립국어원 연구 보고서, 45쪽~46쪽

화용 교육을 위한 명시적 학습 활동 준비하기

House(1996)에서 명시적 교육을 받은 그룹이 암시적 교육을 받은 그룹보다 화용적으로 더 자연스러운 담화를 만들어냈다고 하였다. 한국어 화용적 현상 또한 교수된 경우 교수되지 않은 경우에 비해 그 효과가 높고, 명시적 교수(입력과 연습에 더하여 화용적 특성에 대한 기술, 설명)가 암시적(비명시적) 교수(입력과 연습만 있고 메타화용적 구성요소 학습이 없었던 경우)보다 효과적일 것이다.[5]

최근 한국어 교재는 화행에 주력하면서, 간접 화행 교수가 증가하고 있으나, 암시적인 교수가 압도적이었다(이해영, 2015:258). 교실에서 이루어질 수 있는 명시적 학습 활동을

---

[5] 한국어 학습자를 대상으로 한 연구에서도 명시적 학습의 필요성을 생각해 보게 하는 흥미로운 실험 연구들도 있다. 이연경(2014)에서는 요청 화행을 대상으로 명시적 학습의 효과를 검증하고자 하였으며, 성아영·박동호(2011)에서는 거절 화행을 중심으로, 연역적 교수의 효과를 검증하였다.

제안해 보면 아래와 같다(이해영, 2002; 변앤드류, 2005; 장미경 외, 2008).

- 교사로부터 화용적 현상에 대하여 설명 듣기
- 대화 듣고 사용된 화행 표현 찾아내기
- 학생들의 모어와 다른 전략과 표현으로 나타나는 한국어 화행 자료 수집하기
- 비교문화적 관점에서 모어와 한국어의 화용적 현상 비교하기
- 적절한 한국어의 함축 표현 이해하기
- 공손성의 관점에서 왜 적절한 표현인지 판단하기
- 상황에 맞는 적절한 화행 표현을 사용하여 담화 완성하기
- 역할극하기
- 매체 활용 퀴즈 풀기

위에서 제시한 여러 가지 활동 중 담화 완성하기와 함축 의미 파악하기, 역할극 하기, 매체 활용 퀴즈 풀기 활동의 예시를 보이면 다음과 같다. 학생들에게 그림으로 제공할 수도 있고 대화문으로 제공할 수도 있다. 〈그림 7-11〉은 거절 화행 연습으로, 거절 화행은 〈표 7-1〉을 보면 1급에서 6급에 걸쳐 학습될 수 있는 기능이다. 사용된 어휘나 문법의 난이도, 다루어지는 주제의 난이도, 표현의 간접성 정도에 따라 다른 등급에서 학습될 수 있다.

〈그림 7-12〉는 이해영·정혜선(2019)에서 사용된 설문지를 변형한 것으로, 함축 의미를 파악하고 있는지 문제를 풀어보는 활동이나 시험 문제로 활용될 수 있다.

〈그림 7-12〉 문제로 풀어보는 함축 의미 파악하기 활동

• 남자는 여자에게 저녁에 같이 식사를 하자고 제안하고 있다. 여자의 말은 무슨 뜻일까? 여자의 의도와 가장 비슷한 말은?

> 남자: 오늘 저녁 삼겹살 어때?
> 여자: 저 오늘 점심을 너무 늦게 먹어서요.

① 삼겹살은 안 좋아해요.

② 저녁을 좀 늦게 먹을까요?

③ 점심에 이미 삼겹살을 먹었어요.

④ 오늘은 저녁을 같이 먹을 생각이 없어요.

이론에서 출발하여 현장까지!
손에 잡히는 한국어 교육학 개론

다음은 학습된 화용적 현상을 말하기로 연결하여 역할극을 해보는 활동이다. 〈그림 7-13〉은 명시적 교실 활동으로 이어질 수 있다는 점에서 재미있는 시도라고 할 수 있다.

〈그림 7-13〉 역할극으로 연습하는 인사 화행

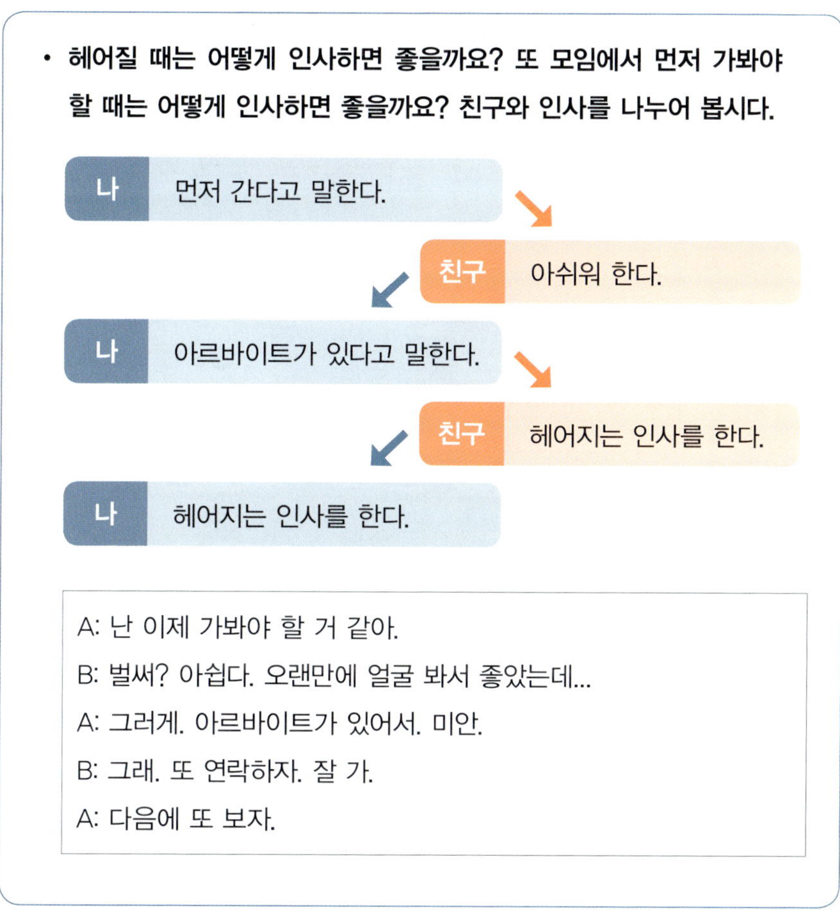

이밖에도 최근의 테크놀로지나 다양한 퀴즈 앱을 사용하면, 활동적인 학습 분위기를 만들 수 있다. 아래 〈그림 7-14〉는 카훗(Kahoot)을 사용한 퀴즈로, 핀번호를 공유하면서 학생들이 동시에 접속하여 제한 시간 안에 문제를 풀면, 고득점 학생을 자동으로 판

정해 주는 흥미로운 활동이다. 이 활동은 학생들의 매체 활용 능력이 요구되지만, 집중
도와 흥미도가 높아 어려운 내용을 학습하는 데 효과적이었다.

〈그림 7-14〉 카훗(Kahoot)을 활용한 퀴즈

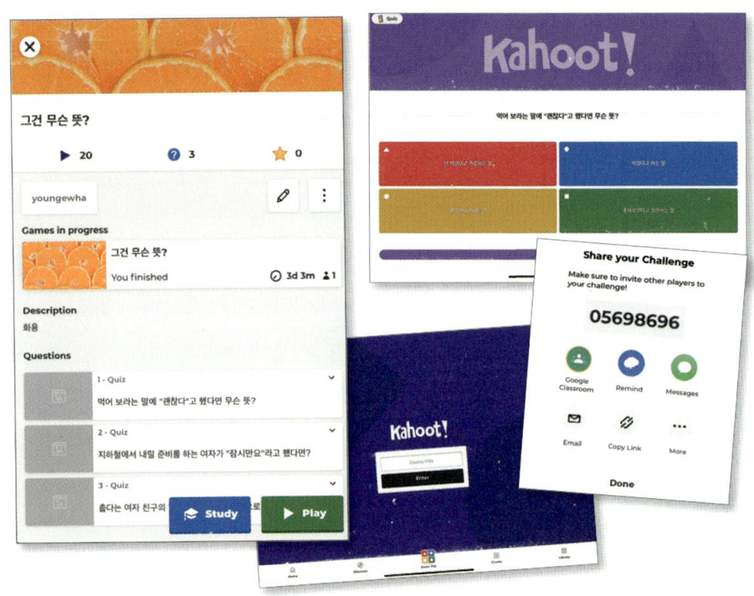

교실 밖에서도 화용 학습하기

한국어 화용 교육이 교재와 교사가 있는 교실에서만 이루어져야 할까? 또 그것이 과
연 가능할까? 비대면 환경으로의 교육 현장의 변화나 AI의 등장, 4차 산업 혁명을 굳
이 이야기하지 않더라도, 앞으로의 교육이 교실이라는 물리적 공간의 한계에 갇히지 않
을 것이라는 점은 쉽게 예측된다. 기관 또는 개인이 개설한 유튜브(youtube)나 빌리빌리
(Bilibili)와 같은 동영상 공유 플랫폼 채널들은 변화되는 요구에 맞는 화용 학습 내용을
제공해 줄 것이다. 아래 유튜브에 공유된 이화여대 언어교육원의 '한국 사람처럼 말하기'

이론에서 출발하여 현장까지!
손에 잡히는 한국어 교육학 개론

의 거절 화행 학습 내용은 한국어로, 빌리빌리에 공유된 인사 화행 학습 내용은 광동어와 한국어로 제공된 사례이다.

<그림 7-15> 한국어로 제작된 거절 화행과 인사 화행 교육 자료

출처: 한국 사람처럼 말하기(https://www.youtube.com/watch?v=7vhP19q0ygM)와
YH粵韓頻道(https://b23.tv/V61bDB)

지금까지 우리는 한국어 교육에서 화용 교육이 중요하다는 것을 확인하였다. 화용적 능력은 단순히 문법적 능력이 향상되고 숙달도가 높아진다고 해서 저절로 발달되는 것이 아니었고, 의사소통에서 화용적 실패는 민감하게 받아들여진다. 서로 다른 문화적 배경을 가진 학습자가 성공적인 한국어 의사소통을 원한다고 말하면, 우리는 어휘와 문법, 발음과 억양은 물론이고, 화용적 현상에 대한 이해도 필요하다고 이야기하게 될 것이다. 이제 우리는 학습자들을 위해 어떤 것을 가르쳐야 할지 고민을 시작할 수 있게 되었다. 학습자들의 화용적 실패에 주목하자. 그리고 그 원인도 찾아보고 교실에서 학생들과 이야기도 나누어보자. 학생들이 좋아하는 인터넷의 동영상은 좋은 학습 자료가 되어 줄 것이다.

8장

알고 싶고 알려 주고 싶은 한국 문화, 어떻게 교육할까?

배재원 • 이화여자대학교

한국어를 배운다는 것은 한국 문화를 접하게 된다는 의미이기도 하다. 언어는 그것을 사용하는 사람들의 의식 세계, 세계관, 문화적 특성을 내포하고 있기 때문이다. 이러한 언어와 문화의 상관성은 한국어 교육에서의 문화 교육의 필요성을 강조하게 되었고, 문화가 어휘와 문법, 발음과 같이 하나의 영역으로 한국어 교육 교과과정에 자리 잡게 되었다. 이 장에서는 미래의 한국어 교사로서 한국 문화의 무엇을 가르칠 것인지, 어떻게 가르칠 것인지에 대하여 생각해 보도록 한다.

이론에서 출발하여 현장까지!
손에 잡히는 한국어 교육학 개론

8.1. 외국어 교수법에 따라 문화 교육이 달라진다!

문화 교육은 모어 교육과 외국어 교육에서 모두 중요한 영역이지만 1970년대 이후 외국어 교육에서 의사소통 중심의 교육이 일반화되면서 명시적으로 부각되었다.

최초의 외국어 교수법이라 볼 수 있는 문법번역식 교수법 하에서는 목표어 국가의 문학 작품 감상 정도가 문화 교육적 요소였다. 이 당시 문화에 대한 인식 자체가 문학, 고전음악, 무용, 건축물, 예술 작품 등 '사회 구성원이 성취한 최고의 산물'에 국한되었기 때문이다.

1950년대 청각구두식 교수법이 대두함에 따라 실생활 중심 회화가 중요해지고 일반 생활 문화가 교육 내용에 포함되기 시작하였다. 그러나 이 시기 외국어 교수법은 구조와 형태가 중심이었던 만큼 의미나 기능과 밀접한 문화적 요소는 외국어 교육의 중심으로 자리 잡지 못했다.

1960년대 이후 세계적으로 외국어 교육자들은 문화를 예술 작품이라는 좁은 관점에서 벗어나 한 사회에서 공유되고 학습된 삶의 구성 요소라는 넓은 개념으로 설명하기 시작했다.

외국어 교육에서 문화적 요소에 대한 관심이 커지기 시작한 것은, 언어의 기능적 측면을 강조하며 의사소통능력(communicative competence)의 개발을 언어 교육의 목표로 설정한 의사소통 중심의 교수법이 등장하면서부터이다. Hymes(1972:281)는 언어학 이론이 의사소통과 문화를 결합하는 좀 더 일반적인 이론으로 발전해야 한다고 주장하며, 좀 더 구체적으로 언어 교수의 목표는 "어떤 표현이 형식적으로 가능한가?", "어떤 표현이 상황에 적절한가?", "어떤 표현이 실제로 생성이나 이해의 관점에서 사용 가능한가?", "어떤 표현이 실제로 이루어졌을 때 그것이 무엇을 의미할 것인가?" 등에 대한 지식과 능력을 갖추는 것으로 보았다. 즉 언어 능력에서 중요한 것은 그 언어가 쓰이는 사회와 문화에 대한 지식과 이에 적절한 언어를 사용할 수 있는 능력이라는 것이다.

CanaleandSwain(1980:1-47)은 의사소통능력의 하위 구성 요소를 문법적 능력(grammatical competence), 사회 언어학적 능력(sociolinguistic competence), 담화적 능력(discourse competence), 전략적 능력(strategic competence)으로 세분화하였는데, 여기에서 사회 언어학적 능력은 문화 교육의 중요성을 뒷받침하고 있다. 즉 화행이 이루어지는 사회적 맥락과 상황 속에서의 의사소통은 목표 언어 문화에 대한 이해가 수반되지 않으면 성공하기 어렵다.

Byram(1989:102-119)[1]은 외국어 교육과 문화 교육의 불가분성을 주장하였는데 이들은 문화 학습 없이는 제2언어 또는 외국어를 제대로 배울 수 없다고 주장한다. 아울러 문화를 음식, 사물, 민속, 통계 자료와 같은 눈에 보이는 현상에 국한하지 말고 구성원의 세계관, 신념 등 내재적인 측면까지도 포함해야 한다고 하였다.

미국 내 주요 외국어 교육 협회에 의뢰하여 개발한 미국 정부의 외국어 교육의 기본 원리는 5C의 성취를 교과과정의 목표로 설정하고 있다(National Standards in Foreign Language Education Project, 2006:31-69). 5C는 1993년부터 1996년 사이에 연방 정부의 지원 하에 미국의 대표적인 네 개의 외국어교육 협회가 참여하여 작성한 외국어 교육 원리의 핵심을 이루는 내용인 의사소통(communication), 문화학습(cultures), 다른 과목과의 연계(connections), 비교(comparisons), 공동체에의 참여(communities)의 약자이다. 이는 각각 외국어 학습을 통하여 추구해야 하는 목표로서(미국인의 입장에서 볼 때 영어가 아닌) 외국어로서 의사소통을 할 수 있어야 하고, 다른 나라의 문화에 대한 이해와 지식을 넓히고 외국어 학습을 통하여 인접 학문의 지식을 습득하며, 언어와 문화에 대한 비교 능

---

1   Byram은 외국어 능력을 문화적인 이해와 정체성을 포함할 수 있는 개념으로까지 확장시켰다.

이론에서 출발하여 현장까지!
손에 잡히는 한국어 교육학 개론

력을 키우고 공동체에 적극 참여할 수 있어야 함을 의미한다.

이러한 문화 교육 필요성에 대한 이론적 배경은 외국어 교육 학습의 설정 및 외국어 교수법의 개발에 영향을 주어 문화 교육은 다른 중요한 기제와 함께 중심 원리로 자리 잡게 하였다.

8.2. 문화 교육, 우선 문화를 바라보는 시각을 가져야 한다

문화의 개념

문화는 원래 인류학적, 사회학적 관점에서 논의되어 온 개념이다. 이러한 관점에서 내린 '문화'에 대한 개념은 대략 300여 가지가 된다. 이러한 논의에서 최대 공약수로 등장하는 개념은 '공동체', '역사성', '다른 공동체와의 차별성', '생활양식', '가치관 또는 관념' 등이며 좀 더 넓혀갈 때에는 '법률', '제도', '문물' 등이 포함된다.

문화는 인간 삶의 총체물이기 때문에 그 범주도 광범위하다(배재원, 2013:86). 문화의 개념 문제는 문화의 범위를 어떠한 기준으로 설정하느냐에 따라 학자들에게 다양하게 논의되어 왔다. 문화인류학자 Tylor(1981:10)는 문화란 사회성원으로서 인간이 획득한 모든 지식과 신앙, 예술, 도덕, 법률, 관습 등에 대한 능력과 습관의 복합체이며, 인간의 유형화된 생활양식이라 하였으며, Patterson(2000:201-218)은 문화는 일반적 관점에서, 또 삶의 특정한 영역이라는 관점에서, 생활하거나 판단을 내리는 방식에 관해 사회적으로 정해지고 계층 내부적으로 형성된 개념의 목록이라고 정의하고 있다. 최준식(1998:10)은 문화란 인간 삶의 모든 것을 담은 총체적인 것을 말하기 때문에 문화를 정의하는 문제는 간단하게 다룰 수 없다고 하면서, 논의의 편의상 문화는 대체로 유형적인 것(물질문화)과 무형적인 것(비물질문화)으로 분류할 수 있다고 하였다.

문화 개념을 정리해보면 인간 삶의 총체물, 생활양식, 사회적 행위를 가능하게 한 관념 체계 등으로 요약된다.

문화에 대한 관점

가시적인 문화 현상이나 물질적인 문화 내용 저변에 흐르는 한국인의 의식구조와 가치관을 한국 문화 교육 내용으로 구성하려면 어떤 관점으로 문화에 접근하는 것이 좋을까?

문화에 대한 관점은 총체론적 관점, 관념론적 관점, 비교문화적 관점 세 가지가 있다.

총체론적 관점(whole viewpoint)은 문화를 지식, 신앙, 예술, 법률, 도덕, 관습, 그리고 사회의 한 구성원으로서의 인간에 의해 얻어진 다른 모든 능력이나 관습들을 포함하는 복합총체로 정의하였다(한상복, 이문웅 외, 1997:16). 이 정의는 수십 년 동안 테일러 등 인류학자들이 포괄적인 문화의 정의로 널리 인용해 왔다.

관념론적 관점(ideological viewpoint)은 문화는 구체적인 행위가 아니라 그것을 지배하는 규칙이나 원리의 체계를 말한다. 이 관점에서는 인간의 사고와 행위의 기본 원리와 규칙 등이 중요한 관심 대상이 된다. 이러한 입장은 크뢰버, 베네딕트, 레비스트로스 등에 의해 논의되었다. 이들의 논의는 문화란 사람들의 실제적인 행위나 구체적인 사물이 아니라 사람들의 마음 속에 있는 모델이고, 실제적이고 구체적인 행위나 사물들에서 추출된 추상이라는 것이다. 즉 한 사회 구성원들의 생활양식에 기초하고 있는 관념 체계 또는 개념 체계를 문화로 보고 있다. 예를 들어 무당굿을 한다거나, 점을 치는 행위

이론에서 출발하여 현장까지!
손에 잡히는 한국어 교육학 개론

를 한다거나 이사를 할 때, 택일한다거나 하는 행위 자체가 문화라기보다는 그러한 행위를 가능하게 한 관념 체계 및 규칙 체계가 바로 문화라는 것이다(한상복, 이문웅 외, 1997:16).

비교문화적 관점(cross-cultural viewpoint)은 서로 다른 문화를 비교 연구하여 차이점과 유사점을 밝히고 이로써 특정 문화의 특징을 잘 드러낼 수 있다고 보는 관점이다. 비교문화적 관점은 전 세계의 문화를 비교함으로써 문화적인 보편성과 특수성을 탐구함으로써 인간 사회의 문화적 본질을 밝히고자 한다. 가령 한국 문화의 본질을 밝히기 위해서는 일본문화, 중국문화 등 아시아권 문화뿐 아니라 유럽과 아메리카, 아프리카 지역의 문화와 비교할 때 더욱 명확하게 드러날 수 있을 것이다.

문화에 대한 관점과 함께 문화의 속성을 살펴보고 것도 중요하다. 한 사회집단의 생활양식 전반에 나타나는 문화의 속성은 사회 구성원들에 공유되고, 축적되며, 학습되고, 하나의 전체적 체계이며, 항상 변하며, 초유기체이다. 문화의 속성이 초유기체라 함은 문화는 생물학적인 또는 심리학적인 것과는 다른 수준의 것이라는 의미이다. 생활양식과 사유 양식으로서의 문화는 개인에 의해 담당되고 개인의 생활과 행동 속에서 표현된다. 그러나 개인은 사회 구성원으로서의 인간이며, 그의 행동은 사회적으로 인정된 행동양식이어야 한다. 따라서 생활양식이란 사회화된 집단의 생활양식이지 개인이 임의로 조작하는 것이 아니다. 이러한 의미에서 문화는 개인에 의하여 담당되지만 초개인적 또는 초유기체적인 것이다. 즉 모든 문화는 거기에 참여하고 있는 개인들에 의해 담당되고 있지만 그들의 생사에 의한 세대교체 현상과 관계없이 존속하고, 사회집단의 성쇠와 관계없이 문화 나름의 변화 법칙을 갖고 있다.

217

문화 교육을 위한 한국 문화 이해의 시각

한국 문화를 온전히 이해하기 위해서는 한국 문화를 어떻게 바라봐야 할까? 문화 교육을 위한 한국 문화 이해의 시각은 무엇일까?

한국 문화 교육은 한국 문화의 다양성·다층성 그리고 발전성을 반영하여, 서로 다른 모습으로 나타나는 한국 문화의 부분들이라 해도 내면적 상호 관련성을 이해할 수 있도록 이루어져야 한다. 따라서 문화 교육을 위해서 교사들은 한국 문화 이해의 시각을 갖는 것이 중요하다. 한국 문화 이해의 시각은 다음의 네 가지로 정리할 수 있겠다.

첫째, 한국어 교육에서의 문화 교육 대상은 과거의 '전통문화'보다 현재의 '전통적 문화'이다. 이는 한국어 학습자를 위한 한국 문화 교육의 콘텐츠는 전통사회 문화가 아니라 전통적 문화이어야 한다는 것이다. 여기서 '전통문화'와 '전통적 문화'는 다른 것이다. 전통적 문화는 과거에서만 찾아지는 것이 아니라 현재에도 상당한 사회적 적합성을 유지하면서 오늘날 사회성원들의 가치지향이나 규범의 일부를 이루고 있는 문화를 말한다. 그러므로 전통문화에 대한 교육은 그것이 문화적 전통 콘텐츠로 연결될 때 보다 풍부한 의미를 갖게 된다. 그럼에도 한국인들도 향유하지 않는 과거의 문화를 한국어 학습자에게 가르치는 예를 쉽게 찾아볼 수 있다. 전통적 문화를 위해서는 과거보다는 오히려 현재의 사회적 상황에서 지배적인 관행과 가치를 발견하고 그것이 역사적 맥락에서 변천되어 온 역동적 과정을 다각적으로 분석해 들어가야 문화 과정에 참여하는 사람들이 거기에 어떠한 의미를 부여했는가를 밝히는 작업도 필요하다(김중순, 2008:159).

둘째, 한국 문화는 '세계사적 보편성(international universality)'과 '한국사적 특수성

이론에서 출발하여 현장까지!
손에 잡히는 한국어 교육학 개론

(characteristic of Korea culture)'의 맥락에 놓여 있다. 이것은 문화의 보편성과 독자성의 문제다. 한국 문화의 실체는 한편으로 국제적인 문화교류와 외래문화요소의 수용과 토착화 과정의 결과물이었다. 오늘날 한국사회와 문화는 우리가 원하지 않더라도 세계 체제의 일부임을 부정할 수 없기에 문화 교육 대상에는 한국 문화가 외적 요인에 역동적으로 반응하면서 나름 대로의 유형을 구축해가는 과정을 포함 시켜야 한다(김중순, 2008:160). 즉 한국 문화를 세계와의 연관 속에서 살펴봐야 한다는 것이다. 또한 비교 문화적 접근은 한국 문화의 보편성과 특수성을 밝히는 데 매우 유용한 방법이다.

셋째, 한국 문화는 '가변적'이며 '역동적'이다. 문화는 변화해 왔고, 지금도 변화하고 있으며, 앞으로도 변화해 나갈 것이다. 한국 또는 한국 문화를 세계의 일부로, 세계화의 관련성 속에서 상대화하여 파악하기보다는 일정한 지역적 공간 속에서 구현되는 경계 지운 완전체로 파악하는 경향이 있다. 그러나 문화는 하나의 정형화된 실체가 아니라 '세계 공간'과 '역사 시간' 속에서 다양한 사회집단과 세력들 간의 끊임없는 상호작용을 통하여 항상 변하는 역동적인 실체다(김중순, 2008:157). 전통적 문화에 대한 접근도 고유명사로서가 아니라 현대적 문화 현상에서 접근하여 역으로 다가가며, 사회·문화적 변화와 함께 목표 문화가 얼마나 가변적이고 역동적이었는지에 대해서도 인지하게 해야 한다. 또한 문화를 가르치는 데 있어서 끊임없이 변하는 문화와 핵심적인 원리로서의 문화 간에 빚는 갈등의 전망을 지켜보아야 할 필요가 있다.

넷째, 한국 문화의 지층구조는 '중층적'이며 '심층적'이다. 한국 문화의 지층 구조가 중층적, 심층적이라는 말은 사회적 현상으로 드러나는 가시적인 문화 현상은 빙산의 일각에 불과하므로 문화의 현상과 함께 저변에 중층적으로 형성되어 있는 지층의 모습을 들여다 볼 수 있어야 한다는 의미다. 이를 위해서는 한국 문화에 대한 통합적 접근법이 요구된다. 문화적 산출물과 관행에는 한국인의 의식구조와 가치관이 반영되어 있다. 그러므로 흥미 위주로 문화적 산출물과 관행만을 단편적으로 다룬다면 한국 문화의 진정한 모습을 간과할 위험이 있다. 또한 문화의 상호관계성을 간과하고 관념 문화만을 다룬다면 한국 문화를 추상적, 피상적으로 받아들일 수도 있다. 따라서 교육적 접근이 용이한 가시적인 문화 현상을 다루면서, 드러나지 않는 비가시적 움직임·작용으로서의 관념 문화도 함께 이해할 수 있도록 교육해야 한다. 한국 문화 교육에 있어 한국 문화의 중층적, 심층적 구조를 이해하고 목표 문화에 접근하는 것이 중요하다. 한국 문화에 대한 단층적인 접근, 맥락 없는 접근, 분절적인 접근은 한국 문화의 이해에 있어 일정한 한계를 가질 수밖에 없다. 따라서 문화 요소의 중층적 구조를 조망하는 시야를 가질 수 있도록 해야 한다(배재원, 2013:93).

8.3. 문화, 무엇을 가르쳐야 할까?

문화 교육의 목표

의사소통능력의 개념이 대두되고 문화 교육의 목표는 의사소통능력 향상으로 인식되어 왔다. 이를 단적으로 나타내고 있는 논의로 Hendon(1997:63-180)은 목표어로 완전한 의사소통을 하기 위해서는 다른 문화권에 속한 사람들의 행동양식을 이해하는 것이 중요하며, 자국 문화에 대한 예속적 정향, 즉 자국 문화 규범에 국한된 행동 및 태도를 줄여나가는 것이 주요 교육 목표 중의 하나라고 주장하였다. 여기에서 좀 더 나아가 Seelye(1984:301)는 문화 교육의 목표를 좀 더 구체화 시켰다. Seelye(1984:301)의 문화 교육 목표는 한국어 교육의 문화 교육 논의에서 자주 인용해 왔다는 점에서 주목할 필요가 있다.

- 학습자들이 자신의 모국 문화 이외의 문화적 행동을 이상하거나 열등한 것으로 생각하지 않도록 지도함을 목표로 한다.

- 나이, 성별, 사회계층 등의 사회적 변인이 사람들의 화법과 행동에 영향을 미친다는 것을 이해시킨다.
- 목표 원어민들이 흔한 일상생활에서 어떻게 관습적으로 행동하는가를 이해시킨다.
- 영어 단어와 표현을 언어적인 뜻으로만 학습하는 것이 아니라 영미 문화가 각 단어에 부여하는 내포적 의미까지도 알게 한다.
- 목표 문화의 일반화된 명제들이 과연 사실인지 아닌지를 학습자들이 스스로 경험과 관찰을 통해 평가하고 판단할 수 있도록 한다.
- 학습자들이 스스로 목표 문화에 대한 정보를 모으고 분석할 수 있는 기술을 함양시키는 것이다.
- 학습자들이 목표 문화와 사람들에 대해서 지적 호기심과 공감을 가질 수 있도록 하는 것이다.

이러한 논의는 문화 교육 목표의 큰 비중을 학습자의 일상생활 적응에 두면서 학습자들이 목표 문화에 대한 존중 의식을 갖고 일상생활에서 적극적으로 경험하는 가운데 스스로 올바른 평가와 공감을 느끼게 만드는 것에 두어야 한다는 것이다(우인혜, 2008:167).

1990년대 이후에는 외국어 교육에서의 문화가 언어문화, 행위문화를 넘어 문화 전반에 대한 이해의 폭을 넓히고 심지어 사회·경제적 능력까지 키워야 한다는 주장이 제기되었다.

〈국제 통용 한국어 표준 교육과정 적용 연구〉(2017:200)는 다음과 같이 문화 목표를 기술하고 있다.

- 한국의 일상생활 문화를 이해할 수 있다.
- 한국인의 생활방식을 이해할 수 있다.
- 한국인의 가치관과 사고방식을 이해할 수 있다.
- 한국의 근현대문화와 전통문화를 이해하고 즐길 수 있다.
- 한국의 정치, 경제, 사회, 문화 전반에 관한 제도를 이해할 수 있다.
- 한국과 자국의 문화를 비교하여 문화의 다양성과 특수성을 이해할 수 있다.

- 한국문화에 대한 자신의 태도와 견해를 가질 수 있다.
- 한국문화와 관련된 일반적인 인식들에 대해 평가할 수 있다.

한국어 교육에서의 문화 교육의 목표 설정이 인지적 요인(cognitive factor), 사회문화적 요인(sociocultural factor)뿐만 아니라 한국 사회 문화에 대한 인식 태도와 문화 정체성 변화 등의 정의적 요인(affective factor)도 중요한 요소로 작용하고 있음을 알 수 있다.

문화의 범주와 내용

문화 및 문화 교육 연구에서 일반적으로 논의되고 있는 문화 분류의 삼분법적 체계는 산물, 행위, 사고를 가리킨다(서울대학교 국어교육연구소, 2014:1246-1247).

문화적 산물(cultural products)은 한국인이 이룩한 소산물로서의 성취 문화(achievement culture)를 말하는데, 언어문화를 포함하여 생활문화(의, 식, 주, 여가생활), 예술문화(대중문화-대중음악, 무용, 미술, 영화, 연극, 고급문화-고급음악, 무용, 미술, 영화 연극), 제도문화(법, 정치, 사회, 교육, 언론), 문화재(전통 및 현대 무형, 유형문화재), 과학기술문화, 학문, 물질문화(권오경, 2006:410) 등에 걸쳐 소위 물질문화 혹은 대문화(Big C)라고 분류될 수 있는 항목들을 산물로서의 문화로 볼 수 있다.

'Big C'와 'small c'는 1960년대 이후 몇 십년간 외국어 교육학자들의 가장 많은 지지를 받아 온 문화 분류 개념이다. 'Big C'는 눈으로 직접 볼 수 있고, 손으로 만질 수 있는 물질적인 것으로 의식주, 예술, 역사, 지리 등을 말한다. 반면에 'small c'는 눈에 보이지 않고 손으로 잡을 수 없는 비물질적인 것으로 한 사회의 규범, 세계관과 가치관 등 생활양식, 의사소통을 위한 생활 위주의 문화를 의미한다(Brooks, 1975:19-31).

이론에서 출발하여 현장까지!
손에 잡히는 한국어 교육학 개론

또한 상징체계로서 자연생물문화도 여기에 포함 시킬 수 있다. 즉 민족적 정서나 기질을 상징하는(권오경, 2009:56) 자연 생물을 말하는데, 2006년 문화체육관광부가 선정한 100대 민족문화 상징(the top 100 cultural symbols of Korea) 항목 중 '강역 및 자연 상징(19개)'으로 선정된 항목과 '민족상징(2개)'으로 선정된 항목이 여기에 해당된다. 한국어 교육에서 사물로서의 문화는 가장 기본적이고 우선적인 문화 교육 내용의 대상이 된다.

행위(cultural practice)는 문화적 관습이나 규범에 따른 행동 양식으로 나타나는 행동 문화(behavioral culture)를 말한다. 이러한 행위는 다시 표현 및 이해에 따른 언어 행위와 억양, 강세, 속도, 어조와 같은 준언어적 행위, 몸동작, 예절과 관련한 비언어적 행위로 나눌 수 있다. 이렇게 언어 교육에서 문화소로서 문화적 의미를 지닌 행위는 문화 교육의 대상이 된다. 특히 문화 교육적 관점에서 교육 내용으로 산물, 사고로서의 문화뿐만 아니라 행위로서의 문화에도 주목할 필요가 있다. 행위 문화는 문화 소산물, 문화적 의식 구조 및 가치를 기반으로 하여 사회적으로 관습화된 특정한 상징체계를 지니기 때문이다.

사고(cultural perspective)는 한 사회 구성원들의 산물이나 행동 양식의 바탕이 되는 가치체계를 말한다. 사고는 소위 관념 문화(cultural perspective)에 해당하는 것으로 여기에는 민족성, 세계관, 정서, 상징, 사상, 믿음, 가치관 등이 포함된다. 사고의 중심에는 문화적 가치 체계와 집단적 사고 체계가 있다. 문화적 가치 체계는 선악, 미추, 시비 등의 평가 및 판단의 척도와 관련되며, 집단적 사고 체계는 한 사회 속에서 자신을 표현하는 방법, 사물을 보는 방법, 하고자 하는 일, 판단의 대상과 경중을 가리는 판단의 기준이 구조적으로 나타나는 것과 관련된다(서울대학교 국어교육연구소, 2014:1247). 사고는 비물질적, 비가시적, 추상적이므로 한국어 교육에서 문화 교육은 사고에 기반을 두어 산물, 행위를 통합적으로 제시하는 것이 바람직하다.

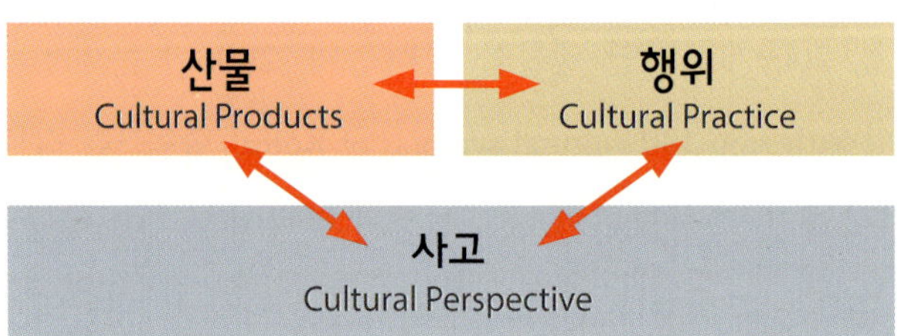

〈그림 8-1〉 한국 문화의 상호관계성(배재원, 2014a:169)

더 알아보기

한국 문화의 상호관계성은 문화를 문화적 산물(cultural products), 행위(cultural practice), 사고(cultural perspective)로 범주화 했으나 세 범주가 분절적으로 존재하는 것이 아니라 긴밀한 관계성을 가지고 있다는 것을 말한다. 가시적 결과로서의 행위와 유형, 무형의 산물 저변에는 그러한 문화를 형성할 수 있도록 작용하는 비가시적인 사고(사고방식, 종교관, 세계관, 의식구조와 가치관 등)가 내재하고 있다. 또한 사고도 사회문화적 변화에 따라 시대적으로 변화하고, 이렇게 변화된 사고는 변화된 행위와 산물로 나타나게 된다. 따라서 한국 문화를 제대로 이해하기 위해서는 산물, 행위, 사고의 관계성을 살펴봐야 한다.

〈국제 통용 한국어 표준 교육과정 활용 점검 및 보완 연구〉(2016)에서는 '문화 지식', '문화 실행', '문화 관점'으로 크게 나눈 후 이에 해당하는 내용 기준을 '일상생활', '가치관', '역사' 등으로 나누어 제시하였다. 다만 모든 항목을 1등급부터 6등급까지 위계화한 것이 아니라 최소한의 한국어 숙달도 요구 수준을 '초 중 고'와 같이 제시하였으며 이때의 '초 중 고'는 그 등급에서만 교육 가능한 것이 아니라 그 등급에서부터 교육이 가능한 것을 보았다. 교육 현장에서의 문화 교수 상황에 비추어 보았을 때 '문화 지식', '문화 실행', '문화 관점'은 다음과 같은 특징을 지닌다.

<표 8-1> '문화 지식', '문화 실행', '문화 관점의 특성

분류	특징
문화 지식	• 한국 문화에 대한 선언적 지식을 교수학습 내용으로 삼음 • 주로 한국어 교사가 주도하는 교실 수업을 통해 전달됨 • 교재의 문화란, 읽기듣기 텍스트에 교육 내용으로 포함됨
문화 실행	• 한국 문화에 대해 절차적 지식의 실행을 교수학습 내용으로 삼음 • 한국어 교사나 문화 전공자(강사)가 주도하는 교실 밖 수업을 통해 전달됨 • 체험, 행사, 견학 등의 내용으로 포함됨
문화 관점	• 한국 문화와 자국, 세계 문화를 상호문화적 관점에서 교수학습함 • 주로 한국어 교사가 주도하는 교실 수업을 통해 전달됨 • 문화 비교에 대한 말하기나 쓰기 등과 같은 기능 수업의 내용으로 포함됨

출처: 김중섭 외(2017), 〈국제 통용 한국어 표준 교육과정 적용 연구〉, 국립국어원 연구 보고서, 199쪽

'문화 지식', '문화 실행', '문화 관점'을 일상생활(대분류), 의식주생활(중분류)의 교수 내용을 연결하여 제시하면 다음과 같다.

〈표 8-2〉 '문화 지식' 교수 내용과 숙달도 요구 수준

분류	문화 내용 기술	대분류	중분류	교수 내용	숙달도 요구 수준		
					초	중	고
문화 지식	한국인의 기본적인 의식주 문화를 이해한다.	일상생활	의생활	한국의 전통 의상	▨	▨	▨
				상황에 따라 달라지는 옷차림(집, 직장, 경조사, 여가 등)	▨	▨	▨
			식생활	한국의 전통 음식(김치, 장, 떡, 전통 음료 등)의 종류		▨	▨
				한국인들의 주식과 식습관(밥, 반찬, 찌개류, 국류 등)	▨	▨	▨
				특별한 날(생일, 시험, 결혼 등)에 먹는 음식	▨	▨	▨
				한국의 계절 음식(삼계탕, 냉면, 팥죽 등)	▨	▨	▨
				한국의 상차림(음식의 위치, 식기의 종류와 용도 등	▨	▨	▨
				한국의 식생활 예절(식사 예절, 음주 예절)		▨	▨
			주생활	한국의 주거 형태(한옥, 주택, 아파트, 원룸 등)	▨	▨	▨
				한국의 집 계약 방법과 형태(전월세, 매매, 보증금, 중개료 등)		▨	▨
				한국인의 주거 생활 양식(좌식, 온돌 등)		▨	▨

출처: 김중섭 외(2017), 〈국제 통용 한국어 표준 교육과정 적용 연구〉, 국립국어원 연구 보고서, 202쪽

이론에서 출발하여 현장까지!
손에 잡히는 한국어 교육학 개론

〈표 8-3〉 '문화 실행' 교수 내용과 숙달도 요구 수준

분류	문화 내용 기술	대분류	중분류	교수 내용	숙달도 요구 수준		
					초	중	고
문화 실행[2]		일상생활	의생활	한국의 전통 의상 입어보기	▨	▨	▨
			식생활	한국의 음식 먹어보기	▨	▨	▨
				간단한 한국 음식 만들어 보기	▨	▨	▨
				한국의 식생활 예절(식사 예절, 음주 예절)에 따라 식사해 보기	▨	▨	▨
			주생활	한국의 온돌 문화 경험해 보기	▨	▨	▨
				한국의 전통적인 주거 양식 경험해 보기	▨	▨	▨

출처: 김중섭 외(2017), 〈국제 통용 한국어 표준 교육과정 적용 연구〉, 국립국어원 연구 보고서, 206쪽

---

2 문화 실행은 문화 지식 내용 중 실행으로 구현할 수 있는 한국 문화 수업 경험들은 세부적으로 제시한 것이므로 전반적인 내용 기술에는 포함하지 않고 있다.

〈표 8-4〉 '문화 관점' 교수 내용과 숙달도 요구 수준

분류	문화 내용 기술	대분류	중분류	교수 내용	숙달도 요구 수준		
					초	중	고
문화 관점	한국인의 의식주 문화를 자국의 문화와 비교이해 한다.	일상생활	의생활	각 나라의 전통 의상에 대한 비교 이해	▨	▨	▨
				각 나라의 상황에 따른 옷차림에 대한 비교 이해	▨	▨	▨
			식생활	각 나라의 전통 음식에 대한 비교 이해	▨	▨	▨
				각 나라의 주식과 식습관에 대한 비교 이해	▨	▨	▨
				각 나라의 특별한 날에 먹는 음식에 대한 비교 이해	▨	▨	▨
				각 나라의 계절 음식에 대한 비교 이해	▨	▨	▨
				각 나라의 상차림에 대한 비교 이해	▨	▨	▨
				각 나라의 식생활 예절에 대한 비교 이해			▨
			주생활	각 나라의 주거 형태에 대한 비교 이해		▨	▨
				각 나라의 집 계약 방법과 형태에 대한 비교 이해			▨
				각 나라의 주거 생활 양식에 대한 비교 이해		▨	▨

출처: 김중섭 외(2017), 〈국체 통용 한국어 표준 교육과정 적용 연구〉, 국립국어원 연구 보고서, 208쪽

〈국제 통용 한국어 표준 교육과정 활용 점검 및 보완 연구〉(2016)에서는 하위분류된 문화 교수 내용도 보다 세분화하여 일상생활–식생활문화의 어떤 측면을 교육해야 한다

이론에서 출발하여 현장까지!
손에 잡히는 한국어 교육학 개론

는 것인지를 분명하게 보여주고 있다. 또한 한국어 숙달도에 따라 초급, 중급, 고급 수준에 해당하는 내용을 제시하고 있다.

문화 교육 내용 선정 준거

> 문화 교육에 적합성을 갖는 문화 내용을 설정하였더라도 문화 교육이 이루어지는 한국어 교육 현장에서의 실제적 적용이라는 현실적인 문제가 남는다. 문화 내용을 선정할 때 고려해야 할 점은 무엇일까?

한국 문화를 교육 대상으로 보고, 문화 교육에 적합성을 갖는 문화 내용을 설정하였더라도 문화 교육이 이루어지는 한국어 교육 현장에서의 실제적 적용이라는 현실적인 문제가 남는다. 이에 문화 내용을 실제 현장에 적용하는 데에 있어서 주제가 적절한지, 실제적인지, 다양한 문화 활동으로의 연계 가능성이 있는지, 한국어 능력 향상에 얼마나 기여하는지, 매스미디어 자료의 활용 가능성이 높은지 등을 준거로 적용하여 문화 내용을 선정한다면 효과적이고 효율적인 문화 교육이 이루어질 수 있다.

실제 교육 현장에서는 주제의 적절성에 있어서 더 민감하다. 한국어 교육 현장은 다양한 문화권의 학습자들이 함께하는 수업이므로 정치·경제·사회적으로 첨예한 주제 등과 같은 문제에 대해서는 신중히 접근해야 하기 때문이다.

또한 다양한 문화 활동으로의 연계 가능성 기준은 한국어 수업 시간에 배운 문화 내용을 교실 밖의 다양한 문화 활동으로 확장하여 활동함으로써 한국 문화에 대한 깊이 있는 이해와 한국어 능력 향상에 대한 동기를 부여할 수 있다는 점에서 의의가 있다. 이

때 교실 밖 문화 수업은 한국 문화 현장 답사, 탐방, 및 체험 등 활동 중심으로 설계하여 화석화된 문화 교육이 아닌 실제 살아있는 한국 문화 현장 체험의 시간을 가질 수 있도록 구성해야 한다. 한국 문화 현장 체험이 교실 수업의 맥락 속에서 이루어지지 않거나 학습자에게 현장 체험 학습에 대한 주제와 활동에 대한 정보가 제공되지 않는다면 학습자는 현장 체험 학습에 대해서 언어적으로나 심리적으로 부담을 가지게 될 수 있다. 이렇다면 문화 교육의 실행이 학습자의 진정한 문화 이해 능력으로 전이되기는 어려울 것이다. 교실 내의 한국 문화 교육 연장선에서 한국어 학습자의 변인에 의한 차별화된 문화 체험을 설계하고 제시해야 한다.

또한 문화 내용의 실제 적용에 있어 한국어 능력 향상에의 기여라는 준거는 특히 의사소통능력 향상이라는 패러다임에서는 가장 중요한 요소라고 할 수 있다. 목표 문화 내용 이해의 전후 활동에 문화 내용을 활용한 언어 활동으로의 전이가 가능하도록 구상해보는 것이 필요하다.

마지막으로 문화 교육에 있어 매스미디어의 활용 역시 중요한 부분을 차지하고 있다. 목표 언어 사회의 역사, 지리, 사회 및 예술을 종합적으로 이해하는 것을 목표로 하는 문화 교육에서 실제로 보고, 듣지 못한다면 이해하기가 어려울 뿐더러 대중매체를 활용한 시청각 자료 없이는 학습자들의 흥미도 지속적으로 유지하기 쉽지 않기 때문이다. 실제 한국어 교육 현장에서도 목표 문화에 대한 어떤 설명보다도 드라마와 영화의 한 장면을 보여줌으로써 이해하게 하는 것이 효과적일 때가 많다. 따라서 문화 교육에 있어 시청각 자료의 활용은 필수적이다. 그러나 문화 교육의 목적으로 매스미디어를 활용할 때는 문화 교육의 목표와 문화 교육적 의의 및 역할에 부합해야 한다. 아울러 문화 이해를 교육의 목표로 하는 매스미디어 활용일지라도 한국어의 수준을 감안하지 않으면 오히려 매스미디어의 활용이 제대로 이루어지지 않을 수 있으므로 교사의 철저한 준비가 필요하다. 위의 내용을 표로 정리하면 다음과 같다.

이론에서 출발하여 현장까지!
손에 잡히는 한국어 교육학 개론

선정 준거	세부 사항
주제의 적절성 (실제성)	1. 학습자들이 흥미와 관심이 있는 주제인가? 2. 학습자들이 일상생활, 실제 경험과 관련된 친숙한 주제인가? 3. 외국인 학습자가 공부할 만한 가치가 있는 문화 주제인가? 4. 세계사적 보편성과 한국의 특수성이 잘 나타나서 비교 토론이 가능한 주제인가? 5. 정치·경제·사회적으로 첨예한 주제가 아닌가? 6. 전통문화라면 현대에도 지속적으로 향유될 수 있는 보편성을 지니고 있는가?
다양한 문화 활동으로의 연계 가능성	1. 한국 문화 현장체험, 한국문화 현장답사와 연계가 가능한가? 2. 한국 문화 강의 등으로 연계 수업이 가능한가?
한국어 능력 향상에의 기여도	1. 문화 수업 과정과 결과가 한국어 능력 향상에 기여하는가? 2. 언어활동으로 전이가 가능한가?
매스미디어 자료의 활용 가능성	1. 다양한 매체를 이용한 시청각 교육 접근이 용이한가? 2. 실제의 생생한 자료를 제공할 수 있는가?

그렇다면 한국 문화 이해의 시각을 견지하며 한국어 교육 현장에서의 실제적 적용이라는 측면에서 한국문화 내용 선정 준거에 부합하는 문화 주제에는 어떤 것이 있는가? 우선 '사물놀이'를 들 수 있다. '사물놀이'는 전통예술을 현대사회에 맞게 재창조하여 크게 성공한 대표적인 사례로서 통시적 문화 요소를 담고 있는 문화 주제이면서 현재적 관점에거 접근하여 한국의 문화적 맥락을 논의할 수 있는 주제다. 특히 '풍물놀이-사물놀이-난타'로 연결되는 한국 예술문화의 중층성과 역사적 맥락성을 잘 볼 수 있으며 한국 문화 요소지만 세계사적 보편성과 한국사적 특수성, 그리고 '전통 예술의 현대화'라는 관점에서 학습자 자국 문화와의 비교 토론이 가능한 주제이며 다양한 문화 활동으로의 연계 가능성 면에서도 공연 관람 및 현장 체험과의 연계가 가능하면 매스미디어의 활용도 용이하다.

8.4. 문화, 어떻게 가르쳐야 할까?

문화 교육 기본 원리와 방향

> 문화 교육의 목표와 내용을 정해졌다면, 이제 문화 교육 방법에 집중해 보자. 그런데
> 문화 교육은 구체적인 문화 교육 방법보다 우선 생각해야 할 것이 있다. 바로 문화 교
> 육의 기본 원리와 방향이다. 그렇다면 문화 교육의 기본 원리와 방향은 무엇일까?

　　문화 교육의 기본 원리와 방향은 한국 문화에 대한 통합적 접근법과 한국 문화에 대한 상호문화적 접근법이다.

　　문화에 대한 통합적 접근법(holistic approach)은 문화를 통합적으로 바라본다는 것으로 가시적인 문화 현상, 행동문화, 성취 문화와 함께 문화 현상 저변에 내재되어 있는 문화 작용으로서의 관념 문화도 볼 수 있어야 온전히 한국 문화를 이해할 수 있다는 관점이다. 한국 문화를 산물, 행위, 사고로 범주화한 것은 문화의 존재 양태에 의한 분류이며, 문화가 별개로, 분절로 존재한다는 의미는 아니다(배재원, 2014a:178). 즉 문화에 대한 정보와 설명, 활동이 다양하게 제시되어 있지만 왜 그렇게 하는지에 대한 설명이 부족하다. 따라서 이 세 범주를 입체적, 통합적, 역동적으로 교육과정에 묶어 내야 한다. 가시적인 문화와 함께 한국인이 공유해 온 가치관과 방식을 파악하고, 실제 표면적으로 드러나는 행위와의 연계선에서(배재원, 2014a:179) 한국 문화를 보는 통합적 관점을 취하는 것이 필요하다.

　　한국 문화에 대한 상호문화적 접근법(intercultural approach)은 학습자가 목표 문화 내용을 이해하고 습득함으로써 상호 문화 접촉 상황에 적절하게 적용하며 자국 문화의 정체성과 목표 문화에 대한 이해를 넓혀 나가도록 하는 문화 교육 원리(강성영, 2000:218)이다. 여기에 문화 교육은 모국 문화와 목표 언어 사회 문화 사이의 차이점과 유사점, 그리고 각각의 문화가 지닌 가치를 인식하고 이를 받아들이는 '상호문화적 인식과 태도'의 함양을 기본 원칙으로 삼아야 한다(배재원, 2013:97).

문화 수업 구성

문화 교육은 한국 문화에 대한 통합적 접근 원리, 상호문화적 접근 원리를 따른다. 또한 한국어 교실에서 한국어 교사가 진행하는 한국 문화 수업은 내용 기반 교육(content-based instruction), 과정 중심 교육 방법을 적용한다. 문화 교육이 문화 인지와 자각이라는 인지적 과정을 필히 수반한다는 점, 모국 문화와의 비교 과정이 중요한 접근 방법이라는 점에서 '준비하기(Warm-up)–목표 문화 알아보기(Presentation)–함께 이야기해 보기(Activity)'의 교수학습 3단계로 구성한다. 각 단계마다 고유한 목적을 가지고 학습자의 학습 활동을 이끈다.

〈표 8-6〉 문화 교육 교수학습 단계(배재원, 2014b:100)

교수·학습 단계	교수·학습 활동	유의할 점
준비하기 (Warm-up)	• 목표 문화 내용 학습을 위한 준비 단계 – 주의 환기하며 목표 문화에 대한 흥미 유발하기 – 목표 문화 내용에 대해 추측하게 하기	– 학습자의 스키마를 활성화시키거나 목표 문화 내용에 대한 흥미와 관심 끌기 – 목표 문화 내용을 질문으로 유도

| 목표 문화 알아
보기
(Presentation) | • 목표 문화를 설명하는 단계
  – 목표 문화 내용 설명하기
  – 목표 문화에 대해 잘 이해했는지
    확 인하기 | – 문화 내용을 제시할 때는 목표 문화 내용을 전체적으로 이해할 수 있도록 진행
– 이전에 학습한 어휘나 표현을 자연스럽게 복습할 수 있도록 유도 |
| 함께 이야기해
보기
(Activity) | • 목표 문화에 대한 경험을 나누고 자국 문화와 비교해 보는 단계
  – 목표 문화에 대한 경험 공유하기
  – 목표 문화를 자국 문화와 연계시키기 | – 상호 문화적 접근으로 목표 문화와 유사한 문화적 맥락에 놓여 있는 자국문화를 소개하게 함
– 자국 문화와 한국 문화의 유사점·차이점을 이해할 수 있도록 함
– 자국 문화와 한국 문화에 대한 개인적 경험을 서로 공유하여 문화적 경험을 확장하도록 함 |

3단계 교수학습 단계를 바탕으로 하여 실제 문화 수업 내용인 '풍물놀이–사물놀이, 난타'를 실제 문화 내용으로 살펴보려고 한다.

<준비하기>

- 준비하기 단계에서는 시청각 자료를 활용하여 학습자의 스키마를 활성화시키거나 목표 문화 내용에 대한 흥미와 관심을 끌도록 구성한다.
- 스키마(schema) 활성화는 학습자들의 지식과 생각을 자극할 수 있는 구체적인 질문이나 다양한 매스미디어 자료를 적절하게 제시하여 학습자들이 가지고 있던 배경 지식을 활성화시키는 것이다.
- 이 단계에서는 목표 문화 이해를 위해 문화적·상황적 맥락 안에서 핵심 문화의 어휘와 표현 등을 의도적으로 노출한다

이론에서 출발하여 현장까지!
손에 잡히는 한국어 교육학 개론

- 한국의 전통 악기인 장구, 북, 징, 꽹과리를 사진으로 제시한다. 그리고 각 악기의 이름을 알아보는 활동을 한다.
- 다음으로 이 네 가지 악기의 소리만을 듣고 각각 어떤 악기의 소리인지 맞춰 보게 한다. 학습자들은 한국의 악기에 대해서 모르지만 악기의 소재를 통해 그 소리를 추측할 수 있다.(배재원, 2014b:171-172).

- 네 악기의 소리를 이해했으면 이제 네 가지 악기가 어우러져 만드는 음악을 감상해 보도록 한다.
- 음악을 감상한 후 느낌과 정서를 이야기하게 한다(배재원, 2014b:172).

<목표 문화 알아보기>
- 새로운 어휘나 표현에 초점을 맞추지 않고 목표 문화 내용을 전체적으로 이해할 수 있도록 제시한다.
- 학습자들이 한국 문화에 대한 통합적 이해를 할 수 있도록 구성한다.
- 목표 문화 내용에 대한 설명이 마무리되면 학습자들이 목표 문화 내용을 잘 이해했는지 확인하는 질문을 하고 대답하게 한다.
- 풍물놀이, 사물놀이, 난타를 통해 한국 예술문화의 중층성과 역사적 맥락성을 이해할 수 있도록 한다. 또한 '전통 예술의 현대화'라는 관점에서 생각해 보게 한다.

2. 네 개의 악기 소리를 듣고 사진에서 어떤 악기인지 맞춰 보십시오.
사물의 소리 🎧

1. 장구 　2. 북 　3. 징 　4. 꽹가리

3. 사물놀이 공연을 감상해 보고 느낌을 이야기해 보십시오.

풍물놀이, 사물놀이 그리고 난타

'사물놀이'라는 말은 '사물'과 '놀이'가 합하여 만들어진 합성어이다. '사물'이라는 말은 원래 불교 음악에서 나온 말인데, 풍물패들이 불교에서 사용하던 '사물'이란 말을 가져와 꽹가리, 징, 장구, 북의 네 가지 악기를 사물이라 불렀다. 금속성 악기인 꽹가리와 징은 하늘을 상징하고, 무겁고 깊은 소리를 가지고 있는 북과 가죽 악기인 장구는 땅을 상징한다. 이것을 인간이 조화롭게 다루어 하나의 예술로 승화시킨 것이 바로 사물놀이다.

그렇다면 사물놀이는 과연 언제, 어떻게 생겨났을까? 사물놀이는 한국의 고유 풍물놀이에서 비롯된 것인데, 풍물놀이는 원래 '굿'을 가리키는 말로 농민들이 함께 농사일을 하며 흥을 돋을 때, 마을의 발전을 위해 기원할때, 그리고 명절 때 민속놀이로 행해져 왔다. 그러나 이처럼 생활 전반에 행해졌던 풍물놀이는 시대와 생활의 변화에 따라 점차 사라지게 되었다. 1970년대 후반에 이르러 풍물놀이에서 쓰이는 기본적인 네 개의 타악기만으로 연주하는 사물놀이가 전통 음악의 새로운 장르로 생겨나게 된 것이다.

그 후 한 놀이패가 사물놀이를 연주하기 시작하면서 여러 놀이패들이 생겨서 지금은 사물놀이 연주가 매우 활성화되었으며 일반인들도 연주하고 있다. 또한 무용 반주, 국악 관현악과의 협연, 오케스트라와의 협연 등 다양한 형태로도 연주되고 있다. 특히, 1997년 한국의 사물놀이를 서양식 공연 양식에 접목한 '난타'는 국내외에서 선풍적인 인기를 얻고 있다. 난타는 사물놀이의 리듬을 중심으로 코미디와 드라마적인 요소를 많이 가미해 만든 대중적인 공연이다.

풍물놀이에서 시작된 사물놀이는 사람들로 하여금 잊혀졌던 전통 예술에 대한 관심과 애정을 불러일으켰으며, 전통 예술인 풍물놀이를 계승, 발전시켰다. 또한 현대적 공연 예술로 발전하여 오늘날도 세계무대에서 꾸준히 공연되고 있다.

<함께 이야기해 보기 단계>

- 풍물놀이, 사물놀이, 난타 공연에 대한 자신의 느낌을 자유롭게 이야기해 보도록 한다.
- 풍물놀이, 사물놀이, 난타에 대한 개인적 경험을 공유하여 문화적 경험을 확장하게 한다.
- 상호문화적 접근법으로 사물놀이와 유사한 맥락에 놓여 있는 자국 문화와 비교해 보게 한다. 풍물놀이가 사물놀이로 다시 난타로 계승되었듯이 학습자들 나라에도 이와 같은 음악이나 무용이 있는지 이야기해 보도록 한다.
- 이를 통해 자국 문화를 되짚어 보고, 한국 문화에 대한 인식도 넓힐 수 있다(배재원, 2014b:179).

1. 풍물놀이, 사물놀이, 그리고 난타 공연을 감상해 보고 그 느낌을 이야기해 보십시오.
2. 여러분이 알고 있는 음악이나 무용 중에서 시대적으로 변화되어 계승된 전통적 음악이나 무용이 있습니까? 소개해 보십시오.

예술분야	과거	현재
음악		
무용		
기타		

함께 이야기해 보기 단계에서는 교사 역시 문화 교육의 대상이 된다. 상호문화적 교육의 입장에서 보면 교사 역시 'teaching culture'의 입장이면서 동시에 'learning culture'의 입장이 되기 때문이다. 따라서 이 단계에서 교사의 역할은 학습자들 간의 협력적인 활동을 통하여 학습자들이 탐색하고 사고하고 인지할 수 있도록 해 주는 것이다(배재원, 2013:103)

우리는 지금까지 문화 교육의 목표, 문화 교육의 내용, 문화 교육의 실제적인 방법에 대해 간략하게 살펴보았다. 한국 문화 지식을 쌓고 문화 이해 시각을 넓혀 나가는 것은 이제 한국어 교사에게 선택이 아니라 필수이다. 한국어 교사, 그리고 미래의 한국어 교사 여러분, 한국 문화에 대한 이해를 바탕으로 한국 문화에 통합적 접근법, 상호문화적 접근법을 견지하면서 문화 교육을 실현해 나가기를 바란다.

3부

기술별 교육으로
의사소통능력 향상시키기

3부에서는
한국어 학습자들의 의사소통능력을
신장시키기 위한
듣기 교육, 말하기 교육,
읽기 교육, 쓰기 교육을 살펴본다.
한국어교육의 목표는
한국어 의사소통능력 향상이라고 해도
과언이 아니므로
그만큼 한국어 기술 교육은 매우 중요하다.
이에 3부에서는 핵심적인 이론을 토대로 하면서
한국어 교사들에게 유용한
실제적인 내용을 알차게 담았다.
언어 기술별로 주요 개념, 교육의 목표,
교육해야 하는 내용, 다양한 학습 전략과 활동,
수업 구성 방안, 평가 방법 등을 다루었다.

9장

소통의 시작,
한국어 듣기 교육

이미향 • 영남대학교

"사람은 있는 그대로를 듣는 것이 아니라, 자신이 듣고 싶은 대로 듣는다."는 말이 있다. 이 말은 듣기의 성격을 잘 드러낸다. 듣기 활동이 어렵다는 점, 듣는 사람이 능동적으로 생각한다는 점, 듣기 결과는 듣는 사람의 수준에 따라 달라질 수 있다는 점을 알려 주는 것이다.

교실에 앉아 있는 한국어 학습자에게 듣기를 가르치는 것은 쉬운 일이 아니다. 외국어는 원래 잘 들리지 않는 특성이 있는 데다가 듣기를 잘 못하는 학습자는 숨은 뜻을 파악하지 않고 들리는 대로 들어 버린다. 심지어 듣기의 숙달도가 다를 뿐만 아니라, 듣는 방법이 문화적으로 다른 학습자들이 교실 안에 함께 있는 것이 교육 현장의 현실이다. 잘 듣는다는 것은 무엇일까? 듣기 학습자들이 애쓰는 부분은 어디인가? 성공적인 듣기를 위해 교사가 도와줄 수 있는 것은 무엇인가? 지금부터 그 답을 찾아보자.

이론에서 출발하여 현장까지!
손에 잡히는 한국어 교육학 개론

9.1. 듣기 교사의 준비

'듣기'를 잘해야 하는 이유

흔히 교사들은 듣기(listening)를 가르치기 어려워한다. 그 이유로, 우선 듣기 교육 자료가 절대적으로 부족하고, 교사들에게 소개된 특별한 교육 방법이 없다는 점을 든다. 실제로 듣기 교육은 연구 성과가 적을 뿐만 아니라 알려진 교육 자료나 방법도 매우 적은 편인데, 그 이유가 무엇일까?

그 답은 듣기에 관한 오래된 오해에서 찾을 수 있다. 인간 의사소통에 대한 최초의 기록은 B.C. 500년~A.D. 400년 사이부터 나오지만, 듣기 연구에 대한 기록은 18세기 말에 이르러서 나온다고 한다. 이를 통해 사람들이 오래전부터 듣기에 관심을 두면서도 듣기 자체나 듣는 사람에게 관심을 보이지 않았던 것을 알 수 있다. 듣기 교육(listening education)에 대한 역사가 짧은 만큼, 교육 경험도 많이 누적되지 못했다. 그 결과, 듣기 교육 방법이 말하기 교육이나 쓰기 교육에 비해 부족하게 되었다.

많은 사람들이 여전히 듣기에 대해 오해하고 있다. 임칠성 역(1995)에서는 듣기에 대한 잘못된 사회적 신념을 세 가지로 소개하였다. 듣기는 자연적인 과정이라는 점, 소리 듣기(hearing)와 의미 듣기(listening)가 같다고 생각하는 점, 듣는 사람들이 한자리에 있다면 모두 동일하게 듣는다고 보는 점이 그것이다. 이 관점에 따르면 듣기는 자동적으로 습득되는 기능으로, 따로 배울 필요가 없어 보인다.

그러나 듣기란 어린 나이에 단번에 모두 숙달되지 않고 오랜 기간에 걸쳐 연습을 통해 지속적으로 계발되는 기능이다. 비유하자면, 스케이트에 조금 익숙해지는 것은 쉬울 수 있어도, 스케이트 선수처럼 타기란 시간이 걸리는 것과 같다. 또한 듣기는 소리를 지각하는 것을 넘어, 의미를 파악하여 스스로 해석하는 과정을 포함한다. 그리고 듣는 사람은 관심과 욕구, 동기가 각기 다르므로 같은 내용도 다르게 듣고 다르게 해석한다.

듣고 말하고 읽고 쓰는 것은 사람들이 살아가면서 반드시 해야 하는 언어 활동이다. 어느 것 하나 중요하지 않은 것이 없지만, 그중에서도 특히 듣기가 중요한 이유를 생각해 보자.

(1)　엄마: 일어나!
　　　아이: 10분만 더….
(2)　외국인 손님: 저, 이거 얼마예요?
　　　가게 주인: 아, 그거 한 개 @#$%(안 들림)예요.

첫째, 사람은 매일 듣기 활동으로 하루를 시작한다. (1)과 같이, 매일 아침에 일어남과 동시에 어떤 소리를 듣는다. 듣기는 외국어로 하는 의사소통에서도 가장 먼저 할 활동이다. 그런데 상대방이 내가 아는 표현으로 말해 주지 않기 때문에, 듣는 이는 들을 내용을 미리 준비할 수 없다. 심지어 (2)처럼 가장 중요한 정보를 듣지 못할 수도 있다.

둘째, 듣기는 언어생활에서 차지하는 비중이 가장 큰 영역이다. 듣기를 하는 시간은 말하기의 2배, 읽기의 4배, 쓰기의 5배에 이른다. 만약 100년을 산다면 40년은 듣기에 쓴다는 계산도 나와 있다. 사람이 의도하든 아니든, 들려오는 소리는 언제나 존재한다. 엘리베이터나 화장실 안에서 들리는 말이 그 예이다. 자신의 의지와 상관없이 이것을 듣고 있을 자신을 상상해 보면 실제로 더 많은 시간을 듣기에 쓰고 있다는 것을 추측할 수 있다.

셋째, 듣기는 다른 영역의 발달을 도와준다. 우선 듣기와 말하기의 관련성이 크다. 만약 듣는 데 문제가 생기면 바로 답하지 못하고 되묻거나 되짚어 봐야 한다. 듣기는 말하기로 넘어가는 다리이다. 듣기와 읽기 사이의 관련성 또한 높다. 일반적으로 듣는 능력이 좋은 학습자는 잘 읽지만, 듣는 능력이 떨어지는 학습자는 읽기에서도 어려움을 겪는다고 한다. 듣기는 이처럼 다른 영역과 연계되어 있어 전이효과가 크다. 다시 말해, 듣기를 잘하게 되면 외국어의 다른 영역의 실력도 좋아진다. 그러므로 언어교육에서 듣기의 교육적 의의는 상당히 크다.

듣기는 외국어 교수법에 따라 강조되기도 하고 소홀히 여겨지기도 하였다. 주로 구어에 중점을 두어 음성 훈련을 중요시하는 교수법에서는 듣기를 중유한 활동으로 삼아 수업을 진행하였다. 이에 반해 읽기와 쓰기를 강조하고 의미 번역을 주로 하는 교수법에서는 듣기는 부차적으로 따라오는 기능으로 보았다. 칼로 자르듯이 구분할 수는 없지만, 듣기 기능을 강조한 외국어 교수법으로는 직접교수법, 청각구두식 교수법, 전신반응교수법이 대표적이다.

듣기는 입말을 재료로 하는 구어(spoken language) 활동이다. 그리고 듣기는 이해가 이루어지는 영역이다. 그러므로 듣기는 말을 재료로 한다는 점에서는 말하기와 긴밀한 관계에 있고, 이해 영역이라는 점에서는 읽기와 크게 상관이 있는 기능이다.

〈그림 9-1〉 듣기와 다른 영역의 관계

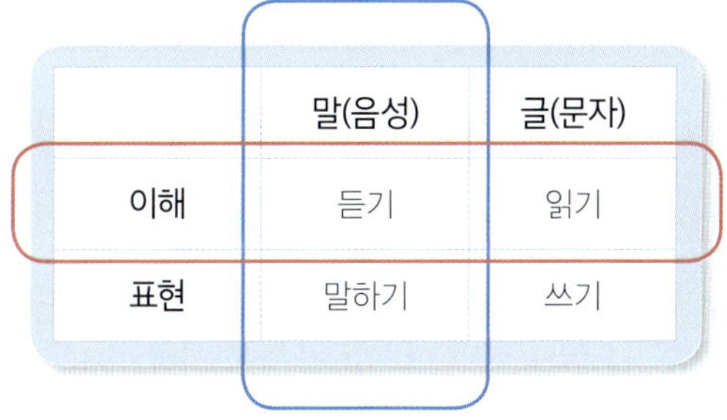

듣기와 가장 비슷한 기능을 읽기라고 여기는 경우가 많다. 듣기와 읽기는 이해라는 목적이 같고, 이해 과정에서 정보를 처리하는 절차에 유사성이 있기 때문이다. 그리하여 간혹 듣기 수업을 읽기와 비슷한 방법으로 준비하는 경우도 발생한다.

여기서 교사가 주의할 점이 있다. 비록 듣기가 읽기와 상당히 유사해 보일지라도, 듣기를 읽기처럼 접근해서는 안 된다는 것이다. '듣는다'는 것은 말을 알아듣는 행위이므로, 듣기를 수행하는 데는 글을 보고 의미를 찾아내는 읽기와 다른 방법이 필요하기 때문이다. 결국 듣기 교육은 말하기 교육의 내용을 고려하면서, 읽기 교육의 방법을 공유해야 한다는 점에서 특수하다. 그러하다면 교사는 듣기 교육을 어떻게 이끌어 가야 하는가? 듣기 연습을 위해 어떤 내용을 준비할 것인가? 이 문제를 해결하려면 먼저 듣기의 두 가지 뜻을 구별하여 알아야 한다.

(3)　자, 선생님 말이 뒤에 잘 <u>들리니</u>?
(4)　오늘 선생님 설명, 잘 <u>들었어</u>?

위 (3)의 '듣다'와 (4)의 '듣다'는 각각 의미가 다른 것이다. (3)은 소리 듣기(hearing)이나, (4)는 의미 듣기(listening)이다. 실제로 영어, 중국어, 일본어 등 여러 언어에서 이 둘을 다른 말로 부른다. 한국어로는 소리를 듣는 것은 '들리기'(hearing)로, 의미를 듣는 것은 '듣기'(listening) 또는 '경청하기'로 구별한다. 들려오는 소리를 알아차리는 것은 물리적인 행위이다. 이것은 감각에 문제가 없는 사람이 주의를 기울이면서 해결할 수 있는 것이다. 그러나 해석되지 않는 어떤 소리는 반복하여 듣더라도 그 문제가 해결되지 않는다. 듣기 교육은 이처럼 듣기와 관련된 학습자의 문제가 생겼을 때, 이를 교육적으로 해결하는 과정이다.

듣기란 '남의 말을 올바르게 알아듣고 이해하는 일'이다. 여기서 알아듣고 이해한다는 말은 단순하지 않다. '듣는 사람이 할 일이 무엇이라고 생각하는가?'로 조사한 연구에서 응답자들은 주목, 인식, 식별, 기억, 해석, 응답의 행위가 들어가야 한다고 답하였다. 듣기 과정(listening process)에서는 이 모든 것이 일어난다. 따라서 어떤 소리에 주목하고, 아는 소리 중에서 무엇에 해당하는지 알아차리고, 그 뜻을 해석하면서 잠시 기억하며, 의미와 의도를 파악하여 응답을 준비하는 것 모두가 청자(listener)의 역할이라는 점이다.

| 주목 | 소리 인식 | 식별 | 해석 | 기억 | 응답 |

듣기가 거쳐야 할 과정을 이와 같이 설정하면, 듣기란 '말소리에 주의를 기울여 그 소리를 인식하고 해석하여 기억하고 응답하는 과정'이다. 청자는 이 과정에 모두 참여한다. 그러하다면 듣기 수업에 참여하는 한국어 학습자는 청자로서 다음과 같은 활동을 하게 된다. 첫째, 들려오는 말소리를 알아듣는 활동이다. 이를 위해 말의 특성을 알고 말소리를 듣는 듣기 활동(listening activities)이 필요하다. 둘째, 소리의 의미뿐만 아니라 상대방의 의도를 파악하는 인지적 활동이다. 학습자에게는 청자로서 능동적으로 참여하게 할 다양한 듣기 활동이 필요하다. 셋째, 자신이 들은 내용으로 상대방에게 응답하는 의사소통 활동을 한다. 이를 수행하기 위해서는 상호작용을 전제로 한 듣기 활동이 준비되어야 한다.

듣기 교육의 목표

학습자가 듣기를 수행할 때, 교사는 그 과정을 볼 수 없다. 그러한 만큼 듣기 교육의 목표점을 말하기란 쉽지 않다. 한국어 학습자가 어느 정도로 들으면 잘 들었다고 할 수 있는가? 그것은 언어 수준별로 무엇이 얼마나 다른가? 듣기 교육의 등급별 목표를 〈국제 통용 한국어 표준 교육과정 적용 연구〉(2017)에서 확인해 보자.

등급	목표
1급	일상생활에서 오가는 매우 간단한 대화와 빈번하게 사용되는 정형화된 표현을 이해할 수 있다.
2급	일상생활에서 자주 접하는 주제의 대화를 이해할 수 있으며 자주 가는 장소에서 흔히 접하는 담화의 주요 정보를 파악한다.
3급	친숙한 사회적 · 추상적 주제에 대한 간단한 담화를 이해할 수 있으며, 일상생활에서 자주 오가는 대부분의 대화를 이해할 수 있다.
4급	친숙한 사회적 · 추상적 주제에 대한 대부분의 담화를 이해할 수 있으며 자신의 직업과 관련된 기본적인 업무 상황에서의 대화를 이해할 수 있다.
5급	친숙하지 않은 사회적 · 추상적 주제 및 자신의 직업이나 학문 영역에서의 간단한 담화를 어느 정도 이해할 수 있다.
6급	친숙하지 않은 사회적 · 추상적 주제 및 자신의 직업이나 학문 영역에서의 다양한 담화를 거의 대부분 이해할 수 있다.

출처: 김중섭 외(2017), 〈국제 통용 한국어 표준 교육과정 적용 연구〉, 국립국어원 연구 보고서

한국어 표준 교육과정에 따르면, 한국어 초급 학습자는 일상생활과 관련된 정보를 이해하는 것을 목표로 한다. 1급에서는 인사, 감사, 사과 등 정형화된 표현을 듣고 이해하는 것이 목표이다. 2급에서는 질문, 제안, 명령 등의 표현에 반응하며, 식당, 가게, 영화관 등 자주 가는 장소와 관련된 주제를 이해하는 것을 다룬다. 이 수준에서 한국어 학습자는 한국어 모어 화자가 천천히 정확하게 발음하는 발화를 이해하면 된다.

한편, 중급 이상에서 듣기 교육의 목표는 사회적·추상적 주제에 관한 내용을 이해하는 것으로 확장된다. 사회적·추상적 주제의 예시로 직업, 사랑, 교육 등을 들 수 있다. 3급과 4급은 친숙한 주제를 사회적 상황에서 이해하며, 한국어 모어 화자의 자연스러운 억양과 속도의 발화를 대체로 이해하는 것을 목표로 한다. 5급과 6급은 친숙하지 않은 주제를 직업과 학문 영역을 중심으로 하여, 발음, 억양, 속도 등에서 개인차가 있는 한국어 모어 화자의 발화를 대부분 이해하는 것을 목표로 한다.

9.2. 청자에 대한 이해

학습자의 듣기 과정

여기는 듣기 교실이다. 지금 선생님의 눈앞에는 귀를 기울여 열심히 듣고 있는 학습자들이 있다. 지금 이들은 잘 알아듣고 있을까? 그렇지 않으면, 못 들었지만 그것을 표시 내지 않으려고 노력하고 있는 것일까? 혹시 듣는 척하는 학습자는 없을까? 생체 신호를 통해, 듣기 중에 있는 학습자가 청자로서 들을 준비가 얼마나 잘 되어 있는지, 어떤 것을 듣기 어려워하는지 알 수 있다.

듣기 교육 연구가 힘든 현실적인 이유는 학습자의 머릿속을 확인하기 어렵다는 데 있다. 그러나 최근에는 발달된 여러 기술을 활용하여 듣는 상태를 확인할 수 있다. 뇌파, 맥박, 피부저항 등 생체 신호(living body signal)를 활용하는 기술이 그것이다.[1]

---

[1] 생체 신호는 이미 휴대전화와 현관문 잠금장치에서 두루 쓰이고 있는데, 최근에는 의료 분야뿐만 아니라, 사람의 인지와 정서 상태를 확인하는 데도 적극적으로 사용되고 있다.

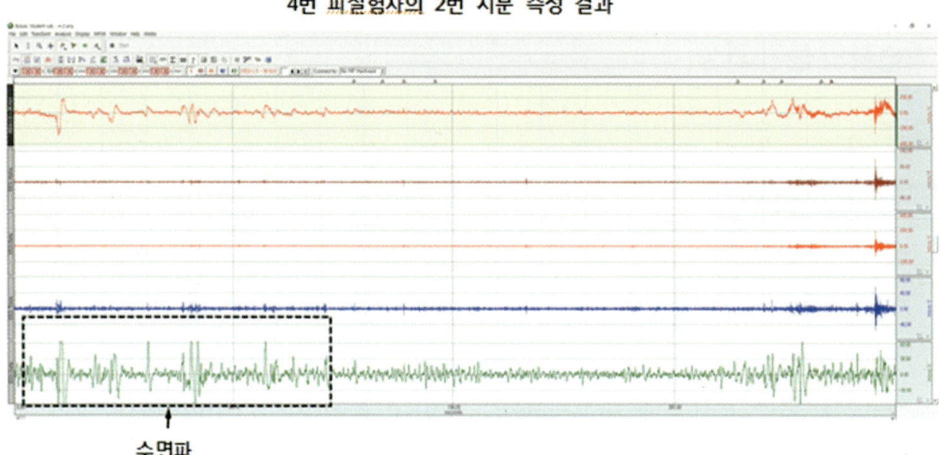

〈그림 9-3〉은 듣기 실험을 하는 중에 수면에 빠진 학습자의 뇌파 그래프이다. 그림에서 왼쪽 아래 점선으로 표시된 부분이 수면파이다. 실험 당시, 불과 50cm~1m 사이에 실험을 진행하는 사람 3명이 앉아 있었지만, 누구도 참여자의 수면 상태를 알아차리지 못했다. 이런 일이 듣기 수업 시간에는 일어나지 않을까? 듣기 수업에서 선생님들은 눈앞에 있는 학습자들의 상태를 정확히 볼 수 없다. 그리하여 듣기 과정에 문제가 있다면 무엇을 개선해야 하는지, 어떻게 지도해야 하는지 막막하다. 아픈 데를 모르는 의사가 아무것도 할 수 없는 것과 같이, 학습자의 문제점을 모르는 교사는 아주 답답하다.

만약 같은 문제에서 잘 듣는 학습자가 있고, 노력하지만 잘 못 듣는 학습자가 있다면, 그들 사이에는 어떤 차이점이 있는 것일까? 그리고 그럴 때 듣기 선생님은 학습자에게 어떤 지도를 해 줄 수 있을까? 이런 문제를 확인하기 위해, 정성헌 외(2017)는 학습자 인지 반응에 따른 생체 신호 연구를 하였다. 뇌파(EEG)로 학습자의 집중도를 측정하고, 피부저항(GSR)으로 듣기 중인 학습자의 불안과 긴장 상태를 확인하였다.

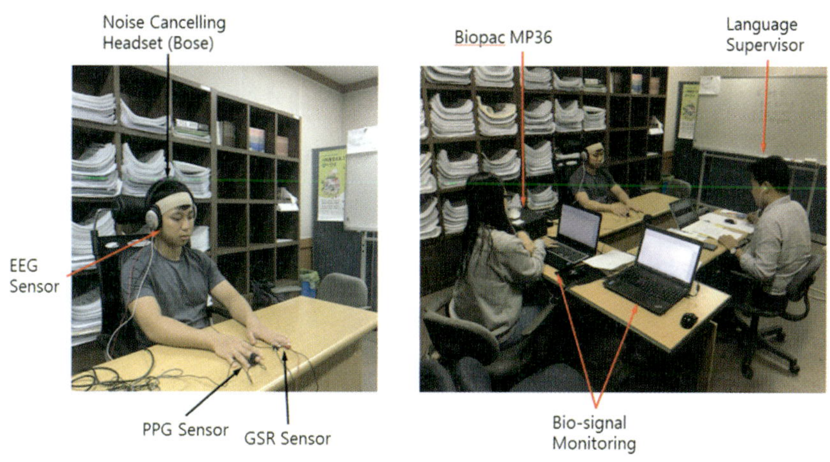

〈그림 9-4〉 생체 신호로 하는 실험 장면(정성헌 외, 2017:112)

　교사로서 특히 궁금한 것은, 한국어 수준이 비슷함에도 불구하고 듣기 성과에서 차이가 나는 학습자에 대한 것이다. 그리하여 듣기를 잘하는 학습자들과 그렇지 않은 학습자로 나누어 각각 '이해가능군'과 '부분이해군'으로 두고, 두 집단 사이에 생기는 차이점을 알아보고자 하였다. 그 결과로 알게 된 몇 가지 중요한 사실이 있다.

　첫째, 듣기 과정에서 학습자가 얼마나 집중하느냐 하는 것은 이해 듣기에 큰 영향을 준다. 이해가능군은 듣는 동안 집중을 유지하나, 부분이해군은 어려운 부분에서 다른 생각을 하였다. 듣기 전 과정에서 준비를 잘하여 실제로 듣는 중에 학습자가 계속 집중하게 하는 것은 매우 중요하다. 집중 여부는 듣기 과정에서 학습자의 적극성을 높이는 데도 기여한다.

　둘째, 듣기를 비교적 잘하는 학습자들은 친숙한 주제, 구어적 표지가 보이는 부분, 듣기 내용 확인을 위한 질문이 있을 때 집중하는 모습을 보였다. 그러므로 능동적인 듣기를 유도하기 위해, 친숙한 주제를 활용하거나, 구어 표지를 드러내는 등 듣기 과정에 좀 더 집중할 수 있는 담화를 마련해야 한다. 듣기는 구어로 하는 활동이므로, 듣기 제시문이 구어적인 표현으로 구성될 때 이해가 더 쉬워진다.

〈그림 9-5〉에서 표시된 동그라미 부분은 '그래서, 그러면' 등 담화표지에 집중하면서 긴장도가 올라간 것을 뜻한다. 그림에서와 같이 이해가능군은 '자, 음'과 같은 감탄사, '이, 그, 저' 등의 대명사와 관형사, '지금부터, 오늘은, 그런데 말이죠' 등의 담화표지, '그러나, 하지만' 등의 접속부사에 예민하게 반응하였다. 그리고 이해가능군은 담화표지가 알려주는 이야기 시작과 마무리 부분, 그리고 주요 내용이 나오는 부분에서 높은 긴장도를 보였다. 생체 신호를 보면 잘 듣는 학습자는 이러한 담화표지에 집중하고 있다는 것을 알 수 있다.

〈그림 9-5〉 이해 가능군의 담화표지에 대한 긴장도(정성헌 외, 2017:118)

셋째, 외국어를 들을 때 학습자는 듣는 과정에서 낯선 어휘에 집중하려는 경향이 있다. 〈그림 9-6〉에서 표시된 동그라미 부분은 검은콩, 검은깨, 송이버섯 등 친숙하지 않은 말들이 나열될 때 긴장도가 높아진 것을 뜻한다. 그림을 보면, 낯선 어휘가 나열되는 곳에서 참여자가 연속으로 긴장한다. 그런데 순간적으로 지나가는 구어 활동에서 낯선 어휘에 집중한다면, 그동안 연속적으로 들려오는 다른 정보를 놓치고 만다. 잘 듣는 학습자는 담화표지나 구어 표지에 집중하였는데, 이에 반해 잘 듣지 못하는 학습자는 대부분 낯선 어휘가 나열되는 부분에서 긴장하였다. 그러므로 듣기에 서툰 학습자에게는 모르는 말보다 중요한 말에 집중하게 하는 연습이 필요하다. 그리고 교사는 듣기 자료를 제작할 때 학습 목표와 관련 없는 낯선 어휘 및 표현, 고유명사와 숫자 정보를 나열하지 않아야 한다.

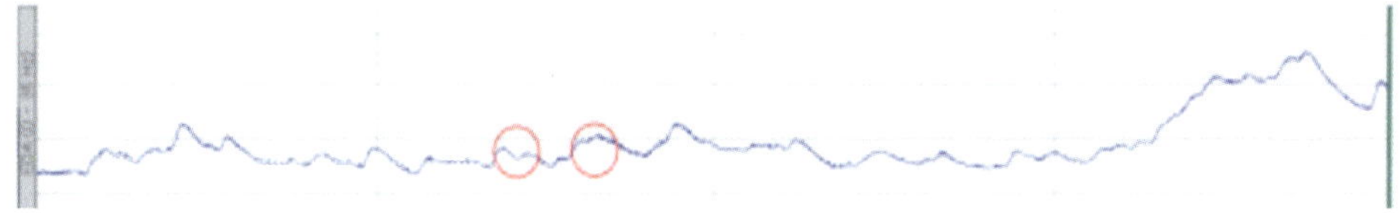

<그림 9-6> 부분이해군의 낯선 정보에 대한 긴장도(정성헌 외, 2017:119)

　넷째, 주제에 대한 친숙도가 낮을 때 학습자는 듣기를 어려워한다. 주제가 친숙하면 학습자가 배경 지식(background knowledge)과 맥락을 활용하기 때문에 문제해결 가능성이 높아진다. 이에 비해 제시문의 길이는 주제 친숙도와 구어성에 비해 큰 영향을 주지 않았다. 피험자들은 길이에 피로감을 느낀다고 했지만, 이것 때문에 이해 듣기에 실패하지는 않았다. 물론 학습자에 따라 그 결과는 다르겠지만, 듣기에서 어려운 정도를 결정하는 것은 길이보다는 주제 친숙도이다. 그러므로 주제가 친숙한 듣기 담화를 활용하는 것이 중요하다.

　듣기 수행 과정은 전반적으로 긴장의 연속이다. 생체 신호를 통해 학습자들은 듣기 능숙도에 상관없이 모두 듣기 시작 부분에서 높은 긴장도를 보였다. 그러므로 듣기 수업에서는 학습자가 경직되지 않도록, 심리적으로 유연하게 해 주는 장치가 필요하다. 본 듣기를 하기 전에 예비 듣기용 자료를 준비하거나 협동적인 듣기를 하게 하여, 학습자의 부담을 덜어주는 것이 중요하다는 것을 알 수 있다.

'녹음기'가 아닌 '청자'

　듣기를 하는 과정에서 청자는 어떤 존재인가? 이에 대한 교사의 생각에 따라 듣기 교육에서 학습자의 역할이 달라진다. 듣기 교육의 구체적 방향성을 제시한 Anne Anderson

& Tony Lynch(1988)는 듣기 교육에서 듣기의 주체인 청자에 관심을 둘 것을 강조하였다. 그리고 청자가 '녹음기' 역할을 하는 것이 아니라 '능동적 모형'으로서 역할을 수행한다고 하였다.

만약 청자가 '녹음기'와 같은 일을 한다면, 듣는 것이란 곧 '기억하는 능력'과 같다. 다시 말해, 얼마나 정확하게, 순서 그대로 많이 기억하느냐가 잘 들은 것이 된다. 그러나 사람은 시간과 기억의 제한으로 인해 들은 것을 그대로 기억할 수 없다. 그리하여 들을 것을 선택하게 되는데, 결국 자신에게 의미가 있고 중요하다고 생각하는 것을 중심으로 기억하고 만다. 들을 내용을 선택하는 데 청자의 목적과 관심이 들어간다. 청자는 녹음기가 아니라 판단하고 선택할 수 있는 사람이다. 듣는 사람은 이전에 가지고 있던 지식과 자신의 경험을 활용하여 듣고, 새로 들은 정보를 이전 지식과 결합시킨다. 그러므로 듣기는 능동적이고 의미 협상이 가능한 활동이다.

학습자에 대한 이러한 관점의 변화는 듣기 수업을 준비하는 데 큰 영향을 준다. 듣기는 듣는 사람과 관련된 행위이다. 듣기는 말하기의 신데렐라가 아니다.[2] 듣는 사람은 말하는 사람이 잘 설명하는 것에 의해 들을 수 있는 것이 아니라, 듣는 사람의 들으려는 의지에 따라 결정된다. 지금까지 듣기 교육은 학습자가 들어야 할 내용에 관심을 두고 그 내용을 학습자가 얼마나 잘 이해하는지를 목표로 한 경향이 있다. 듣기의 주체는 듣는 사람, 곧 청자이다. 무언가에 집중하고, 식별하려 하고, 해석하고 파악하는 등의 일은 결국 듣는 사람이 할 일이다. 듣기의 성공 여부는 청자의 능동성에 달려 있다.

---

2 언어 이해 교육에서는 오랫동안 청자의 주체성을 외면해 왔다. 이를 두고 Nunan(2001:238)은 '듣기는 신데렐라와 같은 존재이다. 듣기는 듣기의 언니인 말하기에 의해 소외되어 왔다.'고 하였다(지현숙 2009:584에서 재인용). 한편, 임칠성(2016)은 '구어 사고, 반응을 포함하는 적극적인 행위, 유목적적인 행위'가 곧 듣기의 본질이라고 하면서, 듣기의 능동성과 유목적성에 대해 강조하였다.

이론에서 출발하여 현장까지!
손에 잡히는 한국어 교육학 개론

> **더 알아보기**
>
> 학습자의 동기는 듣기에 영향을 크게 미친다. 듣기 내용이 학습자를 대화 참여자로 몰입시킬 수도 있지만, 자칫하면 화장실이나 엘리베이터 한 편에서 엿듣는 사람으로 만들어 버릴 수도 있다. 다음 두 예시 중에서 한국어 듣기 학습자가 더 몰입할 수 있는 상황은 무엇이라고 부는가?
>
> (예시 1) 다른 도시를 방문한 사람이 길에서 만난 사람에게 길을 묻는 담화 듣기
> (예시 2) 다른 나라를 방문한 외국인이 지나가는 사람에게 길을 묻는 담화 듣기
>
> 첫 번째 예시에서 나올 대화는 모국어(L1)가 사용되는 상황이다. 그렇다면 이 말을 들을 학습자는 엿듣는 사람이 된다. 남의 이야기는 주제 친숙도가 떨어지고 동기 부여가 낮아져 듣기의 능동성이 발휘되기 어렵다. 이에 비해 두 번째 예시 대화는 외국인으로서 자신이 겪을 언어(L2) 사용 상황이 될 수 있다. 대화 참여자의 연령과 직업 등 학습자 요구에 맞춰 설계해 주면 학습자의 몰입도는 더 높아질 것이다. 그러므로 학습자가 들어야 하는 정보와 간접 체험할 정보를 제공하여, 학습자를 참여자로 만들어 주자.

9.3. '듣기'를 찾아가는 길

듣기는 '정보처리 과정'

듣기란 입력된 음성 정보를 연속적으로 처리하는 과정의 전체이다. 간혹 듣는 사람의 주의력에 문제가 생기기도 하고, 기억의 제한이 듣기를 방해하기도 한다. 그럼에도 불구하고 듣기 수업 중에 이루어지는 모든 활동은 곧 이러한 듣기의 문제를 해결하고자 하는 노력이다. 이 과정을 수행하는 동안 순차적으로 들어오는 정보를 청자는 어떻게 처리할

까? 듣기 과정은 정보처리의 상향식 모형과 하향식 모형으로 설명될 수 있다.

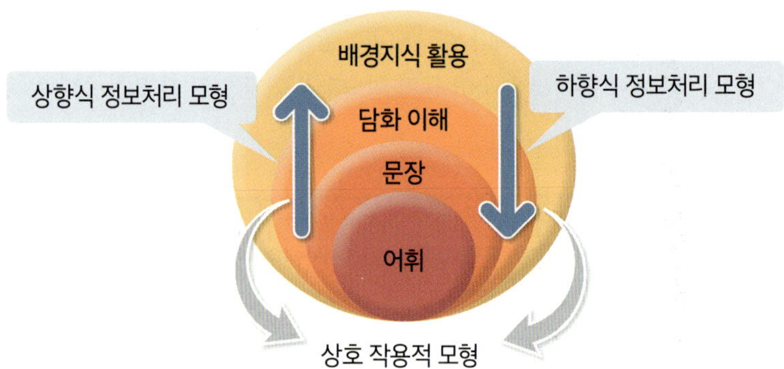

〈그림 9-7〉 청자의 정보처리 과정

말은 소리, 어휘, 문장, 담화 순으로 커진다. 그러므로 말소리 하나하나를 듣고, 소리와 단어의 의미들을 합하여 전체 의미를 이해할 수 있다. '소리 인식, 음운 식별, 어휘와 문장 이해, 담화 이해'와 같이, 언어 정보가 입력될 때 작은 단위를 먼저 인식하고 점차 단위를 확장함으로써 이해에 도달한다는 것이다. 이것이 상향식 정보 처리 모형(bottom-up processing model)이다.

이와 달리 하향식 정보 처리 모형(top-down processing model)은 청자의 사전 지식이 하는 역할을 믿고, 청자의 능동적인 활동을 강조한다. 듣는 과정에서 청자가 우선 전체 맥락을 파악하고, 이에 따라 중요한 내용을 해석해 간다고 보는 것이다. 이러한 흐름에서 볼 때, 이해에 중요한 역할을 하는 것은 말하는 사람의 의도, 중심 생각, 말을 주고받는 상황 맥락 등이다. 이해란 청자가 스스로 하는 것으로 보기 때문이다.

쏟아지는 폭포와 솟아오르는 분수 중에서 어느 것이 더 멋지다고 보는가? 물이 흐르는 방향은 다르지만 폭포와 분수는 둘 다 사람들의 탄성을 빚어낸다. 그렇다면 물의 흐름을 둘 다 활용하여 멋진 경관을 만들어 내듯이, 정보처리의 두 가지 방법을 다 활용하여 누군가의 이해를 도울 수 있지 않을까? 이해 과정에서 배경 지식을 활용하여 전체 맥락을 파악하게 하는 동시에, 언어구조 지식을 활용하여 세부 정보를 파악하기를 모두 활용할 수는 없을까? 실제로 일어나는 이해 과정에서는 이 두 가지가 동시에, 상호 보완적으로 작동한다. 이처럼 두 모형을 다면적으로 적절히 활용하는 것을 상호작용적 모형(interactive model)이라 한다.

무엇보다도 중요한 것은 이러한 정보 처리 모형을 듣기 교육에서 적절히 활용하는 것이다. 학습자가 수행할 역할을 고려할 때, 학습자의 연령과 학력 정도에 따라 적절한 모형을 선택하는 것이 중요하다. 특히 한국어 학습자는 어휘나 표현 등 한국어 자원이 부족한 상태에서 들어야 하므로, 한 가지 방법에 기대어 문제를 해결할 수 없을 때가 많다. 듣기 교사는 이러한 학습자의 어려움을 기본 정보로 두고 듣기 수업을 준비해야 한다.

정보처리의 모형을 살펴보면, 읽기와 듣기는 입력된 정보를 처리하는 과정에서 유사하다. 그러나 읽기는 글에서 정보를 추출하는 것이나, 듣기는 말소리에서 정보를 취득해야 하는 과정이라는 점에서 다르다. 설령 듣기의 과정이 읽기와 유사하다 할지라도 듣기는 구어 의사소통이라는 점을 기억해야 한다. 다른 재료를 가지고 있으면서 같은 요리를 하겠다고 생각할 수는 없다. 그러므로 듣기 교사는 정보처리 과정에 대한 이해를 하는데 읽기 과정을 고려하되, 읽기와는 다른 방법으로 수업을 준비해야 할 것이다.

듣기의 수준을 질적으로 높이는 교육 내용

외국어로 듣기란 쉽고 단순한 과정이 아니다. 이를 극복하기 위해 한국어 듣기 교육은 듣기 교재, 교육자료, 듣기 수업 활동 등에 관해 연구해 왔다. 그런데 전반적으로 학습자가 무엇을 들어야 하는지를 논하기보다, 어떻게 듣게 할 것인지에 대한 고민이 더 많아 보인다. 음식의 재료가 부족한 상태에서 음식을 맛있게 할 방안이 다양하지 않은 것처럼, 이러한 접근법에는 한계가 있다. 듣기 교육에 포함되어야 할 내용을 알면 듣기 교육의 선반이 풍성해질 것이다. 한국어 학습자에게 필요한 교육 내용은 무엇인가?

첫째, 듣기는 소리를 식별하고, 어휘와 문장의 의미로 이해하려는 의사소통이다. 그러므로 외국어를 이해하려면 소리, 문법, 어휘와 표현의 의미 등 그 언어에 대한 지식이 있어야 한다. 허용 외(2005:416)에 따르면, 외국어 학습자는 듣기에 여러 약점이 있다고 한다. 외국어 학습자는 화자의 보통 속도의 말도 빠르게 느끼고 발음이나 억양이 달라도 다른 말로 인식한다. 그뿐만 아니라 문장이 길면 어려워하며, 절대적으로 부족한 어휘력을 겪고 있다. 한국어 학습자 경우에는 한국어 입말과 글말이 잘 구별되지 않는 문제도 있다. 또한 듣기는 담화에서 정보를 취득하는 것이다. 담화에는 대화, 발표, 강연, 토의, 토론, 스토리텔링 등 다양한 유형이 있다. 만약 학습자가 담화 유형별로 자주 쓰이는 표현과, 담화의 시작과 끝을 나타내거나 담화 구조를 짐작하게 하는 담화표지를 알고 있다면 듣기가 쉬워질 것이다.

이와 같이 소리, 문장, 담화 차원 등 언어 구조에 따라 각각 필수적인 교육 내용이 있다. 소리 차원의 교육 내용은 소리를 식별하고, 강세와 억양의 의미를 알고, 약화된 소리가 있다면 알아차리는 것이다. 문장 차원에서는 어순과 문법 체계를 알고, 문법 형태의 의미를 파악하고 주성분과 부성분을 구별하는 것이 포함된다. 그리고 담화 차원에서는 의사소통의 기능을 알고, 담화의 유형별로 많이 쓰이는 담화표지를 익히고, 담화 안에서 주요 요소나 새로운 정보를 찾아내고, 일반화와 예시의 관계를 찾는 것 등이 교육 내용으로 포함된다.

둘째, 듣기란 말을 재료로 하는 활동이므로, 듣기 활동에 참여하려는 청자는 한국어 구어의 특징에 대해 알아야 한다. 구어는 일상적인 대화에서 쓰는 표현으로, 한국어에서 구어는 어휘와 문법, 표현 등에서 문어(written language)와 많이 다르다. 구어에는 덜 격식적인 어휘나 문법, 표현들이 사용된다. 또한 구어에서는 조사의 생략이 비교적 자유

롭다. 이미향 외(2017:98-99)에서는 한국어 구어와 문어의 특징을 비교하여 정리하였는데, 다음 〈표 9-2〉를 구어의 교육 내용으로 참조할 수 있다.

〈표 9-2〉 구어와 문어 비교

		구어	문어
문법	조사	생략	생략 불가
		이랑, 하고	와/과
	어미	-더라, -더라고요	-았/었다
		-대(요)	-다/라고 한다
		-(으)세요	-(으)라, -시오
		-을 거-	-을 것이다
		-지(요)?	-을 것이라고 생각한다
	높임말	사용함	사용하지 않음
		저/제/저희	나/내/우리
단어	지시어	'이, 그, 저' 모두 사용	'저'는 사용하지 않음
	독립어	호칭어, 감탄, 주저하는 말을 사용함	사용하지 않음
	줄임말	사용함	사용하지 않음
	부사어	너무, 정말, 되게	아주, 매우, 상당히, 꽤
	고유어/한자어	고유어를 일상어로 사용함	한자어를 글에서 많이 사용함
문장	문장성분	아는 정보일 때 생략이 가능함	생략이 제한적임
	어순	바뀔 수 있음	기본 어순에 맞게 씀

셋째, 듣기 학습자는 맥락과 격식 정도에 따라 적절한 표현을 이해하고 해석할 수 있어야 한다. 말은 상대방과의 관계나 말을 쓰는 상황, 그리고 언어를 사용하는 범위에 따라 다르게 써야 한다. 이를 언어 사용역(register)이라 한다. 언어 사용역에 따라 상대방의 나이, 참여자의 관계와 처지 등이 달라지므로, 문법과 어휘 그리고 표현을 다르게 선택하게 된다. 특히 한국어는 공식적 상황에서는 격식체를 쓰고, 비공식적 상황에서는 비격식체를 구별하여 쓴다.

(5) 안녕하십니까? – 안녕하세요?

(6) 오늘은 여기까지 하겠습니다. – 오늘은 이만 마치죠.

(7) 어떻게 오셨습니까? – 무슨 일이죠?

(8) 요즘 기온이 많이 떨어졌습니다. – 요즘 날씨가 되게 추워졌어요.

위 (5)~(8)은 언어 사용역에 따라 같은 말이 달리 표현된 것이다. 둘 다 구어라 할지라도, 격식적 구어와 비격식적 구어는 각각 다르다. 무엇보다도 한국어 학습자는 언어 지식을 많이 습득해도 사회 문화적 맥락(socio-cultural context)에 적절하게 사용하는 능력이 부족하다. 사회 문화적으로 적합한 언어 사용 능력은 그 사회에서 경험하면서 배워갈 수 있는 것이기 때문이다. 그러므로 담화 형식상의 특성에 따라 듣기 상황의 맥락을 찾아보고, 이를 통해 들을 상황을 짐작하는 연습이 교육 내용으로 필요하다.

더 알아보기

허용 외(2005)에서는 외국인이 듣기 힘들어하는 한국어를 기본 내용으로 하여, 듣기 단계의 교수요목으로 다음을 제안한다. 그 내용을 듣기의 수준에 따라 나누어 제시하면 다음과 같다.

- 소리 듣기 수준: 한글 자모음 듣고 음가 알기, 예사소리·거센소리·된소리 구분하기, 언어권별로 난해한 소리 듣기
- 어휘와 문법 수준: 어휘 듣고 구별하기, 문장 듣기, 대화 듣기, 받아쓰기
- 담화 수준: 각종 안내 방송 알아듣기, 광고 듣기, 뉴스 듣기, 비유적 표현 듣기(관용구/속담)

이론에서 출발하여 현장까지!
손에 잡히는 한국어 교육학 개론

듣기의 문제를 해결하기 위한 전략

외국어 학습자가 극복해야 할 어려움은 많다. 듣기란 본질적으로 일회적이다. 순간적으로 지나가는 말을 사람이 들은 대로 다 기억할 수는 없다. 니콜스(Ralph Nichols) 등의 실험에 따르면, 사람들은 화자(speaker)의 말을 들을 때마다 화자가 말한 것의 반 정도를 놓치고, 두 달 후에는 들은 것의 1/4만을 기억한다고 한다. 원래 청자는 시간과 기억의 한계로 모든 내용을 들을 수 없다. 사람은 들은 것을 순서대로 녹음하고 재생하는 녹음기와 다르다. 들려오는 내용 중에서 자신과의 관련성, 관심거리 등 중요하다고 여기는 것을 선택적으로 듣고서 그것을 기초로 전체 내용을 재구성하는 방식으로 이해한다.

앞에서 본 바, 외국어를 듣기 위해서는 해당 언어에 관한 많은 지식이 필요하다. 그렇지만 본질적으로 언어 자원이 부족하다. 그뿐만 아니라 청자는 들을 때의 기분과 감정에 영향을 받는다. 배워야 할 언어 지식에 대한 압박, 시간적 제약, 기억의 한계 등은 외국인 학습자에게 두려움을 준다. 한국어 듣기 학습자는 언제나 심리적 압박을 해결해야 하는 숙제를 안고 있다는 셈이다.

이처럼 외국어를 듣기 어려운 원인으로는 목표 언어에 대한 지식 부족, 음성언어의 시간 제약성, 기억의 한계, 심리적 압박과 정서적 불안 등 여러 가지가 있다. 이러한 듣기의 곤란 요인을 극복할 수 있는 방법은 없을까? 듣기에 성공하기 위해서는 이러한 문제를 극복하는 특별한 방법이 필요하다. 말이 어렵고 복잡하거나, 주제나 형식이 친숙하지 않아 어렵다면 그것을 해결하기 위한 특별한 기술을 활용해야 한다. 직면한 문제를 해결하기 위해 듣는 사람이 쓰는 특별한 기술, 이것을 듣기 전략(listening strategy)이라고 한다. 듣기의 전략으로는 상위 인지적 전략(metacognitive strategy), 인지 전략(cognitive strategy), 기억 전략(memory strategy), 보상 전략(compensation strategy), 정의적 전략(affective strategy), 사회적 전략(social strategy) 등이 있다.[3] 이 가운데 듣기 교육에서 적용할 수 있는 전략을 생각해 보자.

우선 듣기의 정보처리 과정 중 하향식 모형을 활용하는 전략이 있다. 일반적으로 외국어를 이해하는 데 언어 지식이 활용되지만, 학습자는 모르는 단어와 표현에 직면할 수밖에 없다. 이때 학습자에게 단서를 활용하여 맥락에 맞는 내용을 찾아보게 한다. 핵심어와 주요 중심어를 듣고 표시하기, 구 단위로 들으며 내용 연결하기, 맥락을 이해하기 등의 방법이 있다. 또한 들을 내용과 관련된 배경 지식을 적극 활용하여 새로운 정보와 결합하기, 상황과 목적을 이해하여 중심 내용을 추측해 나가기, 아는 내용에 도움을 받아 말의 뜻을 추측하기, 말하는 사람의 의도를 예측하기 등이 이와 관련된다.

또한, 듣기는 시간의 제한으로 인해 생각하는 동시에 말해야 하는 입말 활동이다. 시간별로 순차적으로 입력되는 정보는 도중에 놓쳐도 다시 되돌릴 수 없고, 들은 그대로 다 저장할 수도 없다. 게다가 외국어를 들을 때는 낯선 발음을 식별하고, 소리의 의미를 파악하는 단계가 하나 더 전제되어 있다. 듣기의 시간 제한성은 외국어 듣기를 더 어렵게 한다. 그러므로 한국어 입말에서 나타나는 특징을 알고 이를 활용하는 것은 듣기의 주요 전략이다. 이해영(1999)에서는 입말 표현을 익혀 듣기에 활용할 것을 강조하였다. 한국어의 입말에서 축약된 말소리를 파악하기, 문장에서 도치나 생략을 파악하여 듣기, 휴지 단위를 파악하여 듣기 등을 듣기 과정에서 적극적으로 활용하게 한다.

그리고 '내가 지금 잘 듣고 있는가?'를 되돌아보는 상위 인지적 전략을 적용할 수 있다. 말하는 사람의 말투나 옷차림, 자세 등에 신경을 쓰며, 주제와 상관이 없는 말이나 잘 모르는 말에 집중하느라 정작 중요한 정보를 놓치는 경우가 많다. 말의 겉뜻에 말하는 사람의 의도를 생각하지 못할 때도 있다. 이러할 때 듣는 사람이 주체적으로 자신을

---

[3] 전략에 대한 자세한 설명은 '12장 이해에서 감상까지, 한국어 읽기 교육'에서 더 볼 수 있다.

이론에서 출발하여 현장까지!
손에 잡히는 한국어 교육학 개론

돌아보는 전략이 필요하다. 또한 듣는 사람은 말하는 사람에게 자신의 반응을 보내며 상호작용하고 있음을 알릴 수 있다. 이것을 청자 반응 표지(back channel signal)라 한다. 듣는 과정에서 어려움이 있으면 말하는 사람과 상호작용하면서 문제를 해결하는 사회·정의적 전략도 듣기의 주요 전략이다. 이처럼 듣기의 전 과정에서 전략을 개발하고 사용하는 연습은 듣기 교육에서 중요한 내용이다.

9.4. 문을 열고 듣기 교실에 들어가기

생각해 보기

다음은 듣기 수업 시간에 일어난 어떤 일에 대해 교사와 학습자가 각각 한 말이다. 이 교실에서 어떤 문제가 있었을까?

- 교사: "학생들이 내용을 한 번 듣고 잘 몰라요. 그러면 반복적으로 다시 들려주는 편입니다."

- 학습자 1: "우리가 내용을 잘 못 들으면, 선생님이 다시 들어보라고 해요. 그런데 처음에 안 들린 것은 반복하여 들어도 안 들려요. 그냥 반복하여 듣는 것은 의미가 없다고 생각하는데, 다른 방법이 없나 봐요."
- 학습자 2: "교실 밖에 가면 이런 문제가 생길 때 두 번 못 듣잖아요. 교실 밖에서는 선생님처럼 설명을 해 주는 사람도 없고요. 이렇게 공부하는 게 맞을까요? 잘 모르겠어요."

위에서 교사의 말을 보면, 교실을 운영하는 선생님으로서 현재 '듣기를 위한 특별한 수업 방식'이 없다는 문제점이 보인다. 그리고 학습자는 현재 '듣기 수업 방식에 실제성이 없다.'는 불만을 이야기한다. 수업은 교사와 학습자가 함께 하는 항해이다. 한 방향을 보면서 배를 저어갈 수 있는 방법을 찾아보자.

듣기 기술을 개발하는 듣기의 수업 구성

흔히 외국어 듣기를 위해 특별한 방법이 필요하다고 말한다. 그렇지만 외국어 듣기 교육은 우선 모어 환경에서 듣기를 할 때와 마찬가지로 접근해야 한다. 입말을 들려주기, 상호작용하며 듣기, 말하기나 쓰기 등과 연계하여 연습하기 등은 모어를 듣는 환경과 같다. 그럼에도 불구하고, 외국어 듣기에 요구되는 특별한 기술들이 있다. 외국어 듣기 수업에서 가장 특징적인 것은 등급별·수준별로 듣는 것, 실제 담화 현장의 환경을 구체적으로 제시하는 것, 낯선 문화에서 소통할 학습자를 고려하는 것 등이 그것이다. 이처럼 학습자가 듣기를 잘 수행할 수 있도록 가르치는 것을 듣기 지도(listening instruction)라 한다.

한국어 학습자가 도달할 목표와 내용에 따라 듣기 수업을 구성해 보자. 듣기는 이해 영역이므로, 정보처리 과정에 따라 듣기 전 단계(pre-listening stage), 듣기 본 단계(while-listening stage), 듣기 후 단계(post-listening stage)로 구성하는 것이 가장 보편적이다. 다음 〈그림 9-8〉을 함께 보고, 단계별로 적절한 활동을 생각해 보자.

〈그림 9-8〉 듣기 수업의 단계

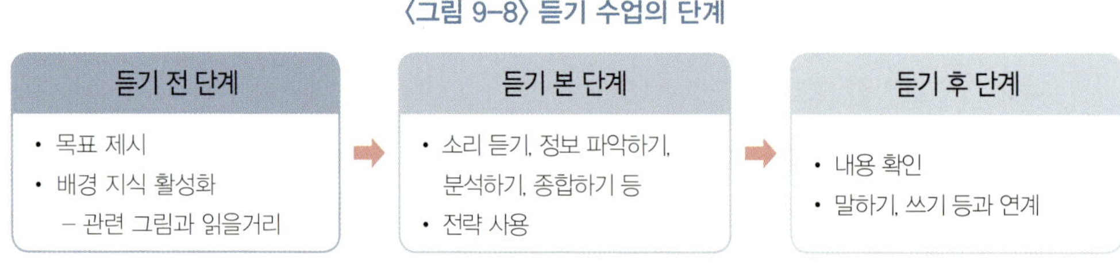

① 듣기 전 단계

　　듣기 학습자는 외국어를 듣기 전 단계에서 대부분 긴장한다. 그러므로 듣기 전 단계에서는 학습자가 들을 준비를 충분히 할 수 있게 한다. 이를 위해 교사는 배경 지식을 활성화하기, 관련된 읽을거리나 그림을 제공하기, 내용에 대한 질문을 주고 답을 생각하게 하기 등을 할 수 있다.

(9)　'배경 지식 활용하기'의 예

　　- 다음 그림을 보고 자신이 알고 있는 것을 말해 보세요.

　　- 아래 그림으로 하려는 말을 추측하여, 앞으로 들을 내용을 예측해 보세요.

(10) '이야기 예측하기'의 예

- 다음 순서가 섞인 그림을 보고 순서대로 그림을 놓아 보세요.

264

(11) '상황 맥락을 활용해 어휘 예측하기'의 예

- 다음 노래 가사를 보고 문맥과 첫소리로 (   ) 안에 들어갈 말을 생각해 보세요.

- 다음 그림을 보면서 노래의 가사를 함께 추측해 보세요.

나는 나비

윤도현(YB)

내 모습이 보이지 않아	앞길도 보이지 않아	나는 아주 작은 애벌레
살이 터져 허물 벗어	한 번 두 번 다시	나는 상처 많은 번데기
추운 겨울이 다가와	힘겨울지도 몰라	
(ㅂ ①)이 불어오면	이젠 나의 (ㄲ ②)을 찾아 날아	
(ㄴ ③)를 활짝 펴고	세상을 (ㅈ ④) 날 거야	
노래하며 춤추는	나는 아름다운 나비	
(ㄱ ⑤)을 피해 날아	(ㄲ ⑥)을 찾아 날아	
사마귀를 피해 날아	(ㄲ ⑥)을 찾아 날아	꽃들의 사랑을 (ㅈ ⑦) 나비
(ㄴ ③)를 활짝 펴고	세상을 (ㅈ ④) 날 거야	
노래하며 춤추는	나는 아름다운 나비	

(12) '경험을 활용하여 들을 내용에 대해 준비하기'의 예

- 날씨에 따라 잘 팔리는 음식이 다릅니다. 다음 먹거리는 몇 도일 때 가장 많이 팔릴까요?

  자기 경험을 생각하며 다음을 연결해 보세요.

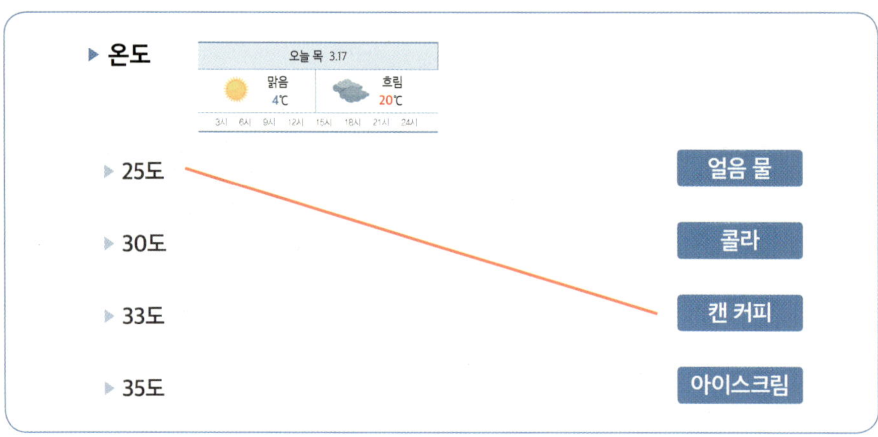

(13) '정보를 활용하여 들을 내용 예측하기'의 예

- 다음 그림에서 무엇을 알 수 있어요? 사과와 배가 왜 적어졌을까요?

  앞으로 어떤 일이 생길까요?

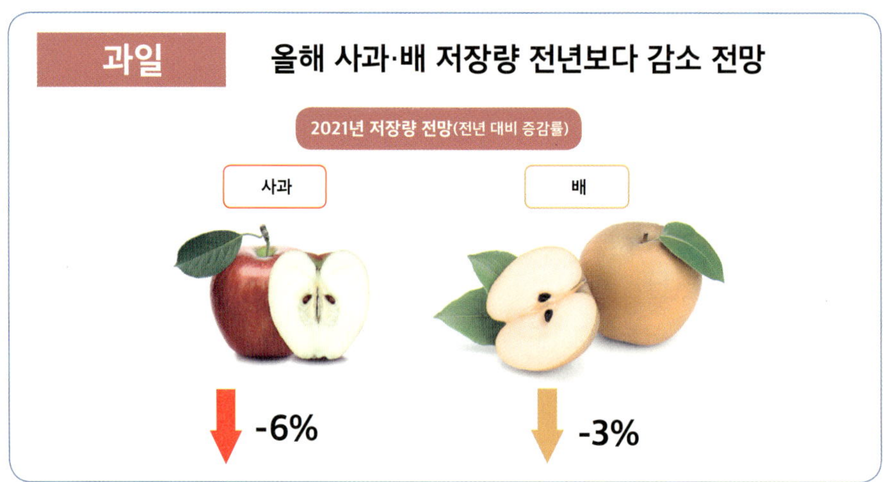

이론에서 출발하여 현장까지!
손에 잡히는 한국어 교육학 개론

학습자는 집중해서 듣기 위해 긴장을 많이 한다. 그러면 듣기 학습자의 긴장 상태는 듣기의 효율성을 높이는 데 언제나 도움이 될까? 그렇지 않다. 듣기 과정에서 긴장도가 심하게 높으면 들어야 할 내용을 오히려 놓치는 일이 생긴다. 만약 이것이 듣기 평가 상황이라면 학습자가 제 실력을 발휘하기 힘들어져 듣기 능력을 확인하지 못할지도 모른다.

정성헌 외(2018)에서는 듣기 평가에서 학습자가 특히 많이 긴장하는 부분과, 그 긴장의 결과로 발생할 문제점에 대해 확인하였다. 학습자들은 듣기 능숙도에 상관없이 대부분 이야기의 시작 부분에 과도하게 긴장하였다. 우선, 쉽게 구성된 담화 텍스트라 할지라도 그것이 첫 번째 문제로 나오면 긴장도가 과도하게 높아졌다. 또한, 하나의 담화 텍스트 안에서도 듣기 시작 부분에서 긴장도가 높아지는 현상이 나타났다.

이러한 사실을 적용하여 수업과 평가를 구성해 보자. 첫째, 듣기 수행을 연습하는 과정에 학습자의 심리를 유연하게 해 주는 특별한 장치가 필요하다. 본 듣기 이전에 예비 듣기용 자료를 준비하거나 협동적인 듣기를 하게 하여 개인의 부담을 덜어주는 것이 중요한 이유가 여기에 있다. 또한 듣기 평가에서는 문두에 들을 핵심어를 두는 것을 피하고, 배경이 되는 내용 후에 핵심어를 제시하는 것이 좋다.

② 듣기 본 단계

듣기 본 단계에서는 다양한 방법을 사용하여 듣기의 수준과 유형별로 담화를 이해한다. 외국어 듣기에서 교육 내용은 현재 학습자에게 익숙한 수준에 맞추되, 들을 거리는 현재보다 약간 높은 수준의 내용으로 준비하여 제시하도록 한다.

이 단계에서 할 수 있는 활동으로는 내용에 맞게 그림을 배열하거나 완성하기, 표를 완성하기, 내용을 목록표로 만들기, 들으면서 괄호 채우기, 특정 정보 찾기, 오류 찾기 등이 있다. 듣기에서 시각적 도움 자료는 듣기가 일어나는 맥락을 보여주어서 듣기 활동을 쉽게 해 준다. 학습자들은 들을 내용에 관심이 있을 때 더 능동적으로 참여하므로,

듣기의 본 단계에서도 그림, 표, 그래프 등을 함께 제시하며 능동적 참여를 유도할 수 있다. 또한 학습자의 요구에 맞도록 실제 담화 현장의 환경이나 맥락을 구체화하여 제시하면 학습자의 듣기 기술 개발에 적극성을 더하게 될 것이다.

다시 한 번 강조하건대, 듣기 학습자는 자신과 관련된 것을 적극적으로 듣는다. 남의 이야기를 집중하고 긴장하며 열심히 들을 사람은 없다. 그러므로 학습자가 들을 내용이 학습자와 관련된 것인지 확인해야 한다. 들을 내용의 관련성은 학습자를 대화 참여자로 만들 수도 있지만, 자칫하면 청자를 화장실이나 엘리베이터의 구석에서 엿듣는 사람으로 만들어 버릴 수도 있다. 이러한 제한점을 극복하는 자료를 함께 준비해 보자.

(14) '특정 정보 찾기'의 예
- 다음을 들으면서 중요한 내용을 메모해 보세요. 메모한 내용을 친구와 비교하세요.
- 다음 그림을 보면서 중요하다고 생각하는 사실을 한 문장으로 요약해서 말하세요.

<table>
<tr><td>

생각거리

언니
언니
언니

언니는 자기보다 나이가 많은 사람을 부르는 말이다. 그런데 나이가 많은 사람이 아르바이트생에게 언니라고 부르는 것은 왜일까?

출처: 이미향 외(2020), 〈한국어를 배울 때 알아야 하는 한국의 언어문화〉, 소통, 39쪽

</td><td>

[담화 유형: 발표]

언니는 자기보다 나이가 많은 사람을 부르는 말입니다. 그런데 저는 한국에서 아르바이트를 하면서 특별한 경험을 했습니다. 저보다 나이가 많은 사람이 저를 언니라고 부르는 것입니다.

실제로 한국 사람들은 언니라는 말을 잘 씁니다. 진짜 형제가 아닌 어린 후배한테도 언니라고 하고, 가게에 물건을 파는 종업원한테도 그렇게 말합니다. 처음에는 이런 말이 이상하지만, 이것이 익숙해지면 저도 가게 점원에게 "언니, 좀 깎아줘요."라고 말하게 됩니다. 이처럼 가족에게 쓰는 말을 가족이 아닌 사람에게 쓰는 경우가 한국어에는 아주 많습니다.(하략)

</td></tr>
</table>

이론에서 출발하여 현장까지!
손에 잡히는 한국어 교육학 개론

(15) '듣고 그림 순서 맞히기'의 예 (※ 위 (10)의 그림을 활용함)

- 다음을 들으면서 그림의 순서를 맞혀 보세요.

(16) '들으면서 괄호 채우기'의 예 (※ 위 (11)의 그림을 활용함)

- 다음을 들으면서 (   )의 내용이 예측한 것과 맞는지 확인하세요.

(17) '들으면서 특정 정보 확인하기'의 예

- 다음 일기예보를 듣고 날씨 정보를 채우세요.(초급)

- 다음을 들으면서 날씨와 나라별 생활 습관을 정리하여 표로 만들어 보세요.(중급)

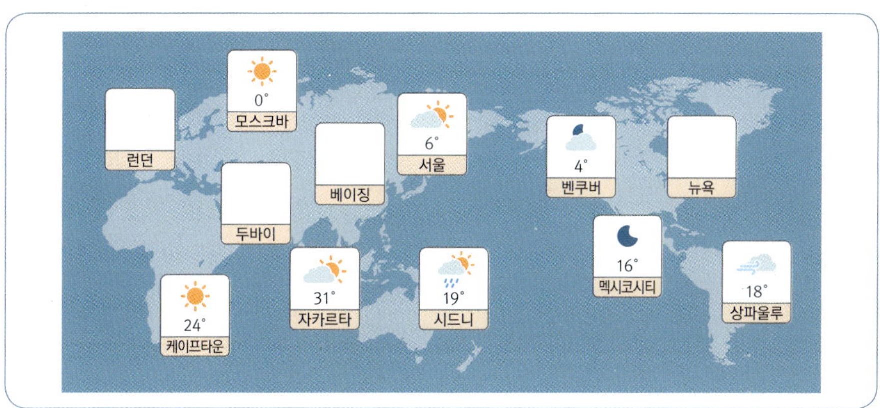

- 다음 뉴스를 들으면서 내용에 맞는 그림을 찾으세요.

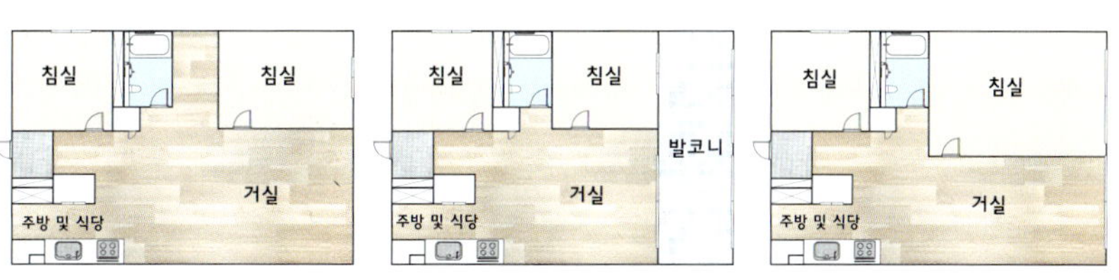

– 다음 일기예보가 우리 생활에 미치는 영향을 듣고, 새로 알게 된 사실을 한 가지씩 말해 보세요.

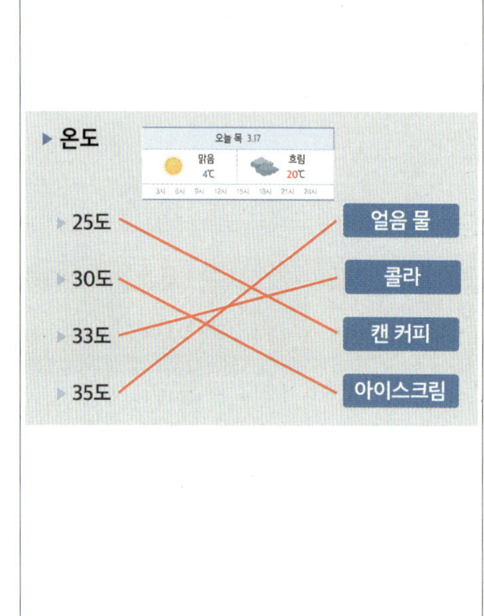

[담화 유형: 뉴스 보도]

앵커: 서울 날씨와 점포 매출 관계를 분석해 본 결과, 기온에 따라 판매되는 상품군이 영향을 받는 것으로 조사되었습니다. 김한국 기자가 전해드립니다.

기자: 저는 지금 공원에 나와 있습니다. 지금 점심시간이 조금 지난 시간인데요, 오늘 한낮에는 조금 덥다는 생각이 들어서인지 사람들이 손에 시원한 커피를 많이 들고 다닙니다. 이처럼 25도 전후일 때 사람들이 가장 선호하는 음료가 바로 시원한 커피라고 하는데요, (중략) 맥주는 평균 기온 20도를 넘는 때에 잘 팔리고, 소주와 막걸리 등은 기온이 내려갈수록 잘 팔립니다. 이에 비해 라면, 도시락, 김밥, 와인은 기온에 따라 변화가 크지 않다고 합니다. 이처럼 날씨와 경제는 상관이 큽니다.(하략)

이론에서 출발하여 현장까지!
손에 잡히는 한국어 교육학 개론

듣기가 수행되는 담화 유형은 다양하다. 듣는 상황에 따라 공식적 상황과 비공식적 상황으로 나눌 수 있고, 듣기의 목적에 따라 식별적 듣기, 분석적 듣기, 비판적 듣기, 감상적 듣기 등으로 나눌 수 있다. 이 가운데 소리를 구별하여 듣는 단계인 식별적 듣기를 제외하고, 의미를 듣는 상황을 예를 들어, 듣기의 유형을 다음과 같이 정리해 보자.

목적 상황	분석적 듣기	비판적 듣기	감상적 듣기
공식적 듣기	발표, 보고, 인터뷰	연설, 토론	구연 동화, 연극
비공식적 듣기	대화, 안내, 질문	대화, 부탁과 설득	대화, 위로와 격려, 사랑의 대화

현재 한국어 듣기 교수 학습이 정형화된 속성이 있다는 비판이 있다. 한국어 듣기 교재에 나타난 듣기 활동이 세부 내용 파악하기에 지나치게 의존한다는 것이다. 그리하여 청자가 대부분 사실을 파악하거나 추론 활동을 포함한 분석적 듣기를 수행하는 데 그친다. 듣기의 유형이 다양하다는 것을 아는 교사는 다양한 담화 유형으로 듣기 활동을 준비해야 할 것이다.

③ 듣기 후 단계

듣기 후 단계에서는 들은 내용을 확인하면서 말하기나 쓰기 등 다른 언어 기술로 활동을 연계한다. 듣기는 상호작용적인 언어 행위이다. 간혹 라디오를 듣거나 발표를 들을 때 혼자 듣는 것처럼 보일 때도 있으나, 청자는 들으면서 다음 활동을 준비한다. 청자는 곧 잠재적 화자이다.

과거에는 듣기 기술을 훈련하는 데 이러한 상호작용이 고려되지 않았던 적이 많았다. 말 한 덩이를 다 들은 후, 그 내용을 이해했는지 확인한 것이다. 다 듣고 나서 들은 결과를 묻는 것은 듣기 활동이라기보다 듣기 평가에 가깝다. 현실 세계에서는 다 듣고 난 뒤에 말을 하거나, 수동적으로 계속 듣는 경우가 거의 없다. 전화번호나 메모한 내용을 전달하는 것처럼 들으면서 말할 수 있고, 들은 것을 쓰기도 하며, 쓴 것을 보면서 읽기도 한다. 앞에서 살핀 바와 같이, 듣기는 다른 기능에 전이효과가 높다. 그러므로 듣기를 쓰기나 말하기 등과 연계하여 들은 후 활동으로 이어간다면 학습자에게 유용하다. 이 단계에서 할 수 있는 활동으로는 들은 것을 요약하기, 들은 내용의 인과 관계를 설명하기, 들은 것으로 대본을 작성하여 역할극 해 보기 등이 있다.

(18) '요약하여 말하기'의 예

- 들은 내용을 요약해서 말하세요.
- 이 이야기의 중심 내용이 뭐예요? 들은 내용과 비슷한 경험을 한 적이 있어요? 자기 경험을 들어 말해 보세요.
- '이모, 형, 삼촌'처럼 가족 호칭어를 사용하는 것에 대해 자기 나라 문화와 비교하여 말하세요.

(19) '들은 내용 확장하기'의 예

- 순서에 맞게 들은 내용을 말하고, 이후 이야기가 어떻게 될지 말해 보세요.
- 들은 이야기의 순서와 결말을 바꾸어, 이유와 함께 말해 보세요.
- 내일 무엇을 할 거예요? 들은 날씨에 맞게 내일 활동을 말해 보세요.
- 일기예보가 우리 생활에 미치는 영향을 자신의 경험과 관련지어 말하세요.
- 문화 차이를 만드는 날씨에 대해 친구와 이야기하고, 더 알게 된 사실을 말해 보세요.

(20) '내용 확인하고 강화하기'의 예

- 이야기를 듣고 이해한 내용을 4컷 만화로 표현하세요.

만화를 함께 보면서, 자신이 그렇게 그린 이유를 설명해 보세요.

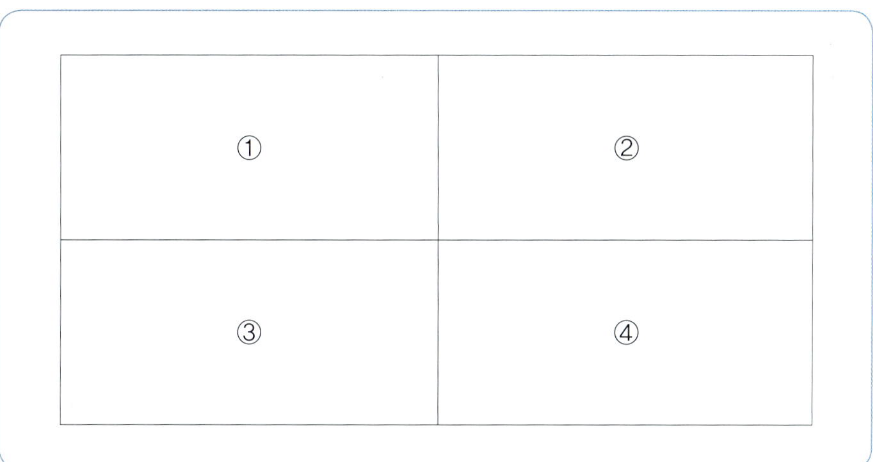

들은 바를 확인할 평가 내용

가르치고 배운 과정이 끝나면 학습자가 얼마나 들을 수 있는지 확인하게 된다. 평가는 학습자에게는 동기와 성취감을 주고, 교사에게는 교수 방법 개선에 필요한 정보를 제공하는 중요한 과정이다.

듣기 평가(listening evaluation)란 학습자의 듣기 능력을 측정하는 것이다. 듣기 평가에는 두 가지의 의미가 있다. 하나는 가르친 것을 얼마나 아는지를 확인하는 것이다. 일반적으로 교육과정에 따른 학습자의 듣기 성취도 평가를 이르는데, 진급시험, 중간시험과 기말시험 등에서 이루어진다. 또 하나는 듣기의 능력을 확인하는 숙달도 평가이다. 배운 것과 상관없이, 듣기의 문제를 얼마나 해결할 수 있는지를 알아보는 것인데, 듣기 평가는 문법적 능력, 사회언어학적 능력, 담화적 능력, 전략적 능력, 과제 수행 능력 등 범주별로 확인한다.

듣기 능력은 소리 듣기, 사실적 정보를 파악하기, 들은 내용을 적용하여 반응하기, 들은 내용을 바탕으로 추론하기, 종합하기 등 여러 수준에서 다양하게 측정할 수 있다. 다음 〈표 9-3〉을 보면서, 듣기의 수준에 따라 교사가 평가 시행에 참고할 구체적 내용과 예시를 생각해 보자.

〈표 9-3〉 듣기의 내용 수준과 세부 내용

수준	세부 내용
음운 식별하기	**음운 식별하기, 단어 받아쓰기, 숫자 식별하기 등**
	예시) 다음 중 들은 소리로 맞는 것은? ① 갈 ② 강 ③ 감 ④ 간
사실적 정보 파악하기	**세부 내용 파악하기, 일치하는 내용 파악하기, 같은 의미 파악하기, 중심 내용 파악하기, 내용 요약하기, 제목 붙이기, 적절하게 대답하기, 적절하게 행동하기 등**
	예시) 다음을 듣고 알맞은 그림을 고르면? 다음 중 들은 내용으로 맞는 것은?
반응하기	**인사말에 반응하기, 의문문에 반응하기**
	예시) 다음 대화에서 남자의 말에 맞는 대답을 찾으면?
추론 및 종합하기	**화제 추론하기, 화자 태도 추론하기, 담화 유형 추론하기, 담화 참여자 추론하기, 담화 장소 추론하기, 담화 상황 추론하기, 이어질 내용 추론하기 등**
	예시) 다음 대화에서 남자의 태도는? 다음 대화가 이루어지는 장소는?

또한, 한국어 듣기 평가는 등급별로 이루어진다. 외국어 교육은 학습자의 언어 수준별로 목표를 달리하기 때문이다. 〈국제 통용 한국어 표준 교육과정 활용 점검 및 보완 연구〉(2016:166-168)에서 제시한 등급별 평가 내용 가운데, 듣기와 관련된 기능은 다음 〈표 9-4〉와 같다. 듣기 평가 문항을 구성할 때 다음 각 기능과 담화 상황을 활용하면

등급별로 듣기 능력을 확인하는 데 유용하다.

<표 9-4> 등급별 언어 활동 중 듣기와 유관한 기능

등급	기능
초급	소개하기(자신, 다른 사람, 주변의 친숙한 대상, 장소, 사물 등) 정형화된 표현 사용하기 하루 일과 소개하기 일상생활에 관해 묻고 답하기 일상적인 화제에 대해 간단하게 말하기
중급	친숙한 주제에 대해 간단히 이야기하기 자신의 경험이나 생각에 대해 이야기하기 주변의 인물, 사물, 사건에 대해 사실적으로 묘사하기 친숙한 직장 상황에 필요한 기능 사용하기 격식적, 비격식적 상황을 구분하여 말하거나 쓰기 다소 복잡한 구성의 텍스트를 읽거나 듣고 전반적인 내용 이해하기
고급	친숙하지 않은 사회적 추상적 주제에 대해 이야기하기 자신의 전문분야에 대해 이야기하기 시사적 현상, 문제에 대해 논리적이고 적절하게 이야기하기 전문적인 업무 수행에 필요한 기능 사용하기 특정 상황에서 요구하는 격식 이해하거나 표현하기 복잡한 구성의 텍스트를 읽거나 듣고 전반적인 내용 이해하기

어떤 외국어 교육도 의사소통을 목표로 두지 않은 적이 없다. 심지어 '의사소통'을 목표로 한다고 밝히지 않더라도 외국어 교육에서는 적어도 그것을 전제하고 있다고 믿었다. 그러나 외국어 교육에서 모든 활동이 의사소통을 도운 것은 아니다. 아는 것과 할 수 있는 것은 다르기 때문이다. 언어 지식으로 접근하는 언어 활동은 학습자의 소통력을 보장하지 못한다. 운전하는 기술을 얻는 첫 시도는 주차된 차에 시동을 걸어 도로로 나가는 것이다. 언어 사용 기능은 실제로 겪으면서 얻는 기술이다.

Martin Bygate(2003)는 "외국어 교육에서 기본적인 문제의 하나는, 학습자들이 그 목표 언어를 쓸 수 있게 준비하는 일이다. 이 준비가 얼마나 이루어지는지, 그리고 그 준비가 얼마나 성공적인지는, 전적으로 교사로서 우리가 목표를 얼마나 잘 이해하고 있는가에 달려 있다."라고 하였다. 듣기 교육을 얼마나 잘할 수 있을 것인지는 교사로서 듣기 교육의 목표와 내용을 얼마나 잘 이해하고 준비하는지에 따라 달라진다는 점을 다시 한 번 되새긴다.

이론에서 출발하여 현장까지!
손에 잡히는 한국어 교육학 개론

10장

유창하고 명료하게, 한국어 말하기 교육

하지혜 · 극동대학교

학습자들은 말을 잘하고 싶어한다. 말을 잘한다는 것은 무엇일까? 알고 있는 지식을 많이 말할 수 있다는 것일까? 아니면 알고 있는 바를 빨리 말할 수 있다는 것일까? 미래의 교사로서 말하기 수업에서 무엇을 어떻게 가르쳐야 할지 여전히 고민된다면 무엇이 말을 잘하게 만들어 주는지 이 장에서 함께 고민해 보자.

10.1. 말하기 교육을 위한 개념 정리

말하기란 무엇일까?

말하기 교육을 이해하기 위해서는 말하기에 대한 이해가 우선되어야 한다. 그렇다면 말하기는 무엇일까? 말하기, 듣기, 읽기, 쓰기의 네 가지 언어 기능(skill)은 매개체(구어(spoken language), 문어(written language))가 무엇이냐에 따라 나눌 수도 있고, 정보 처리의 과정(이해, 표현)에 따라 나눌 수도 있다. 말하기는 구어라는 매개체를 사용하며, 표현의 정보 처리 과정에 해당된다. 그리고 말하기는 화자 또는 청자가 말하기 상황에 참여하게 되는데, 이 상황에 따라 화자가 일방적으로 말하는 상황과 화자와 청자가 대화를 주고받는 상호작용적인 상황으로 나뉠 수 있다. 요약하자면, 말하기는 화자가 구어를 매개체로 하여 자신의 생각이나 감정을 표현하여 처리하는 과정이다.

말하기는 실생활에서 차지하는 비중이 크기에 제2언어(second language) 교수 영역에서도 말하기에 대한 관심이 높다. 그러나 한국인처럼 말하는 것은 쉽지 않다. 자신의 생각이나 감정을 나타내기 위해서는 주어진 담화 상황에 적합한 언어 지식을 활용해야 함은 물론 억양(intonation), 강세(accent), 발화 속도 등을 적절하게 사용하여 자신의 의도를 표현해야 하기 때문이다. 그리고 의미협상이나 순서교대(turn-taking)와 같은 상호작용의 규칙도 지켜야 하기에 학습자에게 더욱 어렵다. 그뿐인가? 때로는 표정, 몸짓의 비언어적 방식으로 표현할 수도 있으며 이는 어떤 문화를 배경으로 하느냐에 그 의미가 달라진다.

그럼에도 불구하고 말하기는 실생활에서 듣기와 함께 높은 비중을 차지하는 언어 기능이기에 언어 습득의 중요한 부분이다. 그렇다면 말하기 교육은 어떻게 이루어져야 할까? 그 목표부터 살펴보자.

말하기 교육의 목표

말하기 교육의 가장 최우선되는 중요한 목표는 무엇일까? 바로 목표 언어를 말하게 되는 것이다. 학습자는 목표 언어의 모어 화자처럼 말할 수 있게 되기를 기대하고 교사는 이를 달성할 수 있도록 도와야 한다. 좀 더 구체적으로 한국어 말하기 교육과정의 목표를 살펴보자. 〈국제 통용 한국어 표준 교육과정〉(2017)에서는 말하기 교육의 목표를 등급화하여 다음과 같이 제시하고 있다.

<표 10-1〉 등급별 말하기 목표

등급	목표
1급	자신과 다른 사람을 소개할 수 있고 일상생활에서 오가는 매우 간단한 대화와 빈번하게 쓰이는 정형화된 표현(formal expression)을 생산할 수 있다
2급	일상생활에서 자주 접하는 주제의 대화를 할 수 있으며 일상생활에서 자주 가는 장소에서 묻고 답할 수 있다
3급	친숙한 사회적·추상적 주제와 자신의 관심 분야에 대해 간단한 대화를 할 수 있으며 대화 상황을 어느 정도 구분하여 말할 수 있다
4급	친숙한 사회적·추상적 주제와 자신의 관심 분야에 대해 비교적 유창하게 묻고 답할 수 있으며 자신의 직업과 관련된 업무 상황에서 요구되는 비교적 간단한 의사소통을 할 수 있다
5급	친숙하지 않은 사회적·추상적 주제 및 자신의 직업이나 학문 영역에 대해 어려움 없이 설명하고 자신의 의견을 유창하게 말할 수 있다
6급	친숙하지 않은 사회적·추상적 주제 및 자신의 직업이나 학문 영역에 대한 의견을 논리적으로 주장할 수 있으며 자신의 전문 분야에 대해 상세하고 유창하게 말할 수 있다

출처: 김중섭 외(2017), 〈국제 통용 한국어 표준 교육과정 적용 연구〉, 국립국어원 연구 보고서

각 등급별 특징을 살펴보면 말하기 목표는 주제와 상황을 중심으로 제시되었다. 초급인 1급에서는 일상생활에서의 간단한 대화와 인사, 감사, 사과 등의 일상생활에서 빈번하게 사용되는 정형화된 표현을 말할 수 있는 것을 목표로 하고, 2급에서는 하루일과,

이론에서 출발하여 현장까지!
손에 잡히는 한국어 교육학 개론

취미, 취향 등의 일상생활에서 자주 접하는 주제로 대화할 수 있는 것을 목표로 한다.

중급에 해당하는 3급에서는 직업, 교육, 사랑 등의 친숙한 사회적·추상적 주제가 도입되며 이에 대한 간단한 대화를 할 수 있는 것을 목표로 하고, 4급에서는 자신의 관심 분야의 주제도 비교적 유창하게 말하는 것과 간단한 회의, 브리핑, 업무 지시 등의 업무 상황 대화도 간단하게 할 수 있는 것을 목표로 한다. 따라서 4급에서는 격식과 비격식도 구분하여 말할 수 있어야 한다.

고급에 해당하는 5급에서부터는 정치, 경제, 과학 등의 친숙하지 않은 사회적 · 추상적 주제를 말할 수 있어야 하고 직업이나 학문 영역의 주제도 유창하게 말할 수 있어야 한다는 점에서 차이가 있다. 6급에서는 5급에서의 주제를 보다 논리적이면서 체계적으로 유창하게 말할 수 있어야할 뿐만 아니라 자신의 전문 분야에 대해서도 그와 같이 말할 수 있어야 한다.

요약해 보면 한국어 말하기 교육의 목표는 자신의 생각이나 감정을 구어로 표현할 수 있는 것을 기본으로 하며 대화의 주제, 대화의 상황, 학습자의 수준, 말하기 방식에 따른 주장하기, 비판하기, 추천하기 등, 유창성(fluency), 발음(pronunciation)[1] 등이 목표가 된다. 한국어 교육의 목표가 의사소통능력의 향상이라는 점을 고려할 때, 한국어 말하기 교육의 목표 역시 화자가 대화 참여자인 청자와 원활하게 소통하는 능력을 향상시키는 것이라고 할 수 있다.

---

1   기능적인 성격의 '발음'은 '말하기'에 포함시켜 기술하였기에 말하기 등급별 목표에 명시적으로 제시되지는 않았으나 목표 항목 중 하나이다.

말하기 교육의 원칙

한국어 말하기 교육의 목표는 학습자가 구어를 사용하여 상대방과 원활하게 의사소통하도록 하는 데 있다. 이에 따라 학습자의 말하기 능력을 향상시키기 위해서는 다음과 같은 말하기 교육의 원칙을 따라야 한다.

- 유창하고 명료하게 말할 수 있도록 유도하라
- 실제적이면서 다양한 구어 담화를 제공하라
- 구어와 문어의 차이를 알 수 있도록 유도하라
- 말하기는 듣기와 연계하라

첫째, 유창하고 명료하게 말할 수 있도록 유도하라. 학습자는 자신의 생각과 느낌을 구어로서 전달할 때 유창하고 명료하게 말할 수 있어야 한다. 유창성과 명료성(intelligibility)[2]은 억양, 발음과 관련된다. 유창성은 화자가 청자가 잘 이해할 수 있을 정도의 억양과 속도로 말하는 것과 관련되고, 명료성은 화자가 청자가 잘 이해할 수 있도록 명료하게 발음하는 것과 관련된다. 교사는 학습자가 화자로서 유창하고 명료하게 말할 수 있도록 유도할 수 있어야 한다. 이때 억양과 발음 교육의 목표는 모어 화자를 완벽하게 모방하는 것이 아니라 청자가 쉽고 편하게 이해할 수 있을 정도로 충분히 유창하고

2　명료성(intelligibility)은 정확성(accuracy)으로 표현되기도 한다. 그러나 1960년대에 이르러 발음의 '정확성' 기준의 비현실성, 모호성, 필요성에 대한 의문이 제기되면서 이를 대신하여 이해 명료성(intelligible pronunciation), 자연스러움(natural pronunciation), 선명성(clear pronunciation), 의사소통가능성(communicatable pronunciation) 등이 제안되었다(이향, 2012:226). 제2언어 학습자들의 발음 및 억양은 모국어 화자가 이해할 수 있을 정도로 명료한가를 보는 것이므로 이 책에서는 명료성으로 표현한다.

이론에서 출발하여 현장까지!
손에 잡히는 한국어 교육학 개론

명료하게 발음하는 데 있어야 한다.

둘째, 실제적(authentic)이면서 다양한 구어 담화(spoken discourse)를 제공하라. 교사는 학습자에게 다양한 구어 담화 자료를 제공해야 한다. 수업에서 다양한 구어 담화를 접한 학습자는 실제 의사소통 상황에서 적절히 대처할 수 있고 한국어의 비교문화적 특성도 잘 파악할 수 있다. 구어 담화는 형식적 측면에서 대화 또는 독백의 형식을 취할 수 있는데 이 또한 수업에서 학생들에게 모두 제공되어야 한다. 그리고 격식적/비격식적(formal/informal), 공식적/비공식적 담화도 제공하여 어떤 상황이냐에 따라 언어활동이 달라질 수 있음을 알려주어야 한다. 단, 수업에서 제공되는 구어 담화 자료는 실제성이 있어야 한다. 가공되지 않은 날 것의 자료가 수업에서 사용되어야 한다는 것이 아니라 학습에 적합하도록 상세화(elaboration) 또는 단순화하는 것이 필요하다. 그러나 지나친 수정은 지양되어야 한다.

셋째, 구어와 문어의 차이를 알도록 유도하라. 문어와 차별화되는 구어의 특성을 알려줄 필요가 있다. 구어는 청각, 문어는 시각을 활용하는 언어활동이며, 구어는 동적이고 문어는 정적이다. 구어는 발화되는 사건이 특정 공간과 시간 속에서 이루어지기 때문에 순간적이며, 무계획적이다. 반면에 문어는 비일시적이고 계획적이다. 그리고 구어는 상황에 따라 그 형식이 달라질 수 있기에 상황 의존적인 반면에 문어는 탈맥락적인 특성이 있다.

넷째, 말하기는 듣기와 연계하라. 듣기와 말하기는 구어를 사용하는 언어 기능으로 상호의존적인 특성이 있으며 화자와 청자의 역할이 서로 순환된다. McDonough and Shaw(1983)는 듣기와 말하기가 상호의존적인 관계에 있기 때문에 함께 설명하는 것이 자연스럽다고 하였으며 Brown(1994)은 듣기와 말하기는 서로 불가분의 관계에 있다고 하였다. 즉 듣기와 말하기는 서로 상호작용하면서 보완하는 밀접한 관계에 있기에 서로 연계하여 가르치는 것이 도움이 된다.

10.2. 성공적인 말하기를 위한 전략

말하기 전략이 왜 필요할까?

성공적으로 말하기 위해 어떤 전략이 필요할까? Nunan(1999)은 전략을 교육받은 학습자들은 그렇지 않은 학습자들보다 높은 학습 의욕을 가지고 있고 동기 유발이 잘 된다고 하였다. 또한, 모든 학습자들이 자신에게 적합한 전략을 직접 찾을 수 없으므로 명확한 전략 학습이 필요하다고 주장하였다. 이외에도 불안감이나 학습 환경은 학습자의 말하기 능력에 영향을 미치는데 이는 전략 학습을 통해 극복될 수 있다. Krashen(1981), Klein(1986)의 주장처럼 학습자는 불안감이 강해질수록 말하기 능력이 떨어질 수 있는데, 불안감과 같은 심리적 요인은 전략 학습을 통해 어느 정도 극복할 수 있다. 학습자에게 익숙하지 않는 언어 학습 환경 또한 불안감을 유발하는 요인이 되며 이 또한 전략 학습이 도움이 될 수 있다. 그렇다면 성공적인 말하기를 위한 전략에는 어떤 것이 있을까? 말하기 전략 유형에 대해 자세히 살펴보자.

성공적인 말하기를 위한 전략 유형

성공적으로 말하기 위한 전략에는 어떤 것들이 있을까? 교사는 수업 시간을 통해 학습자들에게 다음과 같은 전략을 알려주고 연습시킬 수 있다.

- 재설명 또는 반복 요청하기
- 채움말(filler) 사용하기
- 말차례(turn)를 유지하기 위한 표현 사용하기
- 말하기 쉬운 구조 또는 표현으로 바꿔 말하기
- 대화 상대방에게 도움 요청하기
- 정형화된 표현 사용하기
- 비언어적 표현 사용하기

첫째, 재설명 또는 반복(repetition) 요청하기가 있다. 청자의 말을 듣고 이해되지 않거나 잘못 들었을 때 다시 한 번 자세히 말해 달라고 요청하거나 반복해서 다시 말해 달라고 요청할 수 있다.

둘째, 채움말(filler) 사용하기가 있다. '음', '그', '어', '그게' 등과 같은 채움말을 사용하여 생각할 시간을 더 벌 수 있다. 이를 통해 자신의 말차례 순서를 상대방에 뺏기지 않고 자신의 생각을 말할 수 있다.

셋째, 말차례를 유지하기 위한 표현 사용하기가 있다. 두 사람 이상이 대화를 할 때 상대방이 끼어들 수 있다. 이때 자신의 말차례를 유지하기 위해 '잠깐만', '그게 있잖아', '그게 뭐냐면', '기다려 봐' 등과 같이 자신의 발화를 기다려 달라는 적극적인 표현을 사용해서 자신의 말차례를 유지할 수 있다. 이를 통해 말차례를 뺏기지 않고 자신의 생각을 말할 수 있다.

넷째, 말하기 쉬운 구조 또는 표현으로 바꿔 말하기가 있다. 학습자들은 복잡한 구조의 문장이나 이해하기 어려운 표현으로 발화하기 쉽지 않다. 그래서 전략적으로 복잡한 구조의 문장은 단문으로 나누어 발화하거나 어려운 표현은 회피하여 말할 수 있다.

다섯째, 상대방에게 도움 요청하기가 있다. 자신의 생각을 발화하다가 특정 표현이 생각나지 않을 때 '그 단어가 뭐죠?', 'ㅇㅇㅇ을/를 어떻게 말해요?' 등과 같이 청자에게 질문을 통해 도움을 요청할 수 있다. 이처럼 도움을 요청하면서 대화를 이어나갈 수도 있다.

여섯째, 정형화된 표현 사용하기가 있다. 인사 화행에서 사용하는 '처음 뵙겠습니다', '말씀 많이 들었습니다', '어디 가요?' 요청 화행에서 사용하는 '있잖아요', '주말에 시간 있어요?', 거절 화행에서 사용하는 '한번 생각해 볼게요'와 같은 정형화된 표현을 사용해서 말하면 상황에 적합한 전형적인 대화를 할 수 있어서 말하기에 유용하다.

일곱째, 비언어적 표현 사용하기가 있다. 언어 표현이 아니라 표정이나 몸짓을 사용하여 자신의 생각이나 의도를 전달할 수도 있다. 예를 들어 거절을 할 때, 굳이 말을 하지 않아도 곤란한 표정을 지으면 거절의 의사를 상대방에게 전달할 수 있다. 또는 인사의 말을 하지 않아도 고개를 숙이는 몸짓으로서 '안녕하세요'라는 인사의 뜻을 전할 수 있다. 단, 비언어적인 표현은 문화적 배경에 따른 차이가 있어 대화에 사용할 때 학습자의 주의가 필요하고 따라서 적절한 교수가 필요하다.

이상과 같은 것들은 잘 말하고, 대화를 잘 유지할 수 있는 전략들이다. 이를 교사가 적절히 학생들에게 노출하거나 가르치면 학생들이 말하기 기능을 수행하는 데 유용하게 활용될 수 있다.

더 알아보기

구어에는 '음', '어', '아', '그', '자', '그럼', '이제', '글쎄', '있잖아', '뭐더라' 등과 같이 독립된 하나의 발화로 존재하지는 않지만 발화와 발화를 유기적으로 연결해 주는 기능을 하는 담화 표지(discourse marker)가 있다. '음', '어', '그' 등은 발화 간의 빈 시간적 공백을 메우며 화자의 말차례를 유지시키는 기능을 할 수 있다. '자', '그럼', '이제' 등과 같은 것은 화제를 전환시키는 기능을 할 수 있다. 그리고 '글쎄', '있잖아', '뭐더라' 등과 같은 것은 새로운 화제를 도입시키는 기능을 할 수 있다.

이론에서 출발하여 현장까지!
손에 잡히는 한국어 교육학 개론

10.3. 말하기 수업, 준비부터 마무리까지

체계적이고 유용하게 말하기 수업 구성하기

말하기 수업은 일반적으로 도입(introduction)−제시(presentation)−연습(practice)−활용 (production/application)−정리(consolidation/wrap-up)의 다섯 단계로 구성된다. 이러한 단계 구분은 학습자에게 목표 언어를 점진적으로 노출시켜 이해와 습득을 돕고, 궁극적으로 실제 사용으로 연결되도록 교수할 수 있게 한다.

말하기 수업의 가장 전통적인 구조는 PPP 모형이다(Harmer, 2001).

〈그림 10−1〉 말하기 수업의 PPP 모형

제시 (presentation)	→	연습 (practice)	→	활용 (production)

제시 단계에서는 교사가 목표로 하는 표현이나 담화 기능을 소개하고, 학습자에게 해당 언어의 의미와 형태를 이해시키는 데 중점을 둔다. 연습 단계에서는 통제된 활동 을 통해 학습자가 언어 형식을 반복적으로 연습할 수 있도록 한다. 이때 짝 활동이나 짧 은 대화 완성하기와 같은 활동이 효과적이다. 활용 단계에서는 개방적 과업(open−ended task)을 통해 학습자가 스스로 언어를 산출할 기회를 제공해야 한다. 다만 PPP 모형은 구조적으로 체계적이지만, 교사가 지나치게 형식 중심으로 운영하면 학습자의 실제 의 사소통 기회가 줄어들 수 있으므로 주의가 필요하다.

이러한 한계를 보완하기 위해 제안된 것이 TTT 모형이다. TTT 모형은 학습자의 기 존 지식을 먼저 진단하고, 그 결과에 맞추어 수업을 설계하는 방식이다(Scrivener, 1994; Willis, 1996).

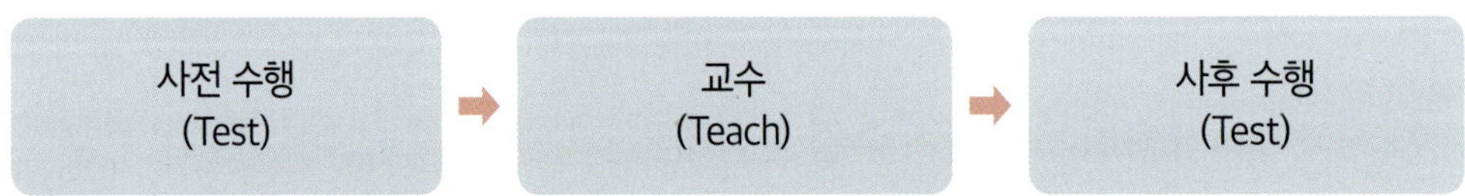

사전 수행 단계에서는 학습자가 목표 언어를 활용하여 과제를 먼저 수행하게 함으로써 현재 수준을 파악한다. 교수 단계에서는 사전 수행에서 드러난 부족한 부분을 교사가 보완·지도한다. 마지막으로 사후 수행 단계에서는 학습자가 다시 과제를 수행하게 하여 학습 효과와 변화된 수행을 확인한다. TTT 모형은 교사 중심의 일방적 수업에서 벗어나, 학습자의 실제 필요를 진단하고 그에 따라 교수 전략을 조정한다는 점에서 의의가 있다.

최근에는 실제 의사소통 상황을 반영하는 과업 중심 수업(Task-Based Learning)이 주목받고 있다(Ellis, 2003; Nunan, 2004). 이 방식은 도입-과업 제시-과업 수행-피드백-정리의 단계로 진행되며, 학습자가 실제적 과제를 해결하는 과정에서 언어를 자연스럽게 사용하도록 유도한다. 예를 들어 프로젝트 활동, 역할극, 문제 해결 과제 등은 학습자의 적극적인 참여를 이끌어내고, 내적 동기를 높이는 데 효과적이다. 교사는 이러한 과업이 단순한 활동에 그치지 않고, 목표 언어 학습과 연계될 수 있도록 과업의 난이도와 목표를 명확히 설계해야 한다.

그렇다면 실제 말하기 수업은 어떻게 구성할 수 있을까? 한국어 교육 현장에서 사용되는 〈Korean Language in Action〉 교재를 바탕으로 초급 수준의 실제 수업 단계를 구성해 보자. 〈그림 10-3〉은 말하기 과제로, 학습자가 영화 포스터와 상영 시간을 보고 영화를 선택하도록 제시하고 있다. 이 과제는 초급 수준의 학습자가 자신의 선호를 간단히 표현하고, 짧은 이유를 덧붙이는 연습에 활용하기 적합하다. 이를 과업 중심 수업(Task-Based Learning)의 단계에 따라 구성하면 다음과 같다.

이론에서 출발하여 현장까지!
손에 잡히는 한국어 교육학 개론

출처: 이해영 외(2010), 〈Korean Language in Action〉, 하우출판사, 92쪽

도입 단계에서는 교사가 학습자에게 영화 경험에 대해 간단히 질문하며 주제를 제시한다. 예를 들어 "여러분은 영화를 좋아해요?", "최근에 본 영화가 있어요?"와 같은 질문을 통해 학습자의 배경 지식을 활성화한다. 또한 학습자가 과업 수행에 활용할 수 있도록 기본 표현(예: "저는 ~을/를 보고 싶어요.", "~기 때문이에요." 등)을 제시한다.

과업 제시 단계에서는 교사가 영화 포스터와 상영 시간표를 보여주고, 학습자가 수행해야 할 상황을 안내한다. "여러분은 친구와 영화를 보러 가요. 두 영화 중 하나를 선택하세요. 그리고 이유를 말해 보세요."와 같이 활동의 목적과 방법을 분명히 설명한다.

과업 수행 단계에서는 학습자들이 짝 활동을 통해 각자 보고 싶은 영화를 선택하고 간단한 이유를 말한다. 예를 들어 한 학습자는 "저는 '우리 생애 최고의 순간'을 보고 싶

어요. 주인공을 좋아하기 때문이에요."라고 말하고, 다른 학습자는 "저는 '집에서…' 영화를 보고 싶어요. 내용이 감동적이기 때문이에요."라고 말할 수 있다. 교사는 학습자들의 발화를 경청하면서 필요 이상으로 개입하지 않고, 학습자가 스스로 표현할 수 있도록 격려한다.

피드백 단계에서는 교사가 몇몇 학습자를 지목하여 전체 앞에서 발표하도록 하고, 학습자의 발화를 수용하면서 필요한 경우 발음이나 어휘를 간단히 정정한다. 이때 학습자가 사용한 표현을 다시 반복해 주어 올바른 형태를 강화하는 것도 효과적이다.

정리 단계에서는 교사가 수업을 마무리하며 학습자들이 오늘 사용한 표현을 함께 정리한다. "저는 ~을/를 보고 싶어요.", "~기 때문이에요."와 같은 표현을 칠판에 적어 제시하고, 다른 상황(예: 식당에서 메뉴 고르기, 여행지 선택하기)에서도 활용할 수 있도록 안내한다.

이와 같이 단계별로 수업을 구성하면 초급 학습자는 복잡한 담화 기능이 아니라 '선택 + 이유 제시'라는 단순하고 명확한 과업을 수행하면서도 실제적인 말하기 연습을 할 수 있다. 이처럼 교사는 필요한 어휘와 표현을 사전에 제공하고, 학습자가 짧은 문장으로라도 성공적인 의사소통 경험을 가질 수 있도록 돕는 것이 중요하다.

수업에서 할 수 있는 말하기 활동 소개

말하기 수업은 다양한 활동으로 진행될 수 있다. 말하기 활동은 의사소통 학습 과정에 따라 의사소통 전 활동(구조적 활동, 실제 의사소통 활동)과 인위적 의사소통 활동(기능적 의사소통 활동, 사회적 상호작용 활동)으로 나눌 수도 있고(Littlewood, 1981) 유사하게 기계적 연습 단계와 의사소통 활동 단계로 나눌 수도 있다(Paulson and Bruder, 1976). 그렇다면 말하기 활동에는 구체적으로 어떤 것들이 있을까?

첫째, '듣고 따라하기', '질문하고 대답하기'와 같은 통제된 연습을 할 수 있다. '듣고 따라하기'는 교사가 발화를 먼저 들려주고 학생에게 따라하게 하는 것으로 학생들은 모방과 반복을 하게 된다. 이는 유창하고 명료한 발화 연습이 필요할 때 유용하게 활용될 수 있다. '질문하고 대답하기'는 서로 묻고 대답하는 것으로서 보통 전형적인 대화를 주고받을 때 사용된다. 소개하기, 인사하기, 물건사기, 시설 이용하기 등과 같은 과제를 수행할 때 정형화된 표현을 사용하게 되는데 이때 질문하고 대화하기를 할 수 있다. '질문하고 대답하기'는 간단한 활동이지만 학생이 화자와 청자가 되어 적극적으로 말하기 활동을 할 수 있어서 유용하다. 다음 〈그림 10-4〉는 '질문하고 대답하기' 활동의 예를 잘 보여주고 있다.

<그림 10-4> '질문하고 대답하기' 활동의 예시 자료

과제 1 친구들과 이야기해 보세요.

	<보기>	학생 1	학생 2
이름이 뭐예요?	제인		
어디에서 왔어요?	미국		
언제 한국에 왔어요?	작년		
무슨 일을 해요?	학생		

위 활동을 할 때, 교사는 학생들에게 질문하고 대답하는 보기 대화를 텍스트나 영상으로 먼저 제시해 주거나 학생 두 명에게 먼저 해 보도록 지시하여 학생들이 활동을 이해할 수 있도록 하는 것이 좋다.

둘째, 유도된 연습을 통해 말하기 활동을 할 수 있다. 교사의 유도에 따라 학생은 의미 있는 대화를 구성하게 된다. '대체시키기', '이어 말하기', '역할극하기', '정보차 활동', '조사하여 말하기' 등이 이에 해당된다. '대체시키기'는 교사가 제시한 문장에 학습자가 다른 단어를 사용하여 동일한 구조의 문장을 만들어 말하는 것이다. '이어 말하기' 역시 구조를 반복하는 활동으로 교사가 먼저 목표로 하는 문장을 말하면 학습자들이 같은 구조의 문장을 새로운 표현을 활용하여 추가적으로 말하는 것이다. '역할극하기'는 주어진 모범 대화를 활용하여 교사와 학생 또는 학생과 학생이 역할을 나누고 서로의 역할에 맞게 대화를 구성하는 것이다. '정보차 활동'은 완전한 문장에서 특정 정보를 삭제하여 제시하고 그 특정 정보를 찾아서 말하게 하는 방법이다. 예를 들어 물건사기 대화를 하는 경우, 학생들은 손님과 점원이 되어 서로 다른 쇼핑 목록을 가지고 대화하여 빠져 있는 쇼핑 목록을 완성하게 하는 것이다. '조사하여 말하기'는 특정 주제에 대해 학생들이 여러 학생들에게 질문하여 대화를 완성하는 것으로 초급에서 주로 활용되는 활동 중 하나이다. 다음 〈그림 10-5〉는 청소년을 위한 초급 한국어 교재로 '조사하여 말하기' 활동을 잘 보여주고 있다.

〈그림 10-5〉 '조사하여 말하기' 활동의 예시 자료

질문	친구 1	친구 2	친구 3
❶ 이름은 뭐예요?	리에		
❷ 어느 학교에 다녀요?	우정학교		
❸ 몇 살이에요?	열세 살		
❹ 가족은 몇 명이에요?	다섯 명 (할머니, 아버지, 어머니, 언니, 나)		

출처: 이해영 외(2010), 〈Korean Language in Action〉, 하우출판사, 24쪽

이론에서 출발하여 현장까지!
손에 잡히는 한국어 교육학 개론

위 교재의 그림에서 보이는 것처럼 학생들이 모여 앉아 질문할 수도 있고 학생들이 자유롭게 돌아다니며 질문하게 할 수도 있다. 이는 교사가 교실 상황에 따라 적절히 선택하면 된다.

셋째, 자유롭게 말하는 활동을 할 수 있다. 이는 교사가 학생의 활동을 거의 통제하는 않는 방식으로 학습자는 자유롭게 자신의 생각이나 느낌을 말할 수 있다. 교실이라는 상황은 인위적이지만 의사소통 활동은 실제와 가장 유사하다고 할 수 있다. '짝 활동(pair-work)', '소그룹 활동', '교실 전체 활동' 등이 이에 해당한다. '짝 활동'은 두 명 이상의 학생이 짝을 이루어 여러 가지 역할의 대화를 하는 것이다. 예를 들어 지도를 주고 길 찾기 대화를 하게 할 수 있다. '소그룹 활동'은 여러 명의 학생이 소그룹을 이루어 대화하는 것으로 학생 본인이 답변을 반드시 해야 하는 것은 아니라 '짝 활동'에 비해 부담감이 적다. 예를 들어, 여러 장의 그림을 주고 학생들이 한 장씩의 그림을 가지고 한 편의 이야기를 완성하게 할 수 있다. '교실 전체 활동'은 교실 내 학생 전원이 다 같이 참여하는 것으로 게임을 할 때 주로 활용된다. 스무고개 게임과 같은 것이 그 예이다. 이 중 '짝 활동'은 교실에서 가장 많이 활동되는 활동 중 하나이며 다음 〈그림 10-6〉은 그 예를 잘 보여준다.

활동 1 가지고 있는 제품에 이상이 생겨서 서비스 센터에 갔습니다.
직원과 손님이 되어 대화를 해 보세요.

제품	문제점	이상이 생긴 이유	이상이 생긴 때	구입한 때
	화면이 보이지 않는다	실수로 떨어뜨렸다	어제	1년 전
	소리가 나지 않는다	커피를 쏟았다		
	뜨거운 바람이 나오지 않는다			

보기 대화

직원: 어떻게 오셨어요?

손님: 제 휴대전화가 고장이 났는데요. 화면에 아무 것도 안 보여요.

직원: 언제부터 그랬어요?

손님: 어제부터 그랬어요.

아마 제가 실수로 떨어뜨려서 그런 것 같아요.

직원: 구입은 언제 하셨어요?

손님: 1년 전이요.

직원: 먼저 접수해 드릴게요.

위 〈그림 10-6〉에서는 학생이 직원 또는 손님의 역할을 맡아 '짝 활동'을 하는 예이

이론에서 출발하여 현장까지!
손에 잡히는 한국어 교육학 개론

다. 이 예시의 활동에서는 수리를 의뢰하고 맡는 구조적 대화를 해야 하므로 전형성이 드러날 수 있는 보기 대화를 학생들에게 제시해 주는 것이 좋다.

넷째, 특정 매체를 활용할 수도 있다. 영화, 드라마 내 담화를 수업에 활용하는 것으로 그 속에 담긴 실제성 높은 담화 상황, 구어 특성 등을 학생들에게 가르칠 수 있다. 특히 영상에 담긴 휴지, 몸짓, 표정 등과 같은 비언어적인 요소를 노출함으로써 학습자들에게 말하기의 구어적 특성을 보여줄 수 있다. 다음 〈그림 10-7〉은 대화를 듣고 이야기를 하는 과제로 특정 매체를 활용할 수 있는 예이다.

〈그림 10-7〉 '매체 활용하기' 활동의 예시 자료

출처: 박창원 외(2010), 〈비즈니스 한국어〉, 집문당, 72쪽

위 교재에서는 직장 선배와 후배 간의 대화를 듣고 학생들에게 대화를 하게 하는 과제를 제시하고 있다. 이때 교재를 위해 제작된 대화를 활용했는데, 교사는 실제 드라마나 영화에서의 대화를 클립으로 만들어 교실에서 활용할 수 있다. 그렇게 되면 보다 실제적인 대화를 학생들에게 제공할 수 있는 장점이 있다.

이상과 같은 말하기 활동들은 숙달도에 따라 다양하게 활용될 수 있다. 초급에서는 '듣고 따라하기', '질문하고 대답하기'와 같은 통제된 연습, '대체시키기', '이어 말하기', '정보차 활동', '조사하여 말하기'와 같은 유도된 연습과 같이 비교적 단순한 활동이 도움이 된다. 이때 대화 상황은 단순하고, 친숙한 주제여야 할 것이다. 중급에서는 유도된 연습을 활용할 수 있으며, '짝 활동', '소그룹 활동'과 같이 자유롭게 자신의 생각을 말하는 활동도 할 수 있다. 단, 대화 상황은 초급보다 복잡하고, 추상적인 주제여야 할 것이다. 고급에서도 자신의 생각을 말하는 활동을 할 수 있고, 특정 매체를 활용할 수도 있다. 특히 매체에 실린 담화는 구어성이 강하게 드러나는 실제적 담화이기에 고급 수업에서 유용하게 활용될 수 있다.

실제성 있는 구어 담화 자료 선택하기

생각해 보기

우리 주변에서 쉽게 접할 수 있는 구어 담화의 예를 찾아보자. 어떤 것이 있는지 소개해 보고, 몇 급에서 어떻게 활용할 수 있을지 제안해 보자.

말하기 수업을 구성하는 데 어떤 구어 담화 자료가 적합할까? Carter and McCarthy(1995)는 실제 말하기 상황에서 매우 일반적으로 사용되는 구어 담화를 제안한 바 있다. 그러나 그 구어 담화가 실제로 모어 화자들이 사용하는 구어 형식이나 언어 사용역(register)의 모든 범위가 반영된 것이기는 하여도 학습자들에게는 가르쳐 온 바가 없는 형식이라는 데에서 논란이 된다. 따라서 교사는 실제적인 자료일지라도 이것이 교실에서 사용될 수업 자료로서 적합한지에 대해서는 끊임없이 고민해야 한다.

그렇다면 구어 담화 자료는 어떤 것들이 있고 실제 교실에서 주로 활용되는 구어 담화는 어떤 형식을 띠고 있을까? Nunan(1991)은 구어를 다음과 같이 크게 독백과 대화로 구분하였다.

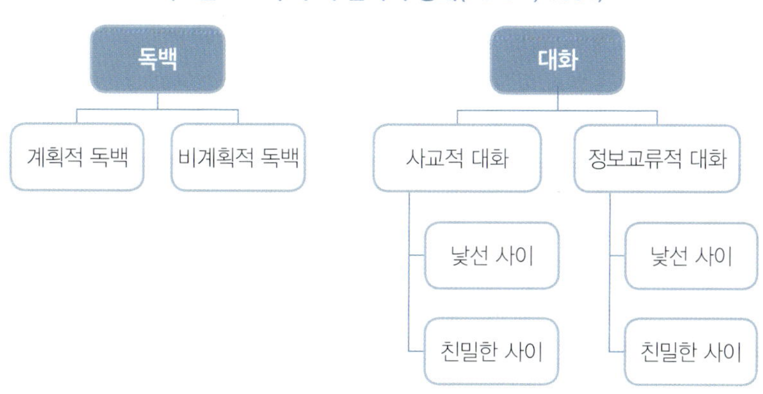

〈그림 10-8〉 구어 담화의 형태(Nunan, 1991)

독백은 한 사람이 혼자 말하는 형태이고, 대화는 두 사람 이상이 상호작용적으로 말하는 형태이다. 독백은 계획 여부에 따라 하위 구분되는데 계획적인 담화에는 연설, 강의, 뉴스 보도 등이 있고, 비계획적인 담화에는 즉각적으로 말하는 대화, 강의 등이 있다. 대화는 사교적 대화와 정보교류적 대화로 구분할 수 있으며, 각각은 친밀도에 따라서 다시 하위 구분될 수 있다. 사교적 대화는 사회적 관계를 형성 및 유지하기 위한 것으로 낯설거나 친밀한 사이에서 이루어질 수 있다. 정보교류적 대화는 정보 교환을 목적으로 하는 대화로서 이 또한 낯설거나 친밀한 사이에서 이루어질 수 있다.

위 담화 유형들은 교실에서 모두 활용되어야 한다. 교실에서부터 학생들이 다양한 구어 담화를 접할 수 있어야 실제 대화 상황에서 적합한 대화를 할 수 있기 때문이다. 그리고 위 담화는 실제성 있는 자료로 선정되어야 한다. 교육 자료로서 개작의 필요성이 있으나 말하기 교육에서는 보다 전형적이고 실제성 있는 담화 자료가 학습자에게 제공되어야 학생들이 목표 언어에 적합한 말하기 기능을 수행할 수 있다.

구어 담화인 대화는 말차례로 구성된다. 대화에 참여하는 화자와 청자는 말차례를 주고받을 때 말차례가 두 번 이상 인접하면 인접쌍(adjacency pairs)을 이룬다. 인접쌍은 대화의 기본 구조가 된다. 예를 들어, 인사하기–인사하기, 요청하기–거절하기, 칭찬하기–수용하는 인사하기 등과 같이 발화와 발화가 인접하여 쌍을 이루는 것이다. 그리고 대화에서 화자와 청자는 말차례를 주고받는데, 이처럼 화자와 청자가 교대로 말차례를 가지는 이 현상을 순서교대(turn–taking)라고 한다.

그런데 대화의 과정에서는 중복(overlapping), 간섭(interruption), 수정(repair)이 일어난다. 중복은 둘 이상의 화자가 동시에 발화하여 발화가 겹치는 현상을 의미하고 간섭은 화자가 발화를 하고 있는데 다른 화자가 끼어드는 현상을 의미한다. 수정은 화자의 자신의 발화 도중에 자신의 발화를 고치거나 새로운 표현으로 반복하여 말하는 것이다.

10.4. 신뢰도 높은 말하기 평가 만들기

말하기 평가는 어떻게 이루어질까? 우선 말하기 평가의 유형에 대해 살펴보자. 말하기 수업과 관련되는 평가는 수업을 들은 학생들의 성과를 평가하기 위한 중간시험, 기말시험, 학기말시험과 같은 성취도 평가와, 수업을 들은 학생들의 습득의 정도를 측정하기 위한 퀴즈, 단원 평가 등의 진단 평가, 학생들을 수준에 따라 반을 배정하기 위한 배치 평가

이론에서 출발하여 현장까지!
손에 잡히는 한국어 교육학 개론

가 있다. 이 장에서는 한국어 교실에서 필수적으로 활용되는 성취도 평가[3]로서의 말하기 평가 내용을 살펴보도록 한다. 한국어 말하기 능력을 평가하기 위해서 어떤 과정에 따라야 할까? 그리고 어떤 것들을 평가해야 할까? 그 방법에 대해 구체적으로 살펴보자.

말하기 평가 어떤 단계를 거칠 것인가?

말하기 평가는 단계별로 이루어져야 한다. 그 과정을 도식화하여 보이면 다음과 같다.

〈그림 10-9〉 말하기 평가의 과정

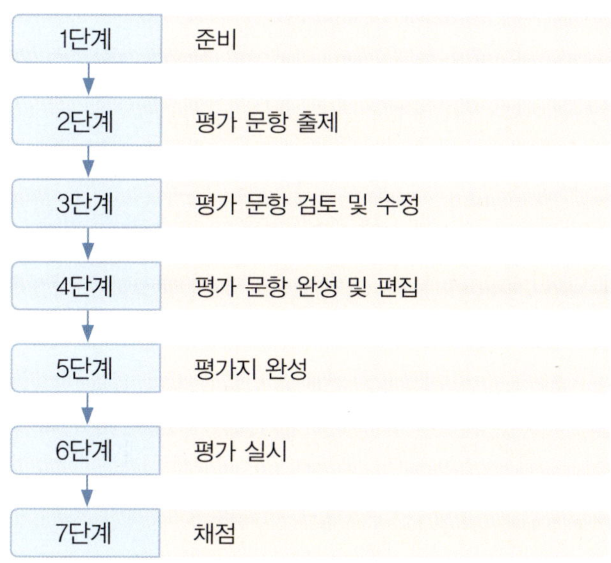

---

3 Chastain(1988)은 성취도 평가는 정기적으로, 일정 분량의 수업 후 교사가 학생들의 학습 정도를 측정하기 위한 것이라고 하였고 Brown(2007)은 교실에서 행해지는 단위 수업 및 단원, 전체 교육과정과 관련되고, 교육과정을 포함하는 교재를 대상으로 하는 평가라고 한 바 있다. 즉 성취도 평가는 교육과정에 의거하여 일정 기간 동안 내용을 가르친 다음 학생들이 얼마나 학습 목표를 잘 성취하였는지를 측정하는 평가이다.

1단계는 준비 단계로 교사들은 출제 범위, 출제 문항 수를 결정한다.

2단계에서는 문항을 출제한다. 교사들은 과별로 또는 기능별로 분담하여 출제할 수 있다. 단, 문항 출제 시 몇 가지 유의해야 한다. 첫째, 출제 범위를 잘 지켜야 한다. 예를 들어, 다음 과의 주제나 표현이 출제되지는 않았는지 잘 확인해야 한다. 둘째, 다양한 문항과 소재를 활용해야 한다. 셋째, 지시문은 쉽게 이해되도록 간단명료해야 한다. 넷째, 평가 난이도를 고려해서 지나치게 어렵거나 쉬운 문항을 포함하지 않게 해야 한다. 다섯째, 단순 암기식 문항은 되도록 피한다. 여섯째, 반사회적이거나 특정 문화를 비하하는 내용은 포함하지 않는다.

3단계에서는 완성된 문항을 검토, 수정, 보완한다. 평가 목표가 잘 반영되었는지 지나치게 세부적이지는 않은지 이전 출제 문항과 동일한 문항은 없는지 등 전반적인 검토가 필요하다. 그리고 지시문에 대한 검토도 필요하다. 명확하게 기술되었는지, 정답의 단서가 포함된 건 아닌지, 부정문보다 긍정문으로 기술되었는지, 정답의 시비가 없도록 작성되었는지 등도 검토해야 한다. 선택지에 대한 검토도 필요하다. 길이, 배열에 문제가 없는지, 정답 개수에 맞게 개발되었는지, 오답이 지나치게 생소하게 작성된 건 아닌지 등을 검토해야 한다.

4단계에서는 검토 및 수정된 내용을 바탕으로 문항을 완성한다. 문항이 완성되면 평가지를 편집해야 한다. 쉬운 문항부터 어려운 문항 순으로 배열하고, 주관식과 객관식이 모두 있으면 객관식을 먼저 제시한다. 정답의 분포도 점검하여 어느 하나에 편중되거나 규칙성이 없도록 한다. 편집 양식을 통일한다.

5단계에서는 평가지를 완성한 후 교사는 학생의 입장에서 문제를 풀어보고 다른 교사들의 피드백을 받아서 최종적으로 점검한다.

6단계에서는 평가를 실시하고, 7단계에서는 채점기준에 맞게 채점을 한다.

이와 같은 단계별 과정을 거쳐 평가의 타당도(validity)를 확보할 수 있다. 평가 내용이 말하기 평가의 목적과 학습자 수준에 맞게 구성되었는지, 채점은 일관성 있게 이루어졌는지와 같은 타당도를 확보할 수 있다.

말하기 능력 측정을 위한 평가 항목 소개

2급 수업을 맡은 한국어 교사로서 말하기 기말시험을 출제하고 채점을 하였다. 아래 내용은 기말시험에서의 교사 질문과 학생 응답을 전사한 것이다. 채점기준을 마련하고 100점 만점으로 채점해 보자.

학습자가 받아보는 점수의 객관성과 신뢰도를 확보하기 위해서 평가 기준이 필요하다. 체계적인 채점기준표를 개발하여 채점자가 이 채점기준을 충분히 숙지하고 일관되게 채점해야 객관성과 신뢰도를 확보할 수 있다.

채점기준은 다음과 같은 원칙에 따라 작성되어야 한다.

첫째, 각 문항은 평가 범주, 평가 구인에 따라 채점되어야 한다. 말하기 평가의 범주는 크게 내용, 구성, 표현, 전달에 대한 것으로 구분해 볼 수 있다. 그에 따른 평가 구인과 세부 평가 내용은 다음과 같다.

<표 10-2> 말하기 평가의 평가 범주 및 구인

평가 범주	평가 구인	세부 평가 내용
내용	적절성 풍부성	• 내용이 적절한가? • 내용이 풍부한가?
구성	응집성 응결성	• 응집성 있게 구성되었는가? • 응결성 있게 구성되었는가?
표현	적절성 정확성 다양성	• 표현이 담화 맥락에 맞게 사용되었는가? • 표현이 정확하게 사용되었는가? • 표현이 다양하게 사용되었는가?
전달	명료성 유창성	• 발음과 억양이 명료한가? • 발화 속도가 자연스러운가?

평가 범주 내용은 학생이 대답이 얼마나 질문에 적절하고 내용적으로 풍부했는지를 평가한다. 평가 범주 구성은 발화와 발화가 얼마나 긴밀하게 구성되었는지에 대한 응집성(coherence)과 발화 주제가 얼마나 일관되게 구성되었는지에 대한 응결성(cohesion)을 평가한다. 평가 범주 표현은 어휘 및 문법에 대한 것으로 어휘 및 문법이 담화 맥락에 맞게 적절하게 사용되었는지, 어휘 및 문법이 정확하게 사용되었는지, 어휘와 문법이 다양하게 사용되었는지를 평가한다. 그리고 평가 범주 전달은 발음, 억양, 발화 속도 등의 유창성(fluency)과 정확성(accuracy)에 대한 것으로 학생이 발음과 억양을 명료하게 하였는지, 발화 속도와 휴지는 자연스럽게 즉 유창하게 했는지를 평가한다.

둘째, 가능하면 일반적인 채점 기준, 세부적 채점 기준, 실제 예 모두를 포함하여 채점자 간 혼란이 없도록 한다. 셋째, 답안이 불충할 경우, 부분 점수를 줄 것인지, 오답

처리를 할 것인지에 대한 명확한 기준을 정해 놓는다.

　이상과 같은 채점을 통해 평가의 객관성을 확보할 수 있으며 평가 자체를 신뢰할 수 있게 된다.

　지금까지 이 장에서 한국어 말하기 교육을 위한 말하기의 정의, 말하기 전략, 말하기 수업의 방법, 말하기 평가 방법에 대해 살펴보았다. 학습자들의 궁극적인 목표는 대화 상대방과 한국어로 원활하게 의사소통을 하는 것이고 이를 위해서 말하기 교육은 필수적이다. 다행인 것은 최근 다양한 말하기 학습 방법들이 교재 및 연구에서 소개되고 있다. 그러나 이를 적절히 활용하는 것은 교사의 몫이다. 과거에 머물러 있지 말고 새로운 이론과 현장 적용의 방법들을 익혀서 학습자의 특성과 요구에 맞는 수업을 재미있게 그리고 효과적으로 구현해낼 수 있기를 바란다.

11장

이해에서 감상까지, 한국어 읽기 교육

정진 ● 홍콩대학교

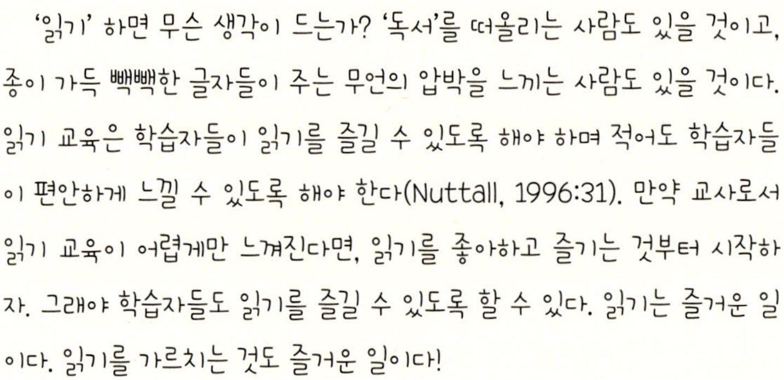

'읽기' 하면 무슨 생각이 드는가? '독서'를 떠올리는 사람도 있을 것이고, 종이 가득 빽빽한 글자들이 주는 무언의 압박을 느끼는 사람도 있을 것이다. 읽기 교육은 학습자들이 읽기를 즐길 수 있도록 해야 하며 적어도 학습자들이 편안하게 느낄 수 있도록 해야 한다(Nuttall, 1996:31). 만약 교사로서 읽기 교육이 어렵게만 느껴진다면, 읽기를 좋아하고 즐기는 것부터 시작하자. 그래야 학습자들도 읽기를 즐길 수 있도록 할 수 있다. 읽기는 즐거운 일이다. 읽기를 가르치는 것도 즐거운 일이다!

11.1. 꼭 읽어야 할, 읽기 교육의 바탕

읽기의 개념

읽기 교육을 이야기하기에 앞서 읽기의 개념부터 생각해 보는 것이 필요하다. 읽기란 무엇일까? 표준국어대사전에서 '읽기'는 '글을 바르게 읽고 이해하는 일'로 정의된다. 즉 읽기란 글을 보고 그 글에 담긴 뜻을 이해하는 일이라고 할 수 있다. 그렇다면 두 가지 궁금증이 생긴다. 첫째, '글'만 읽는가? 둘째, '이해'만 하는가?

먼저 첫 번째 질문부터 생각해 보자. 무엇을 읽는가? 우리는 시력 검사표도 읽고, 악보도 읽고, 몸짓도 읽고, 마음도 읽고, 생각도 읽으며, 심지어 시대도 읽는다. 다음은 한국어능력시험(Test of Proficiency in Korean, TOPIK)에 사용된 읽기 텍스트이다.

〈그림 11-1〉 한국어능력시험 읽기 텍스트의 예

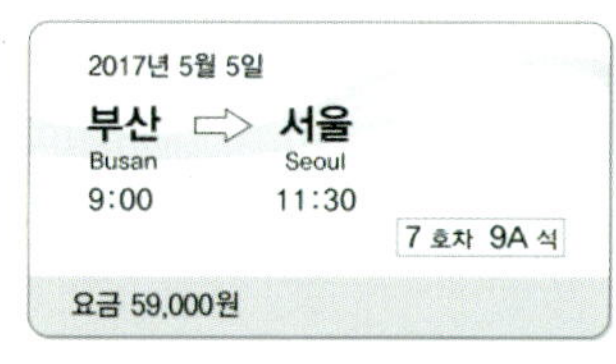

출처: 한국어능력시험 ㅣ 읽기 제47회 41번(좌)
한국어능력시험 ㅣ 읽기 제52회 40번(중)
한국어능력시험 ㅣ 읽기 제64회 41번(우)

위에서 알 수 있듯이 한국어 교육에서도 여러 문장과 단락이 모인 긴 글만 읽는 것은 아니다. 〈국제 통용 한국어 표준 교육과정 적용 연구〉(2017)에서 제시한 텍스트의 유형을 살펴보면 그림문자, 메모, 포스터, 편지를 비롯해 다양한 텍스트를 읽는다는 것을 알 수 있다.

〈표 11-1〉 한국어 등급별 텍스트 유형

등급	의사소통 목적	텍스트
초급	정보 전달과 이해	안내 그림문자, 표지판, 명함, 약도, 노선도, 메뉴, 영수증 등
	사회적 상호작용	메모, 일기 등
중급	정보 전달과 이해	영화 포스터, 생활 공고문, 제품 상세 정보, 증명서 등
	사회적 상호작용	편지, 고객 만족 카드, 문의하는 글 등
	비판적 분석과 평가	기업 광고, 공익 광고 등
	문학적 반응과 표현	창작동화, 독후감상문, 여행 감상문 등
고급	정보 전달과 이해	위임장, 승인서, 계약서 등
	사회적 상호작용	신년사, 축사 등
	비판적 분석과 평가	논설 기사, 업무 계획서, 기술 보고서, 조사 보고서, 헌장 등
	문학적 반응과 표현	전기문, 소설, 설화 등

출처: 김중섭 외(2017), 〈국제 통용 한국어 표준 교육과정 적용 연구〉, 국립국어원 연구 보고서, 186쪽~192쪽

위의 표는 읽기를 할 때 "'이해'만 하는 것인가?" 하는 두 번째 질문에 대한 답도 제공하고 있다. 글을 읽는 독자는 주어진 텍스트의 의미를 이해하는 수동적인 역할만 하지 않는다. 우리는 편지를 읽음으로써 다른 사람과 상호작용도 하고 인간관계를 유지하기도 한다. 신문을 읽으면서 기사가 중립적이고 객관적인지 평가하고 비판하기도 한다. 그리고 소설을 즐기며 감상도 한다. 다시 말해 읽기는 이해 이상의 적극적이고 능동적인 활동이다.

> 읽기는 필자가 부호화한 메시지를 독자가 재구성하는 심리언어학적 과정이다(Goodman, 1975:135).

> 읽기는 독자가 텍스트 정보를 예측하고, 핵심 정보를 선택하고, 정보를 조직하고 요약하며, 이해도를 관찰하고, 이해하지 못한 것을 다시 이해하고, 이해한 것과 읽는 목표를 일치시키는 전략적 과정이다(Grabe, 2009:15).

요컨대 읽기는 예측, 선택, 요약, 자기 점검 등의 복잡한 활동을 통해 독자가 텍스트의 의미를 재구성하는 과정이라 할 수 있다.

읽기 교육의 목표

앞서 소개한 〈국제 통용 한국어 표준 교육과정 적용 연구〉(2017)에서는 읽기 교육의 목표를 다음과 같이 제시하고 있다.

〈표 11-2〉 한국어 등급별 읽기 목표

등급	목표
1급	기본적인 음운 규칙에 맞게 정확하게 **읽을 수 있으며** 일상생활과 관련된 매우 간단한 글을 읽고 **이해할 수 있다.**
2급	일상생활과 관련된 글을 읽고 **이해할 수 있으며** 쉽고 간단한 생활문을 읽고 **이해할 수 있다.**
3급	친숙한 사회적·추상적 주제로 된 글을 읽고 대체로 **이해할 수 있으며** 구조가 복잡한 생활문과 실용문, 구조가 단순한 설명문을 읽고 **이해할 수 있다.**
4급	친숙한 사회적·추상적 주제로 된 글을 읽고 **이해할 수 있으며** 설명문, 논설문, 쉽고 짧은 문학 작품을 읽고 **이해할 수 있다.**
5급	친숙하지 않은 사회적·추상적 주제나 자신의 전문 분야에 관한 글을 읽고 대체로 **이해할 수 있으며** 비교적 짧고 단순한 문학 작품을 읽고 **이해할 수 있다.**
6급	친숙하지 않은 사회적·추상적 주제나 자신의 전문 분야에 관한 글을 읽고 내용을 **이해할 수 있으며** 비교적 쉬운 문학 작품을 읽고 **감상할 수 있다.**

출처: 김중섭 외(2017), 〈국제 통용 한국어 표준 교육과정 적용 연구〉, 국립국어원 연구 보고서, 156쪽

위의 표에서 몇 가지 중요한 점을 살펴보자. 먼저 1급은 이해와 함께 낭독(reading aloud)도 목표로 한다. 2급부터는 텍스트에 대한 이해를 중심으로 읽기 교육이 이루어지지만 1급에서는 한글 자음과 모음을 식별하고 음운 규칙에 따라 정확하게 소리 내어 읽

는 것도 목표로 삼고 있다. 낭독은 초급 읽기 수업에서 자주 사용되는데 발음을 연습하고 말하기 능력을 개발하는 데 도움이 된다. 그런데 낭독은 작은 언어 단위에 집중하게 하므로 텍스트가 복잡하고 전체적인 내용 파악이 필요한 중고급 수준에서는 묵독(silent reading)이 더 효과적이다.

한편, 6급은 이해와 함께 감상도 목표로 한다. 읽기는 기본적으로 글을 이해하는 것을 목표로 하지만 그것이 전부는 아니다. 앞서 살펴본 것과 같이 읽기는 정보 전달, 사회적 상호작용, 비판적 분석과 평가, 문학적 반응과 표현 등의 의사소통 목적에 따라 텍스트를 이해하고 재구성하는 과정이기 때문이다. 예를 들어 수필을 읽는다면 작품 속 표현이나 작가의 생각을 이해하는 것에서 더 나아가 어떤 부분이 마음에 와닿았는지 자신의 문학적 감상을 표현해 볼 수 있으며, 작가의 생각과 독자인 자기의 생각을 비교해 보는 것도 가능하다.

11.2. 무작정 읽지 말고 전략적으로 읽기

읽기 전략의 중요성

읽기 수업 시간에 읽기 전략을 교육하는 것이 필요할까? 읽기 전략을 교육해야 한다면 어떤 전략들을 교육할 수 있을까?

읽기 전략(strategy)은 읽기 기술(skill)과의 구분이 쉽지 않아 혼용되는 경우가 많다. 읽기 기술은 "자동적인 정보 처리 기법(Paris 외, 1991:611)"이자 "텍스트와 상호작용할 때 사용할 수 있는 인지 능력(Urquhart & Weir, 1998:88)"이다. 반면에 읽기 전략은 "읽을 때 겪는 어려움을 피하는 방법(Urquhart & Weir, 1998:95)"으로 정의된다. 다시 말해 읽기 전략은 텍스트를 읽을 때 발생하는 문제를 예방하거나 해결하기 위해 독자가 의식적으로 선택하여 사용하는 것이다. 예를 들어 분량이 많은 텍스트를 무의식적으로 훑어 읽는 것이 기술이라면, 같은 텍스트를 읽어도 시간을 지체하지 않고 요점만 빨리 파악하려는 목적을 가지고 각 단락의 첫 번째 문장만 골라 읽는 것은 전략으로 볼 수 있다.

전략 없이 텍스트를 무작정 읽다 보면 마치 숲속에서 길을 잃고 헤매듯 방향을 상실하거나 필요 이상의 시간을 소모하게 된다. 전쟁터에 아무 생각 없이 나가서는 안 되듯이 성공적인 읽기를 위해서는 읽기 전략이 필요하다. 그리고 독자는 읽기 전략에 대해서 알 뿐만 아니라 읽기 전략을 성공적으로 적용하는 법도 알아야 한다(Anderson, 1991:468~469). 능숙한 독자는 어떤 읽기 전략을 사용해야 할지 알고 읽는 동안 전략을 조절해 가며 사용할 줄 안다(Sheorey & Mokhtari, 2001:445). 그리고 한국어 교사는 학습자들이 능숙한 독자가 될 수 있도록, 즉 읽기 전략을 알고 효과적으로 사용할 수 있도록 가르쳐 주어야 한다.

읽기 전략의 유형

언어를 학습하는 전략은 여섯 가지로 구분할 수 있다(Oxford, 1990). 첫째, 상위 인지적 전략(metacognitive strategy)은 학습자 스스로 자신의 언어 학습에 대해 계획, 구성, 평가, 점검하는 전략이다. 둘째, 인지 전략(cognitive strategy)은 학습을 위해 언어를 사용하는 전략이다. 셋째, 기억 전략(memory strategy)은 새로운 정보를 이미 알고 있는 정보와 연결하여 오래 기억하려는 전략이다. 넷째, 보상 전략(compensation strategy)은 듣거나 읽거나 말하거나 쓰는 동안 놓친 정보를 채우려는 전략이다. 다섯째, 정의적 전략(affective strategy)은 학습자의 감정, 동기, 태도에 대한 전략이다. 마지막으로, 사회적 전략(social strategy)은 언어를 학습할 때 다른 사람과 상호작용하는 전략이다. 이상의 언어 학습 전략 유형을 읽기 전략으로 적용해 보면 다음과 같다.

<표 11-3> 읽기 전략의 유형

유형	전략 예시
상위 인지적 전략	
인지 전략	

이론에서 출발하여 현장까지!
손에 잡히는 한국어 교육학 개론

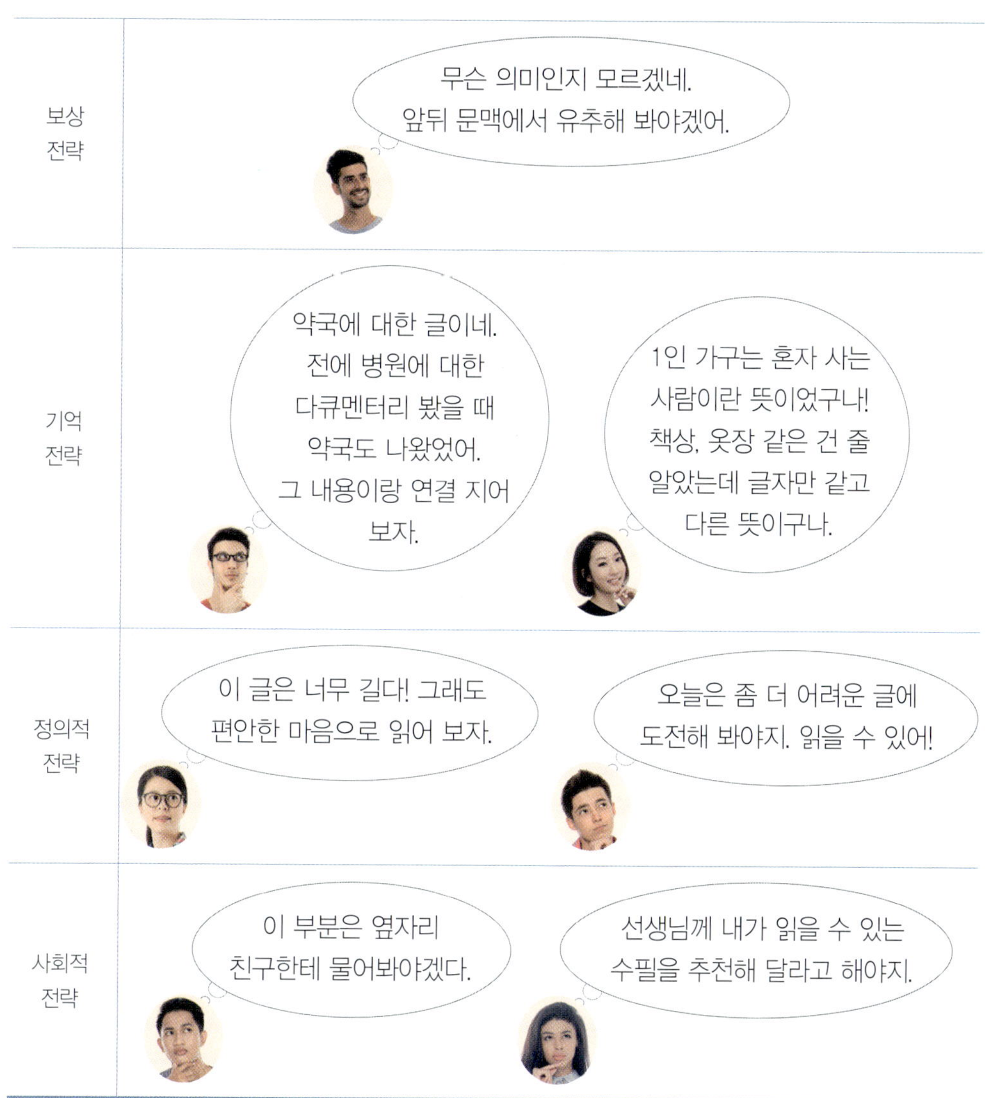

위와 같은 읽기 전략의 유형을 학습자들에게 소개하고 교육 자료의 지시문, 교사 발화 등을 통해 전략을 사용하도록 유도할 수 있다. 예를 들어 텍스트를 읽기 전에 제목만 보고 내용을 추측해 보도록 하거나, 텍스트를 잘 읽고 있는지 스스로 점검하고 모르는

부분은 동료 학습자의 도움을 받게 할 수 있다.

교사가 읽기 전략을 어떻게 사용하는지 직접 시범을 보여 주는 것도 좋은 방법이다. 사고 구술(think-aloud), 즉 생각을 말로 표현하는 것인데 예를 들면 다음과 같다.

〈그림 11-2〉 읽기 전략 사고 구술의 예

최근 채식을 하는 사람들이 늘고 있다. 채식에 대한 글인가 보다. 10년 전 15만 명에 불과했던

채식주의자는 '채식하는 사람'이란 뜻이겠지? 현재 151만 명으로 10배가 넘게 급증했다.

이렇게 최근 채식주의자가 증가한 원인은 다음과 같다. 이제 원인이 나오겠구나.

첫째, 여러 가지구나. 표시하면서 읽어야지. 건강을 추구하기 때문이다. 육식은 지방과 콜레스테롤,

발암 유발 물질의 섭취를 무슨 뜻이지? 채식에 대한 건 아니니까 일단 지나가자. 피하기 어렵다.

(후략)

읽을 내용에 대해 안내하고 나서, 위와 같이 텍스트를 낭독하다가 "채식에 대한 글인가 보다." 등과 같은 전략 사용 역시 소리 내어 말하는 것이다. 실제로는 읽으면서 텍스트에 표시하거나 메모하는 등의 행동을 제외하고는 대부분의 전략 사용이 머릿속에서 이루어지기 때문에 학습자들을 위해서 혼잣말하듯이 말로 표현해 주는 것이다. 위와 같이 교사가 읽기 전략을 어떻게 사용하는지 시범을 보이면, 학습자들은 읽기 전략이 어떻게 사용되는지 관찰하고 자신의 전략 사용과 비교하면서 더 적극적으로 읽기 전략을 사용하게 될 수 있다.

11.3. 짜임새 있게 읽기 가르치기

수업을 위한 읽기 텍스트

한국어 읽기 수업에 사용되는 텍스트는 읽기 전략들을 사용할 수 있도록 구성하는 것이 바람직하다. 또한 흥미로우면서 학습할 가치가 있는 텍스트여야 하며, 학습의 범위가 좁아지지 않도록 다양한 텍스트를 다루는 것도 중요하다.

그리고 텍스트의 실제성은 읽기 교육에서 아무리 강조해도 지나치지 않은 매우 중요한 원칙이다. 실생활에서 한국어를 읽으며 의사소통을 할 수 있도록 해야 하기 때문이다. 텍스트의 실제성은 반드시 난이도와 함께 고려되어야 한다. 난이도는 새로운 어휘의 수, 문장 구조의 복잡성, 텍스트의 길이 등에 영향을 받는다. 만약 읽을 텍스트 유형이 기차 승차권이라면, 학습자들에게 한국에서 실제로 사용되고 있는 승차권을 보여 주는 것이 좋을까?

〈그림 11-3〉 읽기 텍스트의 실제성 및 수정의 예

승차권은 정보를 전달하고 안내하는 텍스트이며 초급에 적합한 텍스트 유형이다. 〈그

림 11-3〉의 왼쪽의 승차권은 매우 실제적이지만 '승차권, 일자, 일반실, 순방향, 영수액, 부가세, 발행, 적립, 누적, 고객, 확인하다, 승차하다' 등의 어휘는 중급 이상의 수준으로 초급 학습자에게는 어렵다. 그리고 영수증과 유사해 보여서 학습자의 문화적 배경에 따라 승차권으로 읽히기 어려울 수도 있다. 가운데의 승차권은 영수증처럼 보이지는 않으나 여전히 '새마을, 일반실, 운임, 금액, 영수액' 등 초급 수준을 벗어나는 어휘가 많다.

교육 현장에서 사용되는 텍스트는 오른쪽의 형태이다. 이렇게 텍스트의 특성을 반영하면서 어려운 어휘나 문법 등을 삭제하고 문장의 구조를 간단하게 하거나 텍스트의 길이를 짧게 줄이는 것을 단순화라고 한다. 단순화는 텍스트를 쉽게 하지만 흐름이 매끄럽지 못해 내용을 이해하기 어려워질 수 있고, 표현이 제한되어 있어 읽기 전략을 훈련하고 개발하는 데 한계가 있다(Bernhardt, 1984; Swaffar, 1985).

텍스트를 수정하는 또 다른 방법은 상세화(elaboration)이다. 쉽게 하는 부분을 더하는 것으로 학습자에게 새롭게 학습하고 도전할 수 있는 부분도 제공한다는 장점이 있다. 예를 들어 학습하지 않은 어휘 앞이나 뒤에 의미를 추측할 수 있는 맥락이나 설명을 제공하는 것이다. 문장 간의 관계나 텍스트의 전개 구조를 파악할 수 있도록 '예를 들어'나 '첫째, 둘째'와 같은 담화 표지(discourse marker)를 삽입하는 방법도 있다. 각 단락이나 전체 글의 주제를 명시적으로 드러내는 주제문을 추가할 수도 있다. 상세화는 설명하는 내용이 덧붙여지면서 텍스트가 길어진다는 단점이 있으므로 단순화와 상세화를 적절히 활용하여 텍스트를 수정하는 것이 바람직하다.

읽기 텍스트가 준비되었다면 이제 읽기 활동을 준비해 보자.

수업에서의 읽기 활동

다음 두 활동은 어떤 차이점이 있을까?

- 글을 읽고 다음 문장이 글쓴이의 의견과 같으면 O, 다르면 X를 쓰세요.
- 글을 읽고 글쓴이의 의견이 나타난 문장에 밑줄을 그으세요.

Davis(1995:169)는 읽기 활동을 수동적 과제와 능동적 과제로 구분하였다. 학습자의 역할이 수동적인지 능동적인지에 따라 나눈 것인데, 전자에는 진위형 문제에 답하기, 빈칸 채우기, 동의어나 반의어 찾기 등 이해 여부를 점검하는 단순한 활동이 속한다. 이와 달리 후자는 학습자가 텍스트와 상호작용하며 비판적으로 분석하거나 텍스트를 재구성하게 한다.

<표 11-4> 읽기 활동의 유형

유형	활동 지시문 예시
수동적 활동	• 다음을 읽고 맞는 것을 고르세요. • 다음을 읽고 빈칸에 알맞은 것을 쓰세요. • 다음을 읽고 밑줄 친 단어와 의미가 같은 단어를 고르세요.
능동적 활동	• 다음을 읽고 핵심어를 **형광펜**으로 표시해 보세요. • 다음을 읽고 각 단락의 주제문에 **밑줄**을 그어 보세요. • 다음을 읽고 내용을 **표**로 정리해 보세요. • 다음 설명문을 읽고 **다이어그램**을 완성해 보세요. • 다음 단락들을 읽고 **순서**를 맞춰 보세요. • 다음을 읽고 글의 **제목**을 만들어 보세요. • 다음을 읽고 두세 문장으로 내용을 **요약**해 보세요. • 아래의 글을 읽고 다음에 이어질 내용을 **예측**해 보세요.

〈표 11-4〉에서 알 수 있듯이 능동적인 활동들은 단순히 읽기 이해를 확인하는 문제의 정답을 맞히는 것이 아니라 학습자가 표시를 하거나 표를 만드는 등 읽는 과정에 활발히 참여하게 한다. 읽기 수업을 계획할 때는 이처럼 학습자들이 읽기 전략과 배경지식을 활용해 능동적으로 읽고 텍스트를 재구성할 수 있는 활동을 고안하는 것이 바람직하다.

한편, 텍스트의 유형에 따라 활동을 구성하기도 한다. 예를 들어 신문 칼럼을 읽을 때는 객관적인 사실인지 필자의 주관적인 의견인지 구분하여 일정한 기호나 색으로 표시하거나 표로 정리하게 할 수 있다. 만약 수필을 읽는다면 필자의 태도나 의도가 무엇인지 파악하고, 소설을 읽는다면 등장인물의 감정을 파악하거나 다음 사건을 예측해 볼 수 있다. 이러한 활동들은 사실을 기반으로 한 설명문에는 알맞지 않다. 다시 말해 텍스트의 고유한 특성에 적합한 활동을 구성하는 것이 필요하다.

더 알아보기

- KWL은 'Know', 'Want to know', 'Learned'의 첫 글자를 딴 것으로 다음과 같은 표로 구현된다.

알고 있는 것	알고 싶은 것	알게 된 것

위와 같이 첫 번째 칸에는 텍스트의 주제나 제목을 확인한 후 관련 배경지식을 활성화하여 알고 있는 것을 적게 한다. 두 번째 칸에는 텍스트에서 새롭게 알고 싶은 내용이나 텍스트의 내용에 대해 예측한 것을 적게 함으로써 보다 능동적인 독자가 되도록 한다. 마지막으로 텍스트에서 알게 된 내용을 쓰고 알고 싶었던 내용과 비교해 보도록 한다.

- SQ3R은 'Survey', 'Question', 'Read', 'Recite', 'Review'의 약자이다. '개관, 질문, 읽기, 암송, 검토'의 순서대로 지시문을 만들어 보면 다음과 같다.

  1. 다음 글의 제목, 소제목을 **훑어 읽어 보세요.**

  2. 글에 내용과 관련된 **질문을 만들어 보세요.**

  3. 글을 처음부터 끝까지 **읽어 보세요.**

  4. 글의 내용을 친구와 함께 **이야기해 보세요.**

  5. 글의 내용을 다시 **확인해 보세요.**

읽기 수업 구성

이제 한국어 읽기 수업을 시작해 보자. 읽기 수업을 구성하는 보편적인 방법은 다음과 같이 읽기 전 단계(pre-reading stage), 읽기 본 단계(while-reading stage), 읽기 후 단계(post-reading stage)의 세 단계로 구성하는 것이다. 읽기 전 단계에는 읽기 목표를 제시하고 학습자가 가지고 있는 지식인 스키마(schema), 즉 배경지식을 활성화한다. 그 후 읽기 본 단계에는 읽기 전략을 사용하면서 텍스트를 이해하고 분석하거나 감상한다. 그리고 읽기 후 단계에는 읽은 내용을 확인하고 강화하며 말하기나 쓰기 등 다른 언어 기술로 연계한 활동을 하고 수업을 마무리한다.

〈그림 11-4〉 읽기 수업의 단계

읽기 전 단계	읽기 본 단계	읽기 후 단계
• 읽기 목표 제시 • 스키마 활성화	• 이해, 분석, 감상 등 • 읽기 전략 사용	• 내용 강화 • 말하기, 쓰기 등과 연계

〈그림 11-4〉에 따라 다음의 교재를 예로 들어 중급 수준의 읽기 수업을 구성해 보자.

① 읽기 전 단계

〈그림 11-5〉 읽기 전 단계 수업 자료의 예

출처: 이화여자대학교 언어교육원(2011), 〈이화 한국어 4〉, 이화여자대학교출판문화원, 137쪽

먼저, 읽기 전 단계에는 텍스트의 주제와 유형을 소개하며 읽기 목표를 제시한다.

오늘은 한국의 명절, 추석을 소개하는 글을 읽고 이해해 볼 거예요.

그리고 학습자의 스키마를 활성화하여 텍스트에 더 쉽게 접근할 수 있도록 한다. 스키마는 각 텍스트 유형의 구조에 대한 배경지식인 형식 스키마(formal schema), 그리고 텍스트의 주제나 내용에 대한 배경지식인 내용 스키마(content schema)로 구분할 수 있다. 형식 스키마는 읽을 텍스트 유형의 구조나 수사 방식 등에 대해 이야기해 보게 함으로

이론에서 출발하여 현장까지!
손에 잡히는 한국어 교육학 개론

써 활성화할 수 있다. 내용 스키마를 활성화하는 데에는 시청각 자료를 활용하는 것이 유용하다.[1] 삽화, 사진, 관련 뉴스 영상 등을 보고 학습자의 배경지식을 이야기해 보도록 하면 된다.

> **사진을 보면서 추석에 무엇을 하는지 친구와 함께 이야기해 보세요.**

읽기 전 단계에 다음과 같이 학습자의 경험에 대해 질문하는 것도 내용 스키마를 형성하는 좋은 방법이다.

> **여러분, 한국에서 추석을 보낸 적이 있어요? 그때 뭘 했어요?**

텍스트를 읽기 전에는 어떻게 읽을지 읽기 전략이나 방법을 미리 제시하거나 학습자 스스로 생각해 보도록 하는 것도 좋다.

---

[1] 드라마나 영화 등 다른 매체로 제작된 소설 작품을 읽을 때는 읽기 전 단계에서 영상의 일부나 포스터 등을 활용해 학습자의 흥미를 유발하고 스키마도 형성할 수 있다. 소설을 원작으로 하거나 소설에서 모티브를 얻어 영화나 드라마 등 다른 매체로 전환된 작품들을 소개하면 다음과 같다.

원작 소설(작가)	전환된 매체(연도)
두근두근 내 인생(김애란)	동명 영화(2014)
메밀꽃 필 무렵(이효석), 운수 좋은 날(현진건), 봄봄(김유정)	애니메이션 〈메밀꽃, 운수 좋은 날, 그리고 봄봄〉(2014) 등
사랑손님과 어머니(주요섭)	드라마 〈사랑방 손님과 어머니〉(2011) 등
소나기(황순원)	영화 〈클래식〉(2003), 동명 드라마(2005), 동명 애니메이션(2017) 등
아홉 살 인생(위기철)	동명 영화(2004) 등
춘향전(작자 미상)	동명 드라마(1994), 영화 〈춘향뎐〉(2000) 등
홍길동전(허균)	드라마 〈홍길동〉(1998), 드라마 〈쾌도 홍길동〉(2008) 등

제목만 보고 어떤 내용일지 생각해 보세요. 그리고 읽으면서 그 생각이 맞았는지 확인해 보세요.

알고 싶은 내용을 메모해 보세요. 그리고 읽으면서 답을 찾아보세요.

처음에는 빨리 훑어 읽은 후에 천천히 다시 읽어 보세요.

단어를 모를 때는 사전을 찾지 말고 앞뒤 내용에서 추측해 보세요.

② 읽기 본 단계

〈그림 11-6〉 읽기 본 단계 수업 자료의 예

즐겁고 풍성한 한국의 명절, 추석

추석은 설날과 함께 한국인이 가장 사랑하는 명절이다. 추석은 음력 8월 15일로 다른 말로 한가위라고도 부른다. '가위'라는 말은 옛날 신라 시대의 길쌈놀이인 '가배'에서 나온 것으로 여자들이 베를 짜는 내기를 하면서 축제를 벌였던 것에서 추석이 유래되었다.

추석날 처음 하는 일은 아침 일찍 일어나 차례를 지내는 일인데, 한 해 동안 농사가 잘된 것에 대해 조상께 감사를 드리고자 그해 처음으로 수확한 햇곡식으로 음식을 만들어 차례상에 올린다. 차례를 지낼 때는 모두 새 옷인 추석빔으로 갈아입고 차례가 끝나면 차례에 올렸던 음식과 술로 온 가족이 음복을 한다. 그리고 나서 조상의 묘를 찾아 성묘를 하는데 보통 추석 전에 미리 벌초를 해서 묘 주위를 깨끗하게 정리한다.

추석은 시기적으로 곡식과 과일 등이 풍성한 때이므로 추석에 먹는 음식 또한 여러 가지가 있다. 추석의 대표적인 절식으로는 송편이 있으며 송편의 모양과 재료는 지역에 따라 아주 다양하다. 보통 추석 전날 저녁 가족들이 모여 송편을 만드는데 송편을 예쁘게 만들면 나중에 좋은 배우자를 만난다거나 예쁜 아이를 낳는다는 말이 있어 서로 송편을 예쁘게 만들려고 한다. 또한 토란국도 추석에 먹는 특별한 음식이다. 명절에는 맛있는 음식을 이것저것 많이 먹게 되기 마련인데 토란에는 소화를 돕고 변비를 예방해 주는 성분이 있어서 과식하기 쉬운 추석에 먹는 음식으로 안성맞춤이다.

모든 사람들이 함께 모여 먹고 마시고 춤추었던 추석에는 자연스럽게 다양한 놀이도 생겨났다. 남자들은 낮에 농악과 씨름을 했고 여자들은 보름달 아래서 강강술래를 즐겼다. 사람들은 이러한 놀이를 하면서 서로 간의 화합을 다지는 한편 보름달과 풍작을 즐기기도 했다.

추석에는 아무리 가난한 사람도 떡을 만들어 나눠 먹었다고 해서 '일 년 열두 달 365일 더도 말고 덜도 말고 한가위만 같아라.'라는 말도 생겼다. 이와 같이 추석은 즐겁고 신나는 날인 동시에 그런 즐거움을 얻은 것에 대한 감사를 잊지 않는 날이기도 하다.

출처: 이화여자대학교 언어교육원(2011), 〈이화 한국어 4〉, 이화여자대학교출판문화원, 138쪽

이론에서 출발하여 현장까지!
손에 잡히는 한국어 교육학 개론

그 후에는 본격적으로 텍스트를 읽는 읽기 본 단계가 이어진다. 이때 학습자는 천천히 텍스트의 뜻을 새기며 자세하게 읽는 집중형 읽기(intensive reading), 즉 정독, 전체 텍스트를 처음부터 끝까지 대충 읽고 주제나 요점만 빨리 파악하는 훑어 읽기(skimming), 필요한 정보만 뽑아 읽는 찾아 읽기(scanning), 혼자 읽기, 짝과 번갈아 읽기, 상향식 읽기, 하향식 읽기, 상호작용 읽기 등 다양한 방법으로 텍스트를 읽는다. 그리고 텍스트의 전체 구조, 중심 내용, 세부 내용 등을 파악한다. 또한 읽는 동안 교재에 제시되어 있거나 교사가 제안한 읽기 활동을 하거나 학습자 자신이 선택한 읽기 전략을 사용한다. 읽기 전 단계에서 가설을 세웠거나 예측한 내용이 있다면 그것이 맞는지 검증하며, 중요한 내용을 표시하거나 메모를 하기도 하며, 동료 학습자나 교사에게 도움을 요청하기도 한다.

더 알아보기

읽기를 텍스트에 접근해서 정보를 처리하는 과정으로 볼 때, 읽는 과정에는 아래와 같은 두 가지 방식이 있을 수 있다.

- 상향식 읽기 모형(bottom-up reading model)은 단어와 같이 작은 언어 단위에서 시작해 점차 텍스트를 이해해 가는 방식이다. 읽는 과정에서 텍스트의 의미가 축적되어 간다고 보는 것인데, 학습자는 어휘나 문법을 해석하는 수동적인 역할을 하게 된다는 한계가 있다.

- 하향식 읽기 모형(top-down reading model)은 독자의 가정과 예측을 바탕으로 텍스트를 이해하는 것으로 모르는 단어는 맥락을 통해 추론하도록 한다. 학습자의 배경지식을 바탕으로 하므로 학습자가 읽는 과정에 적극적으로 개입하게 되며, 각 학습자가 이해하고 재구성한 의미는 서로 다를 수 있다.
- 상향식 읽기와 하향식 읽기가 동시에 이루어지는 것을 상호작용 읽기 모형(interactive model)이라 하며, 이때는 텍스트 의미에 대한 예측과 검증이 반복적으로 이루어진다.

③ 읽기 후 단계

마지막으로, 읽기 후 단계에는 읽은 내용을 확인하고 학습한 내용을 강화한다. 예를 들어 다음과 같이 요약하는 활동을 통해 읽었던 주요 내용을 정리해 볼 수 있다.

〈그림 11-7〉 읽기 후 단계 수업 자료의 예

글의 내용에 맞게 각 단락의 소제목을 붙이고 중심 내용을 써 보세요.

단락	소제목	중심 내용
첫 번째	추석의 유래	추석은 신라 때 '가배'라고 하는 길쌈놀이를 하면서 축제를 벌였던 것에서 유래되었다.
두 번째		
세 번째		
네 번째		
다섯 번째	추석의 의의	추석은 즐겁고 신나는 날인 동시에 그런 즐거움을 얻은 것에 대한 감사를 잊지 않는 날이기도 하다.

출처: 이화여자대학교 언어교육원(2011), 〈이화 한국어 4〉, 이화여자대학교출판문화원, 139쪽

이론에서 출발하여 현장까지!
손에 잡히는 한국어 교육학 개론

그리고 읽은 것과 관련된 텍스트를 더 읽는 확장형 읽기(extensive reading)도 가능하다. 읽기가 아닌 쓰기나 말하기 등 다른 언어 기술과의 연계를 통해 다면적으로 의사소통능력을 높이는 것도 좋다.

> 한국의 명절을 소개하는 글을 읽었어요. 이제 여러분 나라의 명절을 소개하는 글을 써 보세요.
> 한국의 명절인 추석과 여러분 나라의 대표적인 명절을 비교해서 발표해 볼까요?

위와 같이 읽은 내용이나 텍스트 유형을 연계해 새로운 글을 쓰거나 읽은 텍스트를 재구성하고 각색하는 활동을 할 수 있다. 또는 읽은 내용을 확장해 대화나 인터뷰, 발표, 토론 등의 말하기 활동도 가능하다.

11.4. 읽기 능력 골고루 평가하기

읽기 능력 평가에서는 무엇을 측정해야 할까? 텍스트를 읽고 이해한다는 것은 텍스트에 명시적으로 드러나 있는 정보를 파악하는 것, 텍스트에 드러나 있지 않은 정보를 추론해서 이해하는 것, 텍스트의 정보를 비판적으로 평가하는 것을 포괄한다. 이를 읽기 평가에 반영해 보면 사실적으로 이해할 수 있는지, 추론적으로 이해할 수 있는지, 비판적으로 이해할 수 있는지를 평가 구인으로 삼을 수 있다.

그리고 텍스트에서 무엇을 읽을지 구체적으로 생각해 보면, 전체를 아우르는 핵심적인 내용도 있고 일부분의 세부적인 내용도 있다. 문장과 문장이 이어지고 단락과 단락이 이어져 전체 텍스트를 구성하므로 문장 간의 관계와 단락 간의 관계도 읽어야 한다. 비판적으로 읽을 때는 글의 표현이나 구조가 적절한지, 내용이 타당한지 등도 평가하며 읽어야 한다.

〈표 11-5〉 읽기 평가 문항의 유형

구인	내용	문항 지시문 예시
사실적 이해	핵심 내용	• 이 글의 중심 내용을 쓰십시오.
	세부 내용	• 이 글의 내용과 같은 것을 고르십시오.
	문장, 단락 간 관계	• 이 글의 단락 순서로 알맞은 것은 무엇입니까?
추론적 이해	핵심 내용	• 이 글의 중심 생각을 쓰십시오.
	세부 내용	• 빈칸에 들어갈 내용으로 알맞은 것을 고르십시오.
	문장, 단락 간 관계	• 이 글 뒤에 이어질 내용은 무엇입니까?
비판적 이해	글의 적절성, 타당성	• 다음 중 글의 흐름에 적절하지 않은 것을 고르십시오.

읽기 시험지를 만들다 보면 세부 내용에 대한 사실적 이해를 확인하는 문항에 집중하게 되기가 쉽다. 그러면 학습자의 읽기 능력을 전면적으로 정확하게 측정하기가 어려워지고 시험지의 타당도도 떨어지게 된다. 따라서 읽기 평가 문항을 개발하고 평가 도구를 제작할 때, 위의 표를 참고하여 각 구인을 고루 평가하는지 점검해 보는 것이 좋다.

사실적 이해 평가

먼저, 핵심 정보에 대한 사실적 이해를 확인하는 문항은 중심 내용이 무엇인지 묻는 방식으로 만들 수 있다. 다음과 같이 글의 소재나 주제가 무엇인지 묻는 방식도 가능하다.

> **무엇에 대한 글인지 쓰십시오.**

다음은 세부 정보에 대한 사실적 이해를 확인하는 문항이다. 대표적인 유형은 읽은 내용과 같은 것이나 다른 것을 고르는 것이다. 다음과 같이 선택지가 문장이 아닌 그림으로 제시될 수도 있다.

이론에서 출발하여 현장까지!
손에 잡히는 한국어 교육학 개론

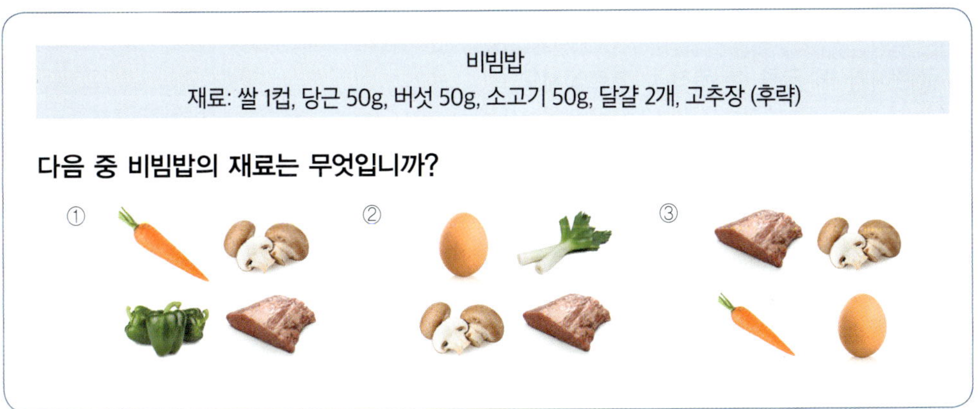

이밖에 텍스트의 특정 부분과 바꿔 쓸 수 있는 유사한 표현을 묻는 문항도 세부 내용에 대한 사실적 이해를 확인하는 유형에 속한다.

세 번째는 문장 또는 단락 간의 관계를 사실적으로 이해할 수 있는지 측정하는 문항 유형이다. 학습자는 일반적으로 순서대로 정렬된 완전한 한 편의 글을 읽는데, 아래와 같이 단락의 순서를 재배열하는 문항을 통해 학습자가 텍스트의 내용을 이해하고 각 단락이 어떻게 연결되는지를 파악할 수 있는지 평가할 수 있다.

> **다음 문장들을 순서에 맞게 배열하십시오.**

추론적 이해 평가

사실적 이해 문항이 텍스트에 명시된 정보를 다루는 것과 달리, 추론적 이해 문항은 텍스트에 명시적으로 드러나 있지 않은 정보와 관련된다. 먼저, 핵심 내용에 대한 추론적 이해는 다음 예시와 같이 텍스트의 제목, 글을 쓴 목적, 글의 중심 생각이나 글쓴이의 주장 등을 묻는 문항으로 측정할 수 있다.

> **글쓴이가 이 글을 쓴 목적을 고르십시오.**

　다음은 세부 내용에 대한 추론적 이해를 측정하는 문항이다. 텍스트의 특정한 내용이나 일부 표현을 읽고 텍스트에는 드러나 있지 않은 정보를 추론하는 것으로 글쓴이의 태도나 텍스트 속의 화자 또는 등장인물의 심정이 어떤지 추론하는 문항이 이 유형에 속한다.

> **밑줄 친 부분에 나타난 글쓴이의 태도를 고르십시오.**

　문장이나 단락 간의 관계에 대한 추론적 이해 문항은 아래와 같은 유형이 대표적이다. 문장이나 단락이 텍스트 내 어디에 위치해야 하는지 묻는 방식이다.

<그림 11-9> 문장, 단락 관계에 대한 추론적 이해 평가 문항의 예

　마지막 날은 경복궁을 구경하기로 하고 숙소를 나섰다. 경복궁은 한복을 입고 가면 무료로 입장할 수 있다. 　A　 한복을 입으니까 마치 한국 사람이 된 것 같았다. 　B　 우리는 함께 경복궁을 둘러보며 사진을 많이 찍었다. 　C

다음 내용은 어디에 들어가야 합니까?

　그래서 우리는 경복궁 근처에 있는 한복 가게에서 한복을 빌려 입었다.

① A　　　　② B　　　　③ C

비판적 이해 평가

마지막은 비판적 이해 문항이다. 이 유형은 텍스트의 구조가 적절한지, 텍스트의 내용이 적절한지, 주장이나 논거가 타당한지 등을 비판적으로 분석하며 읽는지를 측정한다.

<그림 11-10> 비판적 이해 평가 문항의 예

운동을 갑자기 하거나 지나치게 하면 근육통을 느끼게 된다. 가 잘 쓰지 않던 근육을 쓰면서 근육이 놀라 통증을 느끼는 것인데 이를 방치하면 위험하다. 나 운동을 한 뒤에 근육통이 생기는 것은 자연스러운 현상이다. 다 만약 운동 후에 근육통이 느껴진다면 마사지나 목욕을 통해 통증을 풀어 주는 것이 바람직하다.

이 글에 적절하지 않은 문장을 고르십시오.

① 가   ② 나   ③ 다

위와 같은 문항은 사실 확인이나 추론이 아닌 비판과 평가를 거쳐야 답할 수 있다. 즉 텍스트의 맥락을 분석하면서 비판적으로 이해해야 주장에 맞지 않는 근거나 글의 논지에서 벗어나는 내용을 찾아낼 수 있다. 이렇게 텍스트의 적절성과 타당성을 평가하며 읽는지를 측정하는 것이 비판적 이해 문항에 속한다.

지금까지 한국어 읽기 교육에 대해 함께 살펴보았다. 이 장을 시작하며 언급한 것처럼 성공적인 읽기 교육을 위해서는 교사 먼저 읽기를 즐길 수 있어야 한다. 교사가 먼저 능동적이고 전략적인 독자가 되자. 그리고 읽기 교육의 지향점과 방법에 대해 끊임없이 고민하고 시도하자. 그러다 보면 읽기 교육의 즐거움도 배가될 것이다. 학습자들도 한국어 읽기를 더욱 편안하고 즐겁게 느끼게 될 것이다.

12장

자기표현의 방법,
한국어 쓰기 교육

이민경 · 이화여자대학교

한국어 교사로서 나는 쓰기에 대해서 어떻게 생각하고 있는가. '쓰기는 어려운 것이다', '쓰기는 재미가 없다' 또는 '쓰기는 말하기에 비해 덜 중요하다'라는 생각을 가지고 있지는 않은가. 자신도 모르게 마음속에 자리 잡은 이런 생각들이 쓰기를 가르치려고 교실로 향하는 교사들의 발걸음을 무겁게 할 것이다.

쓰기는 일상생활에서 말하기에 비해 비중이 낮다. 그리고 바로 수정, 보완이 가능한 말하기에 비해 쓰기는 제한이 많기 때문에 어렵게 느껴지는 것도 사실이다. 그러나 모든 것에 단점만 있는 것이 아니듯, 쓰기에도 그것만의 특성과 장점이 분명히 존재한다. 교사가 먼저 쓰기의 특성을 알고 쓰기 교육의 방법을 이해한다면, 학습자들이 쓰기를 통해 자신을 표현할 수 있고 나아가 쓰기를 즐길 수 있도록 가르칠 수 있을 것이다. 쓰기의 특성, 쓰기 교육의 방법, 피드백, 평가까지 지금부터 하나씩 차근차근 살펴보도록 하자.

12.1. 쓰기, 제대로 알기

쓰기는 왜 어렵게 느껴지는 것일까? 한국어를 배우는 외국인 학습자들에게 쓰기를 가르치려면 어떤 것들을 가르쳐야 할까?

쓰기의 개념과 특성

쓰기는 과연 무엇일까? 말하기와 비교해 생각해 보면 더 쉽게 답을 찾을 수 있을 것이다. 말을 한다는 것이 화자가 청자에게 음성 언어로 자신의 생각이나 감정을 표현하는 것이라면, 글을 쓴다는 것은 필자가 독자에게 문자 언어로 전달하는 것이라고 할 수 있다. 다시 말해서 쓰기는 문자 언어를 매개로 하여 독자에게 자신의 의사를 전달하는 의사소통 행위이자 자기표현의 방법인 것이다. 여기에는 글자를 베껴 쓰는 단순한 활동에서부터 정보를 전달하고 자신의 견해를 주장하는 글쓰기, 나아가 자신의 감정이나 생각을 예술적으로 표현하는 창조적 쓰기까지 모두 포함된다.

여기까지 살펴보았을 때 쓰기는 자기표현의 한 방법일 뿐이므로 글쓰기를 하려면 그저 자기 의사를 글자로 써 내려가기만 하면 될 것 같다. 그런데 왜 이렇게도 한국어를 배우는 학습자들 중에는 쓰기를 어렵게 느끼는 사람이 많은 것일까? 그에 대한 답 역시 말하기와 비교해 보면 쉽게 찾을 수 있다. 물론 예외적인 경우도 있으나 대화 또는 강의, 발표 등의 일반적인 말하기 상황에서 화자는 청자와 대면이 가능하다. 그러나 쓰기의 상황에서 필자는 독자를 대면할 수 없다. 필자는 보이지 않는 독자와 의사소통을 해야 하는 것이다.

보이지 않는 독자와 의사소통한다는 것이야말로 쓰기의 특성을 이해하는 데 가장 중요한 요소라고 할 수 있다. 말하기의 경우, 화자의 어휘 선택과 표현이 다소 미진하더라도 억양과 표정, 몸짓 등으로 실감나게 전달할 수 있다. 상황에 따라서는 청자의 반응을 살피며 부족한 부분들을 보완해서 말하거나 청자의 이해를 확인하면서 진행할 수 있다.

그러나 쓰기는 어떠한가? 필자는 독자의 이해 정도를 확인할 수 없을 뿐 아니라 독자에게 부족한 정보를 추가적으로 제공할 수가 없다. 따라서 필자가 글로 독자에게 자신의 의도를 잘 전달하기 위해서는 무엇보다도 독자를 고려하고 이해해야 한다. 어떤 사람이, 어떤 상황에서, 어떤 목적으로 이 글을 읽을 것인가 생각해야 한다. 그리고 독자의 스키마(schema)가 어디까지인지, 필자와 독자가 속해 있는 담화 공동체(discourse community)에서 사용되는 글의 구조, 표현 등이 어떠한 것인지를 이해하고 사용해야 하는 것이다.[1] 또한 정확성과 논리성을 지녀야 한다. 쓰기에서는 말하기와 달리 부정확한 표현에 대해서 비언어적인 방법이나 상황 맥락을 통해서 보완할 길이 없다. 어휘적으로도, 문법적으로도 정확한 기술이 필요하다. 내용상으로도 화제가 왔다갔다하지 않고 물 흐르듯이 논리적으로 기술되어야 하는 것이다. 쓰기의 특성을 Brown(2007:363-333)은 다음과 같이 정리하였다.

---

1   담화 공동체란 담화의 형식이나 수사, 관습적 표현 등 언어적 관습과 규범을 공유하는 집단을 말하는 것으로, 이러한 집단은 언어, 직업, 계층, 연령 등의 다양한 사회적 요인으로 발생한다.

이론에서 출발하여 현장까지!
손에 잡히는 한국어 교육학 개론

- 영구성(permanence): 완성된 글은 수정이 불가능하며 영구적이다.
- 산출 시간(processing time): 글은 쓰는 데에는 일정한 시간이 필요하다.
- 거리(distance): 시간적, 공간적으로 독자와 거리가 있다.
- 철자(orthography): 문자만으로 의미를 전달해야 하므로 철자에 주의해야 한다.
- 복잡성(complexity): 구어보다 문장이 복잡하게 구성된다.
- 어휘(vocabulary): 구어보다 다양한 어휘를 요구한다.
- 형식성(formality): 구어보다 글의 유형에 따라 구성 형식이 정해져 있다.

이와 같이 쓰기가 보이지 않는 독자에 대한 이해를 바탕으로 내용적, 형식적으로 정확하고 완결성 높은 담화를 생산해야 하는 과정이기 때문에 많은 학습자들이 쓰기를 어렵다고 느끼는 것이다. 쓰기는 이러한 과정을 모두 포함하는 것이므로 쓰기 능력의 향상을 위해서는 오랜 시간과 노력이 요구되며 교사의 체계적인 지도와 학습자 자신의 꾸준한 노력이 반드시 필요하다.

더 알아보기

담화(discourse)와 텍스트(text)는 의사소통 상황 속에서 언어적, 비언어적 표현들이나 문장들이 일련의 규칙에 의해 구성되어 있는 결합체를 나타낸다. 학자들에 따라 차이가 있기는 하지만 일반적으로 담화는 언어 수행, 구어, 기술에 초점을 두고 있으며, 텍스트는 언어 능력, 문어, 규범화에 초점을 두고 있다. 그러나 담화와 텍스트는 서로 배타적인 개념이 아니다.

쓰기 교육의 내용

Canale & Swain(1983)은 의사소통능력(communicative competence)을 문법적 능력(grammatical competence), 담화적 능력(discourse competence), 사회 언어학적 능력

(sociolinguistic competence), 전략적 능력(strategic competence)으로 구성되어 있다고 제시하였다. 쓰기도 의사소통의 방법 중 하나이므로, 쓰기 능력의 향상을 위해서는 이 네 가지 능력이 균형감 있게 개발될 수 있도록 교육이 이루어져야 한다.

<표 12-1> 쓰기 교육의 내용

의사소통능력	쓰기 능력
문법적 능력	어휘, 문법 등을 적절하게 사용하여 글을 쓸 수 있는 능력
담화적 능력	문장들이 잘 연결되어 응집성, 응결성이 있게 글을 쓸 수 있는 능력
사회언어학적 능력	담화 공동체의 글쓰기 방식 및 장르에 맞게 글을 쓸 수 있는 능력
전략적 능력	글을 쓰는 과정에 따라 적절한 전략을 사용하는 능력

문법적 능력은 적절한 어휘와 정확한 문법을 사용하여 글을 쓰는 능력을 가리킨다. 많은 한국어 교사들이 어휘와 문법 교육에 집중하는 경향이 있는데, 이것이 꼭 필요하기는 하나 전체적으로 보았을 때는 네 가지 능력 중에 하나에 불과하므로 어휘와 문법에 국한된 쓰기 지도에서 벗어나 필요가 있다. 또한 글을 쓸 때는 여러 문장을 엮어 하나의 통합체로 만드는 담화적 능력이 매우 중요하다. 담화적 능력은 문장과 문단이 내용적으로, 형식적으로 연결되어 응집성(coherence)과 응결성(cohesion)을 확보하도록 구성하는 능력을 말한다. 한국어 학습자들이 글을 쓸 때 아무리 많은 내용을 쓴다고 하더라도 각 문장들이 연결되지 않고 하나의 주제로 모아지지 않으면 의사소통의 실패로 귀결될 수 있으므로, 교사가 쓰기를 가르칠 때 담화적 능력 향상에 주목하여 가르쳐야 한다. 사회언어학적 능력은 이 글이 읽히게 될 사회적인 맥락(context)과 관련된 것으로, 독자에 대한 이해와 해당 담화 공동체의 글쓰기 관습 및 장르에 대해 지식을 말한다. 특히 담화 공동체가 관습적으로 사용하는 담화의 구조나 수사적 표현 등은 그 문화 및 가치관을 반영하고 있으므로 장르와 관습적 표현에 대해 잘 이해하고 사용할 수 있도록 지도하는

것이 중요하다. 마지막으로 전략적 능력은 글쓰기 과정에서 필요한 전략을 효율적으로 사용할 수 있는 능력이다. 글이 완성되기까지는 내용을 구상하고 개요를 작성하고 집필하고 퇴고하는 일련의 과정이 수반된다. 각 과정에서 글을 잘 쓰기 위해서 사용할 수 있는 전략이 무엇인지 알고 사용할 수 있어야 한다.

이러한 글쓰기 능력은 한국어 숙달도에 따라 점진적으로 향상되어 간다. 〈국제 통용 한국어 표준 교육과정 적용 연구〉(2017)에서는 한국어 쓰기 교육에서 숙달도에 따른 목표와 내용을 다음과 같이 제시하고 있다. 숙달도별 목표와 내용은 체계적인 쓰기 교육을 위해 참고하면 도움이 될 것이다.

> **더 알아보기**
>
> 텍스트는 문장 간, 문단 간 결속을 통해서 하나로 통합되고 완성된다. 응집성(coherence)은 심층 구조의 의미적 결속을 나타내며 응결성(cohesion)은 표층 구조의 형태적 결속을 의미한다. 응집성은 내용상의 논리적 연결과 일관성 있는 흐름을 일컫는 것이며 응결성은 텍스트의 의미적 결속을 명확히 하기 위해 문법, 어휘 등을 통해 나타나는 형태적 결속을 말한다.

<표 12-2〉 등급별 쓰기 교육의 목표 및 내용

		세부 내용
1급	목표	기본적인 맞춤법에 맞게 글자를 정확하게 쓸 수 있으며 일상생활에 관한 간단한 글을 쓸 수 있다.
	내용	• 한글 자음과 모음을 결합해 글자를 쓴다. • 맞춤법에 맞게 짧은 문장을 바르게 쓴다. • 간단한 메모를 한다. • 일상생활에 관한 짧은 글을 간단한 구조로 쓴다.

급	구분	내용
2급	목표	일상생활에서 경험한 일이나 친숙한 인물에 관한 글을 쓸 수 있다.
	내용	• 자신의 일과를 비교적 명확히 쓴다. • 경험한 일이나 앞으로의 계획에 대해 문장과 문장이 자연스럽게 연결되도록 쓴다. • 친숙한 인물, 사물, 장소 등을 간단하게 소개하는 글을 장르적 특성에 맞게 쓴다.
3급	목표	친숙한 사회적, 추상적 주제로 된 글을 간단한 구조로 쓸 수 있다.
	내용	• 자신과 관련된 생활문을 비교적 정확하게 쓴다. • 친숙한 사회적, 추상적 주제(직업, 사랑, 교육 등)에 관한 글을 간단한 구조로 쓴다. • 실용문(안내문, 전자 우편 등)을 단락과 단락이 자연스럽게 연결되게 쓴다. • 간단한 구조의 설명문에 핵심 내용이 잘 드러나도록 쓴다.
4급	목표	친숙한 사회적, 추상적 주제로 된 글을 정확하게 쓸 수 있으며 설명문, 논설문, 쉽고 짧은 감상문을 쓸 수 있다.
	내용	• 친숙한 사회적, 추상적 주제(직업, 사랑, 교육 등)에 관하여 정확하게 설명하거나 의견을 들어 주장하는 글을 쓴다. • 친숙한 소재를 다루는 논설문의 구조에 맞게 자신의 주장과 뒷받침 내용을 쓴다. • 짧고 간단한 구조의 수필을 일관된 내용으로 쓴다. • 예시, 비교/대조 등을 활용하여 글을 쓴다.
5급	목표	친숙하지 않은 사회적, 추상적 주제나 자신의 전문 분야에 관한 글을 구조에 맞게 쓸 수 있다.
	내용	• 친숙하지 않은 사회적, 추상적 주제(정치, 경제, 과학 등)에 관해 논리적 구조를 반영한 글을 쓴다. • 자신의 전문 분야에 관하여 핵심 내용이 드러나도록 글을 쓴다. • 다양한 소재의 글을 요약하고 자신의 의견을 반영한 요약문을 쓴다. • 정의, 인용 등을 활용하여 글을 쓴다.
6급	목표	친숙하지 않은 사회적, 추상적 주제나 자신의 전문 분야에 관한 글을 논리적인 구조로 쓸 수 있으며 다양한 장르의 특성을 고려한 글을 쓸 수 있다.
	내용	• 친숙하지 않은 사회적, 추상적 주제(정치, 경제, 과학 등)에 관해 논리적이고 정확하게 의견을 전개하는 글을 쓴다. • 자신의 전문 분야에 관하여 핵심 내용과 세부 내용이 연결되도록 글을 쓴다. • 평론, 학술 보고서, 학술 논문 등의 전문적인 글의 특성을 이해하고 간단하지만 일관된 내용 구조를 가진 글을 쓴다. • 비유, 분류, 분석 등을 활용하여 글을 쓴다.

출처: 김중섭 외(2017), 〈국제 통용 한국어 표준 교육과정 적용 연구〉, 국립국어원 연구 보고서

이론에서 출발하여 현장까지!
손에 잡히는 한국어 교육학 개론

12.2. 쓰기 교육의 다양한 접근 방법

쓰기를 어떻게 가르쳐야 할까? 어떻게 가르치는 것이 효과적인 방법일까? 지금까지 효과적인 쓰기 교육을 위해 여러 가지 방식으로 접근이 이루어져 왔다. 그 중에서도 쓰기 교육의 방법 방법으로 글의 형식을 중시하는 형식 중심 접근법(form-focused approach)과 글을 쓰는 과정을 중시하는 과정 중심 접근법(process-oriented approach) 그리고 쓰고자 하는 글의 장르에 초점을 둔 장르 중심 접근법(genre-based approach)을 살펴보도록 하겠다.

형식 중심 접근법

형식 중심 접근법은 글의 형식과 구성을 중심으로 쓰기를 지도하는 접근 방법이다. 모범적인 글의 형식을 익히고 그것에 따라 학습자들은 글을 쓰도록 가르치는 것이다. 글의 형식을 중시했기 때문에 정확성이 매우 강조되었다. 이를 위해 먼저 좋은 글의 형식을 모방할 수 있도록 예시 글을 제시하였다. 그 안에 있는 문법, 어휘 등의 형식을 익힌 후에 예시 글을 베껴 쓰거나 그것을 변형하여 글을 쓰는 활동이 주를 이루었다. 또한 수업에서 교사가 학습자의 쓰기 과정을 지도하고 적절한 피드백(feedback)을 제공하는 절차 없이 교실 밖에서 학습자가 스스로 예시 글을 바탕으로 글을 써 오도록 요구하였다. 이런 형식 중심 접근법은 학습자들이 글을 써 가는 과정이 아니라 결과물만 중시한다는 점에서 결과 중심 접근법(product-oriented approach)이라고 불리기도 한다. Grabe & Kaplan(2008:146)은 언어의 형식적 측면에 초점을 두어 지도할 수 있는 네 가지 단계로 이루어진 방법을 소개했다.

- 언어 구조 익히기: 글을 통해서 특정 어휘와 문법을 학습
- 통제된 쓰기(controlled writing): 대체표(substitution table)를 활용하여 고정된 패턴을 연습
- 유도된 쓰기(elicited writing): 예시 글을 모방
- 자유 쓰기(free writing): 연습한 언어의 패턴을 사용하여 작문

형식 중심 접근법은 쓰기 지도의 목표를 어휘, 문법, 수사적 표현 등의 언어 형식에만 두어, 필자와 독자의 관계 및 맥락 등을 고려한 쓰기 교육에는 도달하지 못했다. 또한 글을 쓰는 과정은 모방하고 따라 하는 단순하고 직선적인 과정이 아님에도 불구하고 이 모든 과정이 학습자 개인의 몫으로 던져져, 학습자의 부담이 높아져 쓰기에 대한 흥미를 잃게 하고 쓰기는 어렵다는 인식을 낳게 되었다.

과정 중심 접근법

1960년대까지를 지배했던 쓰기 교육 방법은 완성된 글을 중시하는 결과 중심 접근법 이었으나 1980년대에 들어 쓰기 교육의 초점은 결과에서 과정으로 옮겨 갔다. 쓰기 과 정의 인지 모형을 발전시킴으로써 과정으로서의 쓰기에 막대한 영향을 미친 Flower & Hayes는 다음과 같이 주장하였다(Grabe & Kaplan, 2008:156).

- 작문 과정은 상호적이며 뒤섞여 있으며 동시 발생적일 수 있다.
- 작문은 목표 중심의 활동이다.
- 전문적인 필자들은 초보적인 필자와 다르게 글을 쓴다.

쓰기 교육은 모범이 되는 글을 모방하여 글을 완성해 내고 이를 평가하는 것이 주목 적이 아니라, 글을 쓰는 학습자들이 처음의 생각을 점차적으로 글로 써 나가는 과정을 중시하는 것이다. 학습자들에게 쓰기를 통한 의사소통의 목표와 목적을 이해하게 하고 쓰기 전략을 제공하고 최종적인 글쓰기로 이끄는 것이다. 과정 중심 쓰기에서는 글을 쓰

이론에서 출발하여 현장까지!
손에 잡히는 한국어 교육학 개론

는 과정을 순환적으로 보았다. 학습자들은 처음의 생각을 바탕으로 초고를 작성하고 동료나 교사의 피드백(feedback)을 받아 다시 작성한다. 그리고 교사와 동료의 피드백을 받아서 글을 완성한다. Hyland(2016:156)는 이 과정을 다음과 같이 도식화하였다.

<그림 12-2> 쓰기 지도의 절차(Hyland, 2016:156)

학습자들이 이러한 순환적인 과정을 통해서 글을 쓰는 방법을 배우고 궁극적으로 쓰기 능력 향상이라는 목표에 도달하기 위해서는 다음의 원칙에 따라 과정 중심 쓰기 교육이 구성되어야 한다(이미혜, 2000:136-137).

• 첫째, 학습자에게 글을 쓰는 목적과 과정을 이해하게 한다. 형식에 집착하지 않고 중심 생각에 중점을 두고 글을 쓰며 자신의 글에 대해 피드백을 구하고 참을성 있게 교정하도록 한다.

- 둘째, 쓰기 전에 미리 계획을 세우도록 한다. 중심 생각을 이끌어 글로 정리하여 표현할 수 있게 시작 단계의 활동을 유도하고 생각을 정리한다.
- 셋째, 쓰기 수업을 교사와 학습자, 학습자 간의 상호적인 수업으로 구성한다. 교사는 학습자 간의 활동을 유도하는 방법을 고안하며 교사와 학습자의 원활한 상호작용과 그 효과를 위해 장치를 마련한다.
- 넷째, 교사는 학습자의 생각을 최대한 글로 표현할 수 있도록 안내하는 역할을 한다. 초고, 교정본에 대해 신중하게 반응하여 피드백을 제공하며 완성본에 대해 평가자의 역할을 한다.

과정 중심 쓰기 접근 방법은 학습자들에게 글을 쓰는 목적과 과정을 이해하고 전략을 형성하게 함으로써 학습자 중심의 쓰기 교육이 이루어진다. 또한 쓰기 전 과정에 걸친 교사와 학습자, 학습자 간의 상호작용은 기존에 학습자에게 주어졌던 쓰기 활동의 부담감을 덜어 주며 딱딱하고 지루한 글쓰기를 즐길 수 있게 해 준다. 학습자는 피드백을 받는 과정에서 오류(error)의 유형이나 글쓰기 능력을 진단할 수 있게 되고 전반적으로 글쓰기 능력 향상 및 쓰기에 대한 학습자의 태도 변화 등을 수반하게 되는 것이다.

장르 중심 접근법

장르(genre)는 특정한 상황과 의사소통 목적에 따라 반복적으로 나타나는 담화의 구조와 기술 방식을 말한다. Hyland(2007:4)는 장르란 필자가 어떤 사회적 맥락에서 어떻게 언어를 사용하는 것이 전형적인지를 보여 주는 글들의 묶음이라고 하였다. 장르는 사회의 구성원들이 자주 그리고 반복적으로 사용하여, 글을 읽고 이해하거나 글을 쓸 때 어려움이 없는 글의 전형적인 유형이다.

형식 중심 쓰기가 글을 위주로 한 것이라면, 과정 중심 쓰기는 필자를 중심으로 하는 접근 방법이었다. 반면 장르 중심 쓰기는 독자를 중심으로 하는 접근 방법이라고 할 수 있다. 형식 중심 쓰기에서 과정 중심 쓰기로 넘어가면서 모범 글의 문법이나 표현을 모방하는 직선적이고 일방적인 쓰기에서 학습자들의 인지적 흐름에 따라 순환적이고 상호 적인 쓰기 활동으로 쓰기 교육은 변모하였다. 그러나 과정 중심 쓰기는 필자를 중심으로 한 접근 방법이기 때문에 독자 및 필자와 독자가 속한 담화 공동체의 관습에 대한 이해가 상대적으로 주목을 받지 못했다. 장르 중심 접근법의 장점은 다음과 같다(Hyland, 2007:10).

- 명시성: 쓰기 기술 습득을 촉진하기 위해서 배워야 할 것을 명확하게 할 수 있다.
- 체계성: 언어와 맥락에 초점을 둔, 응집성 있는 담화 구조를 제공할 수 있다.
- 요구 부합: 쓰기 교육의 목적 및 내용이 학습자들의 요구와 연결될 수 있다.
- 지지성: 교사에게 학습자들의 학습과 창의성을 돕는 역할을 줄 수 있다.
- 자율성: 특정 담화에서 사용되는 패턴과 가능한 변이형을 제공할 수 있다.
- 중요성: 의미 있는 담화를 이해하고 생산할 수 있도록 자원을 제공할 수 있다.
- 의식 상향: 학습자들에게 확신을 가지고 조언을 해 줄 수 있도록 글에 대한 교사의 인식을 높일 수 있다.

장르의 유형 분류는 다양한 방식으로 이루어질 수 있는데 이미혜(2013:229)에서는 의사소통 기능을 기준으로 하여 한국어 쓰기 교육을 위한 장르를 다음과 같이 분류하였다.

<표 12-3> 한국어 쓰기를 위한 장르 분류(이미혜, 2013:229)

거시 장르	미시 장르
정보 전달의 글	설명문, 신문 기사, 공문서, 소개글, 안내문, 게시문, 신분증, 요약문, 설명서 등
정서, 감정 표현의 글	경험담, 기행문, 수필, 일기, 창작 이야기, 동화, 감상문, 자서전, 기도문 등
사교, 친교의 글	편지, 엽서, 축하 글, 사과문, 식사문, 메시지, 이메일, 연하장, 메모, 초청장 등
비판적 분석, 주장의 글	건의문, 논설문, 사설, 평론, 연설문, 광고, 요청문, 신문 기사, 보고서, 학업/학술문 등

　장르 중심 쓰기 수업이 어떻게 진행되어야 하는지에 대해 Feez(1998:28)는 다음의 모형으로 설명하고 있다.

<그림 12-3> 장르 중심 쓰기 교수-학습 모형(Fees, 1998:28)

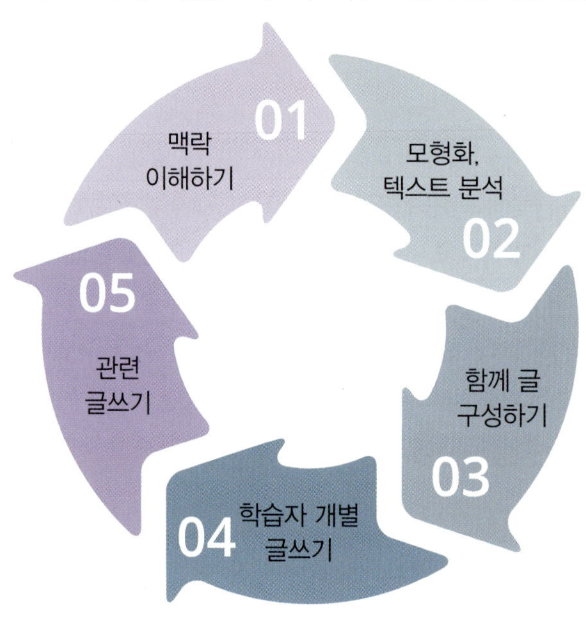

　1단계는 맥락을 이해하는 단계이다. 장르의 목적, 해당 장르가 주로 사용되는 상황, 맥락을 배우게 된다. 2단계에서는 모형화 단계이다. 이때 장르의 구조와 그 안에 있는 핵심 언어 자질을 분석한다. 3단계는 교사와 학습자들이 함께 글을 구성하는 단계로, 학습자들은 교사의 안내를 받으며 그 장르에 대해서 연습을 하게 된다. 4단계에서는 독립적으로 글을 쓰는 단계로 학습자들은 스스로 해당 장르에 대한 글을 쓴다. 마지막으로 완성된 글은 유사한 장르의 글과 묶어 문집을 구성하거나 특별한 목적으로 활용될 수도 있다.

12.3. 누구나 쉽게 쓸 수 있게 가르치기

한국어 학습자의 학습 목표와 숙달도 등에 따라 다양한 방식의 쓰기 수업이 가능할 것이다. 그러나 공통적으로 적용되는 쓰기 수업의 기본 원리는 무엇일까? 그리고 어떻게 쓰기 수업을 구성해야 학습자들이 쉽고 재미있게 글을 잘 쓸 수 있을까?

쓰기 수업의 원리

어떻게 하면 학습자들이 글쓰기 실력이 향상되고 학습자 자신도 글쓰기에 재미를 느낄 수 있을까? 이를 위해 교사가 쓰기를 가르칠 때 다음의 기본 원리를 기억하자.

- 의사소통 방법으로서의 쓰기
- 담화 차원에서의 쓰기
- 과정으로서의 쓰기
- 다른 언어 기술과의 연계

먼저, 쓰기는 앞서 말한 바와 같이 필자가 문자 언어를 사용해서 독자와 의사소통하는 하나의 방법이다. 독자를 염두에 두지 않은 글쓰기란 존재하지 않으며 독자를 염두에 두지 않게 되면 그 글은 의사소통 실패로 이어질 수도 있다. 글은 자신의 만족만을 위한 것이 아니라 독자와의 의사소통을 전제로 하는 것이다. 따라서 항상 글을 쓰는 나 자신은 이 글을 읽을 누군가 즉, 보이지 않는 독자와 의사소통하는 것이며, 독자가 이 글을 읽는 목적, 독자의 배경지식 및 상황 등을 고려하여 글쓰기에 접근할 수 있도록 지도해야 한다.

또한 쓰기를 담화 차원에서 가르치는 것이 매우 중요하다. 담화는 필자가 독자와 의사소통하는 맥락 속에서 각 문장들이 일련의 규칙에 의해 결합되어 있는 연속체라고 볼 수 있다. 담화를 이해하기 위해서는 '의사소통의 맥락'과 '문장들의 결합'이라는 두 가지 측면을 이해해야 한다. 즉 쓰기는 단순히 정확한 문장을 나열하는 것이 아니라 문장과 문장, 문단과 문단이 일관성 있게 논리적으로 연결되어야 하고, 그것이 의사소통의 맥락 안에서 생성되는 것이기 때문에 그 안에는 한국어 담화 공동체의 글쓰기 관습이 반영되어 나타나는 것이다. 교사가 문법, 어휘의 정확성에서 벗어나 담화로서 쓰기를 바라보고 학습자들이 쓰기를 통해 담화를 만들 수 있도록 가르치는 것이 중요하다.

좋은 글을 쓰기 위해 가장 중요한 것은 주제에 대한 다양한 정보와 풍부한 생각이다. 학습자들이 자신의 생각을 이끌어 내는 것은 상당히 부담스러운 과정이 될 수 있다. 그러나 이것들을 충분히 이끌어 내고 정리할 수 있도록 글을 쓰는 과정을 존중하고 그 과정을 통해 학습자가 풍부한 쓸거리를 찾도록 유도해야 한다. 이를 위해 짝 활동, 소그룹 활동 등을 할 수가 있는데, 이러한 상호작용을 지향함으로써 학습자들이 서로의 의견을 통해 배우고 다른 학습자들의 글에 대해 비평가가 스스로 된다. 이러한 과정을 통해서 올바른 글쓰기의 기준이 내재화되며 글에 대한 통찰력과 분석력이 생기게 되는 것이다.

다른 언어 기술과의 연계도 매우 중요하다. 듣기, 말하기, 읽기, 쓰기는 모두 각각 중요하지만 의사소통은 이 네 가지 기술이 복합적으로 사용되면서 이루어지는 경우가 많다. 따라서 쓰기 수업에서도 글을 완성한 후에 다른 언어 기술과 통합된 활동을 유도하는 것이 바람직하다. 가장 많이 사용되는 방식은 말하기와의 통합 활동이다. 이런 연계된 활동을 통해 쓰기가 쓰기로만 끝나는 것이 아닌 진정한 의사소통 기술로서의 역할을 할 수 있을 것이다.

쓰기 활동의 유형

강승혜(2002:179)에서는 실제 한국어 교실 환경에서의 쓰기 활동을 학습자의 언어 능력 수준에 따라 다음과 같이 정리하였다.

〈표 12-4〉 수준별 쓰기 활동의 유형(강승혜, 2002:179)

	쓰기 활동		활동 목적	초급	중급	고급
비담화적 활동	베껴 쓰기		한글 자모 익히기/띄어쓰기 익히기	○		
	문법 활용		불규칙동사/형용사 활용 익히기	○	○	
	받아쓰기		듣고 쓰는 활동으로 베껴 쓰기와 유사	○		
	빈칸 채우기		조사, 어휘 등의 정확한 활용	○	○	
	틀린 것 고치기		정확한 문법 활용 익히기	○	○	
담화적 활동	바꿔 쓰기		문법적, 구조적 연습/통제된 쓰기 (격식체, 시제 일치, 경어법 등의 활용 연습)	○	○	
	담화 완성하기	문장 연결하기	접속사, 담화 표지의 활용	○	○	
		문장 완성하기	앞 뒤 문장의 맥락 잇기	○	○	
		문단 완성하기	담화 텍스트의 흐름 파악하기	○	○	○
	시각 자료 활용한 활동	정보 채우기	시각적 자료를 활용하여 정보를 찾아 채우거나 사건 등을 묘사하는 능력 키우기	○	○	○
		설명 묘사하기		○	○	○
	의미 확장하기	이야기 구성하기	핵심 어휘들을 중심으로 이야기 구성하는 능력 키우기	○	○	○
		문장 확장하기	담화 구성 능력 확장하기 (다양한 문법 형태 활용)	○	○	○
		다시 쓰기	같은 내용으로 이야기 구성하는 능력 키우기	○	○	○

담화적 활동	읽기, 쓰기 통합 활동	읽고 요약하기	이해 기술과 표현 기술을 연결하는 통합적 활동으로 요약하거나 자신의 의견을 논리 적으로 구성하는 능력 키우기		○	○
		모방해서 쓰기		○	○	○
		찬/반 견해 쓰기			○	○
	자유 작문		개인적인 주제를 비롯한 다양한 주제로 자 유롭게 자신의 생각을 나타내기	○	○	○
	학문적/전문적 쓰기		연구 논문과 같은 전문적, 학문적 내용의 글을 써 봄으로써 전문적 어휘 능력과 논리 적 사고 키우기			○

과정 중심 쓰기 수업 모형

한국어 학습자의 학습 목표와 숙달도 등에 따라서 쓰기 교육에 다양한 방식으로 접근할 수 있다. 일반적으로 과정 중심 쓰기 모형과 장르 중심 쓰기 모형이 사용되는 경우가 많다. 과정 중심 쓰기는 학습자가 스스로 주제에 대한 생각을 정리하고 그것을 바탕으로 글을 써 내려가고 학습자 간, 학습자와 교사 간의 의견 교환을 통해서 글이 수정되고 완성되어 갈 수 있다. 학습자들이 글을 쓰는 데 있어서 학습자의 쓰기 내용이 무엇보다 중요하지만 외국인 학습자들에게 부족한 언어적 자원을 제공하는 단계가 없다는 점에서 보완이 필요한 점이 있다. 따라서 과정 중심 쓰기 모형을 수업이 구성되는 경우, 대부분 읽기와 연계하여, 쓰기의 예시 글로 학습자들이 참고할 만한 모범적인 글을 먼저 읽기 활동으로 수행한 후에 동일한 또는 유사한 장르의 글을 쓰도록 하는 쓰기 활동이 배치되는 것이 일반적이다.

이론에서 출발하여 현장까지!
손에 잡히는 한국어 교육학 개론

<그림 12-4> 읽기와 연계된 쓰기 활동의 예

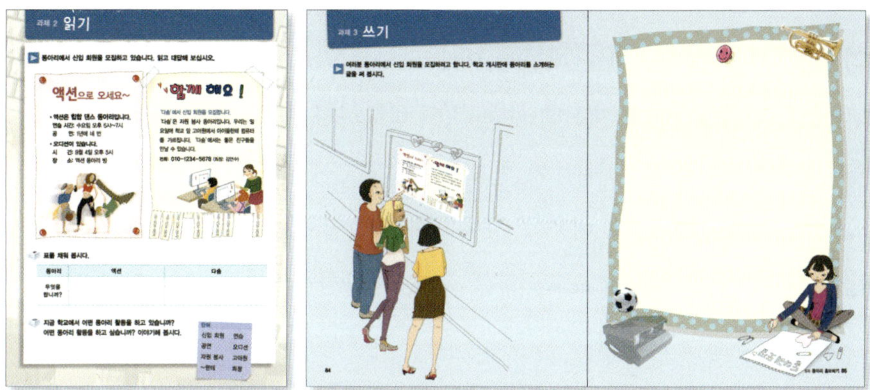

출처: 이해영 외(2010), 〈Korean Language in Action〉, 하우출판사

출처: 천성옥 외(2011), 〈열린 한국어 1〉, 하우출판사

<그림 12-5> 과정 중심 쓰기 수업의 단계

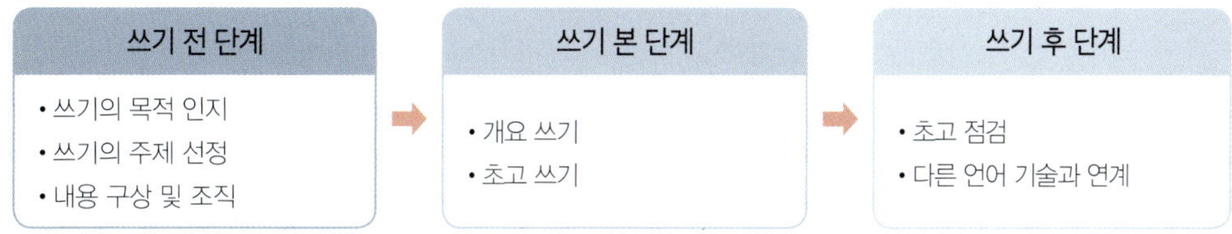

① 쓰기 전 단계

쓰기 전 단계는 쓰기 준비 단계이다. 이때 교사는 학습자들이 어떤 글을 써야 하는지 즉 쓰기의 목적을 정확하게 제시해 주는 것이 중요하다. 또한 글을 쓸 때는 표현 방식도 중요하지만 무엇보다도 글의 내용이 중요하므로 학습자들이 구체적으로 어떠한 주제에 대해 글을 쓸지 선정하고 그 내용을 자유롭게 구상할 수 있도록 해야 한다. 이를 위해 브레인스토밍, 마인드맵(mind map), 의견 교환, 다양한 글 읽기 등의 활동을 수행할 수 있다.

글을 쓰기 위해서는 내용 구상뿐 아니라 글의 구조에 대한 지식도 필요하다. 대부분 쓰기 전 읽기 활동을 통해 글의 전체적 구조와 주요 표현 등은 학습이 되는 경우가 많으나, 학습자들이 내용을 조직하는 데에 도움을 주기 위해 쓰기 전 단계에서 활동을 통해 구조에 대해서 준비할 수도 있다.

〈그림 12-6〉 쓰기 전 단계 활동의 예

이론에서 출발하여 현장까지!
손에 잡히는 한국어 교육학 개론

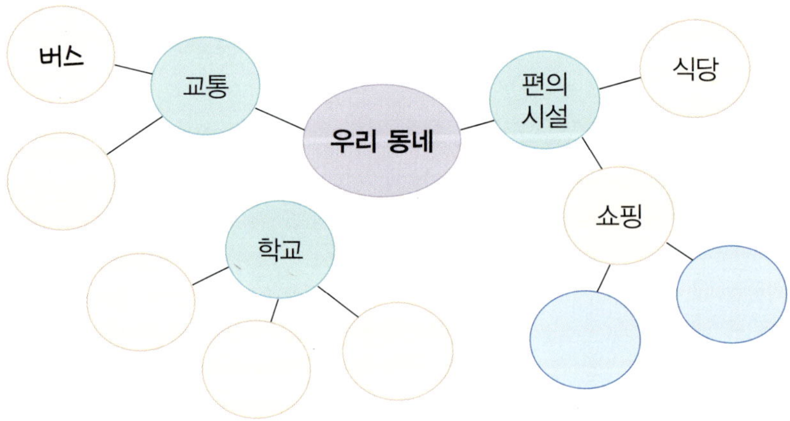

- 이메일을 쓸 때 어떤 순서로 쓰면 좋을 것 같습니까? 순서를 정해 보십시오.

  ㉠ 끝인사　　　　　　　　　㉡ 첫인사

  ㉢ 자신의 안부나 소식　　　㉣ 이메일을 쓰는 목적, 내용

  (　　　) → (　　　) → (　　　) → (　　　)

- 어떤 동아리를 소개하고 싶습니까? 여러분의 생각을 이야기해 보십시오.

  – 어떤 동아리를 소개하고 싶습니까?

  – 그 동아리는 얼마나 자주 모입니까?

  – 그 동아리는 어떤 활동을 합니까?

  – 그 동아리는 어떤 장점이 있습니까?

이때 쓸 주제에 대해 학습자의 생각이 완전히 정리될 수는 없다. 주제에 대한 생각을 정리하려면 시간이 상당히 많이 걸리기 때문이다. 그 대신 학습자는 자유롭게 해당 주제에 대해 생각나는 것 또는 쓰고 싶은 내용을 이야기하거나 간단하게 메모해 보면 된다. 한국어가 잘 생각나지 않을 때는 모국어로 메모해 두는 것도 가능하다.

② 쓰기 본 단계

쓰기 본 단계에서 학습자는 쓰기 전 단계에서 구상한 아이디어를 바탕으로 개요를 작성한다. 이때 글의 가운데 부분의 내용을 정리하는 것이 가장 중요하므로 글의 도입과 마무리 부분보다는 가운데 부분을 중심으로 개요를 작성하도록 안내한다. 또한 이 단계는 개요를 완성하는 것에 목표를 두기 때문에 맞춤법, 문법, 문장 부호를 무시하고 쓰고

3부_12장. 자기표현의 방법, 한국어 쓰기 교육

자 하는 내용을 쓰는 것에 집중한다. 학습자들은 개요를 쓰면서 생각을 얼마든지 바꿀 수 있다. 교사는 이 과정에서 맞춤법, 문법, 문장 부호 등을 강조하지 말고 내용에 집중하도록 해야 한다.

<그림 12-7> 쓰기 개요 작성의 예

여행지	오키나와		
여행 기간	2박 3일		
여행지에서 한 일	첫째 날:	공항 도착 사진 촬영 식당에서 뷔페	
	둘째 날:	바다 스노쿨링 바나나 보트를 타다 배를 타다	
	셋째 날:	쇼핑했다 아메리칸 빌리지 점심 식사를 먹다 하네다 공항 도착	
여행 후의 느낌	깨끗한 바다에 힐링되었다 오키나와 미군 기지의 공부해서 좋았다		

개요 작성 후에는 짝 활동을 통해 자신이 구상한 개용의 내용에 대해 이야기해 보는 것이 효과적이다. 이렇게 자신이 쓰고자 하는 글의 내용을 구두 작문으로 하게 되면 메모했던 것보다 내용이 풍부해지며 글이 보다 응집성, 응결성을 갖게 될 수 있다. 또한 동료 간의 협의를 통해서 추가 또는 수정 사항을 이야기함으로써 쓰고자 하는 글의 내용 및 구성이 한층 더 완성도 있게 준비될 수 있다.

개요 작성 후 동료 간의 상호작용을 마치면 교사가 개요를 점검해 주는 것이 좋다. 글

이론에서 출발하여 현장까지!
손에 잡히는 한국어 교육학 개론

의 내용 못지않게 글이란 조직이 중요한데 학습자들 중에는 내용은 풍부하나 내용의 구
성 및 조직 면에서 부족함을 보이는 경우가 적지 않기 때문이다. 학습자들이 구상한 내
용 및 구성에 대해 점검하고 이때는 맞춤법 및 문장 부호 등도 함께 피드백을 줌으로써
초고에 학습자의 오류가 반복되지 않도록 한다. 초고 작성은 수업 시간에 이루어지는 경
우가 있지만 대부분 숙제로 부여되는 경우가 많다.

③ 쓰기 후 단계

쓰기 후 단계에서는 자신의 글을 객관적인 입장에서 다시 보게 되고, 동료 또는 교사
의 피드백을 받아 글을 개선하는 단계이다. 미숙한 필자는 초고 쓰기로 글쓰기가 끝났
다고 생각하는 경우가 많다. 수정 사항이 많으면 많을수록 좋은 글이 아니라고 생각한
다. 그러나 동료 간 또는 교사로부터의 피드백을 통해서 쓰기 원고의 실질적인 변화와
쓰기 능력의 향상을 경험할 수 있다.

장르 중심 쓰기 수업 모형

장르 중심 쓰기 수업은 특정 장르가 지닌 구조와 특성에 따라 글을 쓸 수 있도록 지
도하는 것이다. Fees(1998:28)가 제안한 장르 중심 쓰기 교수 학습 모형은 다음과 같다.

〈그림 12-8〉 장르 중심 쓰기 수업의 모형(Fees, 1998:28)

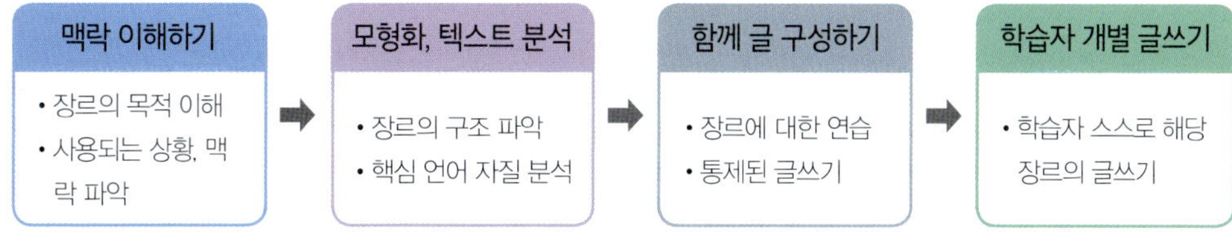

① 맥락 이해하기

장르 중심 쓰기 모형에서는 해당 장르가 사용되는 상황 및 맥락에 대한 이해가 매우 중요하다. 그 맥락의 특성이 담화의 구조 및 핵심 언어 자질과 모두 연관되어 있기 때문이다. 첫 단계인 맥락 이해하기에서는 이 글의 목적은 무엇인지, 필자와 독자의 관계는 어떠한지 무엇에 대해서 쓰고 있는지 등을 장르가 나타나는 상황을 전체적으로 파악하게 된다. 이를 통해서 이 수업의 목표를 학생에게 제시한다.

② 모형화, 텍스트 분석

이 단계는 특정 장르의 모범 글을 통하여 학습자들이 장르의 구조 및 핵심 언어 자질을 학습하는 단계이다. 해당 장르의 구조 및 핵심 언어 자질들이 잘 드러나 있는 모범 글을 선택하여 제시하는 것이 매우 중요하다. 교사는 학습자들에게 먼저 해당 장르의 글의 구조, 전개 방식 등을 전체적으로 설명하고, 직접 학습자들이 모범 글을 읽으면서 구조와 전개 방식 그리고 특정 언어적 표현 등을 분석해 보도록 지도한다. 그리고 직접적으로 교사가 모범 글을 분석해 줌으로써 명시적으로 해당 장르의 특성을 교수한다.

이론에서 출발하여 현장까지!
손에 잡히는 한국어 교육학 개론

▶ 주장하는 글의 도입과 마무리에 어떤 내용이 들어가야 하는지 알아봅시다.

	대립주장 제시형 □	목적 제시형 □	본문 소개형 □
도입	-다는 주장이 있다. 그러나 성형수술은 자신의 부족한 부분을 보완해주어 사람의 자신감을 길러준다는 **주장이 있다. 그러나** 그것의 부작용을 무시해서는 안 된다.	이 글의 목적은 -는 데 있다. **이 글의 목적은** 성형수술이 사람들에게 얼마나 피해가 되는지, 어떻게 해결하면 좋을지 알아보는 **데 있다.**	이 글은 (으)로 이루어져 있다. **이 글은** 사람들이 성형수술을 많이 하는 원인, 성형수술이 사람들에게 미치는 악영향과 그것을 극복할 수 있는 방향으**로 이루어져 있다.**

	문제 해결형 □	절충형 □
본문	의 문제는 -다는 것이다. 의 원인은 때문이다. 의 해결방안으로는 -는 것이 있다. 성형수술의 **문제는** 불필요한 비용을 지불하며외모지상주의를 조장한**다는 것이다.** 무분별한 성형수술의 **원인은** 노력이 통하지 않는 사회 현상 **때문이다.** **해결방안으로는** 사회 분위기를 개선하는 **것이 있다.**	의 장점은 -다는 것이다. 의 단점은 -다는 것이다. 을/를 절충하면 성형수술의 **장점은** 자신감을 키울 수 있**다는 것이다.** 성형수술의 단점은 불필요한 비용을 지불하며 외모지상주의를 조장한다는 **것이다.** 성형수술의 단점과 장점을 **절충하면** 좋은 방법을 찾을 수 있다.

	요약형 □	실천촉구형 □
마무리	지금까지 / 이상으로 에 대해 살펴보았다. **지금까지** 성형수술의 문제점과 해결방안에 **대해 살펴보았다.** 성형수술을 한다고 해서 모두 성공적이고 만족스러운 결과를 얻는 것은 아니다. 따라서 외모에 대한 우리 사회의 어그러진 생각을 바로잡을 필요가 있다.	따라서 -을 것이다. 이런 해결방안을 세운다고 하더라도 실천하지 않으면 소용이 없다. **따라서** 지금이라도 행동에 나서야 **할 것이다.**

출처: 이미향 외(2017), 〈외국인 유학생을 위한 한국어 글쓰기〉, 소통출판사

③ 함께 글 구성하기

이 단계는 해당 장르의 글쓰기에 대해 연습하는 단계이다. 주어진 정보에 따라 해당 장르의 글을 완성해서 쓰거나 텍스트 재구성 또는 재배열 등의 통제된 활동으로 진행된다. 이 과정은 장르에 대한 학습자의 이해를 확인하고 연습함으로써 독립적 쓰기로 넘어가는 준비 단계라고 할 수가 있다.

④ 학습자 개별 글쓰기

이 단계는 학습자가 주도적으로 해당 장르의 글을 실제로 써 보는 단계이다. 학습자들은 해당 장르의 특성은 이미 배웠지만 글을 쓰기 위해 내용을 구상하고 조직하는 과정이 필요하다. 그러므로 여기에서 과정 중심 쓰기 모형에서 진행한 것과 같이 내용을 구상하고 개요를 작성하고 초고를 쓰는 과정을 거치는 것이 필요하다. 학습자들이 주제 선정 및 내용 구상 후 개요 작성을 통해 그 내용을 조직할 수 있도록 한다. 초고는 대부분의 경우 숙제로 부과되고 초고에 대해 교사 및 동료 간 피드백을 반영하여 완성하게 된다.

〈그림 12-10〉 개별 글쓰기 과정의 예

2. 개요를 써 보세요.

(개인 활동)

- 조원들의 생각과 자신의 의견은 어떤 면에서 달라요?
- 자신이 다른 사람에 비해 중요하게 생각하는 것은 무엇입니까?
- 조별활동에 자신의 생각을 반영하여 아래의 표로 개요를 만들어 보세요.

구분	내용	나의 글에서
서론	현황, 문제 제기, 동기, 목적	이 글을 쓰게 된 동기는 …
본론	문제점과 원인	
	해결 방안	
결론	요약 및 강조	

3. 자신이 쓴 개요를 발표해 보세요.

- 작성한 개요를 활용하여 자신이 쓸 글을 미리 발표해 봅시다.
- 다른 사람의 발표를 메모하여 자신의 글과 비교해 보세요.

이름	주요 내용	특징(구성과 표현)
양양	• 성형수술의 장점 • 성형수술의 단점	• 미용 목적과 의료 목적 비교 • 해결방안 세 가지 제시

네걸음 글 완성하기

1. 앞에 쓴 개요를 바탕으로 글을 작성해 보세요.

Tip) 초고는 자신의 생각을 끝까지 쓰면 돼요.

출처: 이미향 외(2017), 〈외국인 유학생을 위한 한국어 글쓰기〉, 소통출판사

12.4. 바로 잡아주고 종합적으로 평가하기

피드백과 오류 수정

피드백은 쓰기 수업에서 아주 중요한 것인데, 누가 하는가, 어떻게 하는가, 어떠한 경로로 하는가, 어떠한 단계에서 하는가, 무엇에 대해 하는가에 따라 여러 유형으로 나눌 수 있다.

<표 12-5> 피드백의 유형 분류(최은지, 2019:183)

구분 기준	피드백의 유형
피드백의 주체	교사 피드백, 동료 피드백, 자기 피드백
피드백의 제시 방법	명시적 피드백, 암시적 피드백, 혼합 피드백
피드백의 경로 및 방식	서면 피드백, 면담 피드백, 포트폴리오 피드백, 워크숍을 통한 피드백
피드백의 내용	의미 중심 피드백, 형태 중심 피드백
피드백의 단계	아이디어 구상에 대한 피드백, 개요에 대한 피드백, 초안에 대한 피드백, 교정안에 대한 피드백

교사는 학습자들의 글에 피드백을 제공할 때 특히 어떤 오류에 대해, 어느 정도로, 어떠한 방식으로 진행할지에 대해 특히 고민을 많이 하게 된다. 모든 오류에 피드백을 제공해야 하는 것은 아니나 의사소통의 장애를 주는 오류는 반드시 수정되어야 한다. 또한 학습자의 글에서 잘못된 것만이 피드백의 대상이 아니며 잘된 표현은 긍정적으로 강조해야 한다. 서면 피드백이 가장 일반적으로 사용되지만 수정된 오류에 대해 학습자가 이해하고 수용할 수 있도록 학습자와 이야기하는 것도 매우 중요하다. 교사가 오류를 수정할 때는 수정 기호를 활용하여 오류를 표시하거나 교사가 틀린 것을 바로잡거나 대안을 주는 방식으로 명시적인 피드백을 줄 수도 있으며 오류의 위치에 표시를 해 주어

학습자가 스스로 고칠 수 있도록 암시적으로 피드백을 줄 수도 있다.

쓰기 평가

무엇을 중심으로 평가할 것인가, 즉 평가의 구인을 설정하는 일은 쓰기 평가를 하는 데 있어서 매우 중요한 것이다. 구인이란 어떠한 추상적인 개념을 체계적으로 설명하기 위해 설정된 하위의 구성 요인을 말한다. 쓰기 능력을 평가하기 위해서 이를 구성하는 하위의 요인 즉 구인을 설정함으로써 평가를 보다 구체화하게 되는 것이다. 쓰기 평가의 구인은 내용 지식, 구조, 정확성(accuracy), 유창성(fluency), 적절성(appropriacy), 맞춤법 등이 쓰기 평가의 구인이라고 할 수 있다. 한국어능력시험에서는 쓰기 평가의 기준을 다음과 같이 제시하고 있다.

<표 12-6> 한국어능력시험(TOPIK)의 쓰기 채점 기준

구분	채점 근거
내용 및 과제 수행	• 주어진 과제를 충실히 수행하였는가? • 주제와 관련된 내용으로 구상하였는가? • 주어진 내용을 풍부하고 다양하게 표현하였는가?
글의 전개 구조	• 글의 구성이 명확하고 논리적인가? • 글의 내용에 따라 단락 구성이 잘 이루어졌는가? • 논리 전개에 도움이 되는 담화 표지를 적절하게 사용하여 조직적으로 연결하였는가?
언어 사용	• 문법과 어휘를 다양하고 풍부하게 사용하며 적절한 문법과 어휘를 선택하여 사용하였는가? • 문법, 어휘, 맞춤법 등의 사용이 정확한가? • 글의 목적과 기능에 따라 격식에 맞게 글을 썼는가?

출처: http://www.topik.go.kr

쓰기 평가 문형의 유형으로는 그림 보고 쓰기, 시각 자료 보고 쓰기, 글 완성하기, 양식 전환하기, 상황에 맞게 글쓰기, 찬반 견해 쓰기, 자유 작문 등이 있다. 쓰기 평가의 유형은 평가의 시점에 따라 결과 중심 평가가 있고 과정 중심 평가가 있다. 결과 중심 평가는 쓰기 수업과 연계성 없이 쓰기 결과물만 가지고 평가하는 것으로, 학습자가 어떠한 과정을 거치며 실력이 향상되어 왔는지에 대해서는 파악할 수 없다는 한계가 있고 학습자의 쓰기 능력 향상을 위한 정확한 진단과 처방의 측면에서도 한계가 있다. 반면 과정 중심 쓰기 평가는 쓰기 결과물이 나오기까지 모든 과정에 대해 평가하는 것을 말한다. 일정 기간 동안 수업이나 교육 과정에서 단계적으로 나타나는 학습자의 쓰기 능력 향상을 평가하며, 학습자와 교사가 반복적이고 지속적으로 평가와 피드백을 주고받으며 이루어지기 때문에 쓰기 과정에서 부딪치는 문제점들을 어떻게 해결해 나가는지 방법과 전략 등을 익힐 수 있다.

쓰기는 확실한 자기표현의 방법이다. 쓰기는 시공간의 제약도 있어 고려할 것도 많고 필자가 독자를 직접 마주할 수 없기 때문에 말하기에 비해 높은 정확성과 완성도를 요구한다. 그러다 보니 말하기보다 어렵게 느껴질 때가 있다. 그러나 말하기와 달리 쓰기는 충분히 생각할 시간을 미리 가질 수 있고 자신의 생각이 제대로 전달되고 있는지 여러 번 고칠 수 있는 기회가 있다. 말하기의 경우, 말한 후에 말실수한 것이 생각나거나 놓친 부분이 떠오르는 일이 부지기수지만 쓰기는 그럴 위험이 훨씬 적은 것이다. 쓰기만큼 자신을 잘 표현할 수 있는 방법이 또 있을까.

이 글을 시작할 때 던졌던 질문을 다시 한번 하고 싶다. 한국어 교사로서 나는 쓰기에 대해서 어떻게 생각하고 있는가. '쓰기는 재미있는 과정이다', '쓰기는 어렵지만 보람이 있다' 그리고 '쓰기를 통해 진정한 나를 표현할 수 있다'는 생각을 가지고 있지는 않은가. 자신도 모르게 마음속에 자리 잡은 이런 생각들이 쓰기를 가르치려고 교실로 향하는 교사들의 발걸음을 가볍게 해 주리라 기대해 본다.

참고문헌

강남욱(2005). 敎材 評價論을 통한 근대 초기 한국어 교재에 관한 硏究, 서울대학교 대학원 석사학위 논문.

깅승혜(2002). 한국어 쓰기 교육의 이론과 실제, 바영순 편, 『21세기 한국어교육학의 현황과 과제』, 161쪽~190쪽.

강현화·원미진(2017). 『한국어 교육학의 이해와 탐구』. 한국문화사.

고예진(2014). 19세기 서양인의 한국어 교재 연구, 부산대학교 대학원 박사학위논문.

곽지영·김미옥·김제열·손성희·전나영·정희정·조현선·한상미·한송화·황인교(2007). 『한국어 교수법의 실제』. 서울: 연세대학교 출판부.

교육부(2017). 한국어 교육과정. 교육부 고시 제2017-131호[별책 43].

구본관(2017). 한국어 어휘 교육론, 서울대학교 한국어문학연구소 외 공편, 『한국어 교육의 이론과 실제 2』. 365쪽~408쪽, 아카넷.

구본관 외(2014). 『어휘 교육론』. 사회평론아카데미.

국립국어원(2012). 『세종한국어 3』. 하우출판사.

국립국어원(2019). 『다문화가정과 함께하는 즐거운 한국어-초급 1』. 하우출판사.

권순희·정경화(2015). 한국어 학습자의 언어문화 차이로 인한 표현 이해 간섭 양상 연구: 요청 화행을 중심으로, 〈화법연구〉 30호, 화법학회. 59쪽~104쪽.

권오경(2006). 한국어교육에서의 한국문화교육의 방향, 〈어문론총〉 45호, 한국문학언어학회.

권오경(2009). 한국어교육에서 문화교육 내용 구축 방안, 〈언어와 문화〉 5권 2호, 한국언어문화교육학회.

권혜경(2016). 한국어 쓰기 교육론, 『한국어교육론』, 241쪽~266쪽.

김광해(1997). 어휘력과 어휘력의 평가, 〈선청어문〉 25호, 서울대학교 국어교육과. 1쪽~29쪽.

김민수·고영근·최호철·최형용(2009).『역대 한국 문법 대계』. 서울: 박이정.

김선정 외(2010).『한국어 표현교육론』. 형설출판사.

김아람·김아미(2020). 디지털 네이티브의 일상을 통해 본 미디어와 학습: 중학생들의 경험을 중심으로, 〈교육학연구〉 58권 2호, 355쪽~384쪽.

김재춘·부재율·소경희·채선희(2005).『예비·현직 교사를 위한 교육과정과 교육평가』. 교육과학사.

김정숙(2002). 한국어 교수요목 설계와 교재 구성, 박영순 편,『21세기 한국어 교육학의 현황과 과제』. 한국문화사.

김정숙(2010). 한국어 쓰기 능력 평가 방안, 〈이중언어학〉 43호, 81쪽~99쪽.

김정숙(2012). 19세기 말의 한국어 학습서 연구, 〈이중언어학〉 49호, 이중언어학회. 87쪽~109쪽.

김정숙·이정희(2018). 국제 통용 한국어 표준 교육과정의 구성과 내용, 〈국립국어원〉 28권 2호, 49쪽~71쪽.

김제열(2007). 한국어 문법 교육론,『한국어 교수법의 실제』. 서울:연세대학교 출판부. 105쪽~141쪽.

김중섭·김정숙·강현화·김재욱·김현진·이정희(2011). 국제 통용 한국어교육 표준 모형 개발 2단계. 국립국어원.

김중섭·김정숙·김선정·이해영·이동은·이정희·이준호·김지혜·이보라미(2016). 국제 통용 한국어 표준 교육과정 활용 점검 및 보완 연구. 국립국어원.

김중섭·김정숙·이정희·김지혜·박나리·박진욱·이수미·강현자·장미정·홍혜란(2017). 국제 통용 한국어 표준 교육과정 적용 연구. 국립국어원.

김중섭·김정숙·이해영·김선정·이정희(2010). 국제 통용 한국어교육 표준 모형 개발. 국립국어원.

김중순(2008). “외국문화로서의 한국문화” 교육의 가능성, 〈언어와 문화〉 4권 1호, 한국언어문화교육학회.

김지현(2020). 모바일 러닝을 활용한 한국어 말하기 활동 방안 연구, 〈한국콘텐츠학회논문지〉 20권 3호, 440쪽~451쪽.

김지혜·류선숙·이경(2018). 한국어 학습자의 학습 유형과 듣기 불안의 상관관계 연구, 〈우리말글〉 77

이론에서 출발하여 현장까지!
손에 잡히는 한국어 교육학 개론

호, 우리말글학회. 23쪽~49쪽.

김지혜·이경·류선숙(2018). 한국어 학습자의 학습 유형이 듣기 이해에 미치는 영향 연구, 〈Journal of Korean Culture〉 42호, Journal of Korean Culture. 139쪽~172쪽.

김호정·강남욱(2020). 한국어 교재 선정을 위한 평가 기준 설정 연구, 〈새국어교육〉 123호, 한국국어교육학회. 227쪽~268쪽.

노영희·홍현진(2011). 『교육관련 국제기구 지식정보원』. 한국학술정보.

문화체육관광부·국립국어원(2020). 한국어 표준 교육과정. 문화체육관광부 고시 제2020-54호[별책 1].

박기영·이정민(2018). 『한국어 발음 어떻게 가르칠까-외국어로서의 한국어 발음 교육론』. 도서출판 역락.

박미정(2009). 운율을 통한 한국어 폐쇄음의 인지와 발음, 〈국어교육연구〉 24집, 143쪽~163쪽.

박선희(2008). 학습자의 근접발달영역 척도를 활용한 오류수정적 피드백 제공 방안, 〈한국어 교육〉 19권 3호, 국제한국어교육학회. 201쪽~236쪽.

박선희(2013). 언어맥락적 상세화와 협동적 출력 과제를 통한 한국어 완료상 교수 방안 연구, 〈언어와 문화〉 9권 3호, 한국언어문화교육학회, 141쪽~169쪽.

박정아(2018). 국제 통용 한국어 표준 교육과정의 성과, 국제 통용 한국어 표준 교육과정 보고회 자료집. 국립국어원.

박창원·전혜영·이해영·김현진·최형용·박선희(2010). 『비즈니스 한국어』. 집문당.

박채형(2019). 브루너의 「교육의 과정」과 교육과정에 관한 인식론적 논의, 〈통합교육과정연구〉 13권 3호, 205쪽~228쪽.

방성원(2011). 문법 교육에 대한 한국어 교사의 인식 연구, 〈한국어 교육〉 22권 2호, 187쪽~211쪽.

방성원(2016). 예비 한국어 교사의 테크놀로지 내용교수지식 향상을 위한 팀 프로젝트 중심 교육의 효과 연구, 〈언어학 연구〉 38권, 261쪽~284쪽.

배두본(2000). 『외국어 교육과정론-이론과 개발』. 한국문화사.

배두본(2010).『영어 교재론 개관: 이론과 개발』. 서울: 한국문화사.

배재원(2013). 고급 학습자를 위한 한국문화 교육 방안 연구: 한국문화의 상호관계성을 중심으로, 〈시학과 언어학〉 24호, 시학과 언어학회.

배재원(2014a).『한국어 교육에서의 한국문화 교육』. 혜안.

배재원(2014b). 2014 세종학당 문화교육과정 개발 연구. 세종학당재단.

변앤드류(2005). 미국 대학 KFL 학습자를 위한 한국어 화행 학습 활동 개발 방안 연구, 〈외국어로서의 한국어교육〉 30호, 연세대학교 언어연구교육원 한국어학당. 77쪽~112쪽.

서울대 언어교육원(2009). 외국인을 위한 한국어 발음 47 ①②』. 랭기지플러스.

서울대학교 국어교육연구소(2014).『한국어교육학 사전』. 서울: 도서출판 하우.

서종학·이미향·박진욱(2020).『한국어 교재론』. 서울: 태학사.

성아영·박동호(2011). 중국인 중급 학습자의 거절화행 학습에 연역적 교수와 귀납적 교수가 미치는 영향, 국제한국어교육학회 학술대회 논문집. 411쪽~422쪽.

신예주(2019). 발음 진단 결과를 활용한 한국어 발음 교육 방안, 계명대학교 석사학위논문.

연세대학교 한국어학당(2013).『연세한국어 1-2』. 연세대학교 대학출판문화원.

연세대학교 한국어학당(2013).『연세한국어 3』. 연세대학교 대학출판문화원.

연세대학교 한국어학당(2013).『3주완성 연세한국어 2』. 연세대학교 대학출판문화원.

오재혁(2013). 중국인 한국어 학습자의 발성 유형에 따른 한국어 폐쇄음의 변별 지각 양상, 〈한국언어문화학〉 10권 1호, 57쪽~73쪽.

우인혜(2008). 외국인을 위한 한국 문화 항목 선정, 〈이중언어학〉 25호, 이중언어학회.

원미진(2019).『한국어 어휘 교육 연구의 방법과 실제』. 한국문화사.

이경·윤영(2017). 한국어 말하기 능력 신장을 위한 플립드 러닝(flipped learning) 기반 문법 교육 방안 연구, 〈교육문화연구〉 23권 4호, 333쪽~361쪽.

이미향·나채근·엄나영·김홍매·조미향·관관·최준혁(2020).『한국어를 배울 때 알아야 하는 한국의

이론에서 출발하여 현장까지!
손에 잡히는 한국어 교육학 개론

언어문화』. 소통.

이미향·박진욱·이갑진·정성헌(2017).『유학생을 위한 한국어 글쓰기(개정판)』. 소통.

이미혜(2000). 과정 중심의 한국어 쓰기 교육, 〈한국어교육〉 11권 2호, 133쪽~150쪽.

이미혜(2010). 장르 중심 한국어 쓰기 교육의 내용 체계, 〈외국어교육〉 17권 3호, 463쪽~485쪽.

이성호(2009).『교육과정론』. 양서원.

이연경(2014). 명시적 교수와 암시적 교수가 요청 화행 전략 표현 학습에 미치는 효과비교 연구: 중국인 한국어 학습자를 대상으로, 〈한국어 교육〉 25권 1호, 국제한국어교육학회. 115쪽~144쪽.

이완기(2003).『영어 평가 방법론』. 문진미디어.

이정란(2011). 한국어 학습자의 양태 표현 습득에 나타난 문법적 능력과 화용적 능력의 발달 관계 연구. 이화여자대학교 박사학위논문.

이정란·이해영(2014). 재외동포 아동을 위한 학습자 중심 한국어 교재 개발, 〈이중언어학〉 56호, 이중언어학회. 267쪽~290쪽.

이충우(1994). 한국어 교육용어휘 연구. 국학자료원.

이해영(1996). 현대 한국어 활용어미의 의미와 부담줄이기의 상관성. 이화여자대학교 박사학위논문.

이해영(1998). 문법 교수의 원리와 실제, 〈이중언어학〉 15호, 이중언어학회. 411쪽~438쪽.

이해영(1999). 통합성에 기초한 교재 개작의 원리와 실제, 〈한국어교육〉 10권 2호, 국제한국어교육학회. 273쪽~294쪽.

이해영(1999). 한국어 듣기 교육의 원리와 수업 구성, 〈한국어 교육〉 10권 1호, 국제한국어교육학회. 241쪽~263쪽.

이해영(2000). 인터넷의 활용과 한국어 개별화 수업 설계, 〈Multimedia-Assisted Language Learning〉 3권 1호, 264쪽~286쪽.

이해영(2001). 학습자 중심 수업을 위한 교재 분석, 〈한국어교육〉 12권 1호, 국제한국어교육학회. 199쪽~232쪽.

이해영(2001). 한국어 학습용 웹사이트의 분석, 〈외국어교육〉 8권 2호, 285쪽~314쪽.

이해영(2002). 비교문화적 화용론에 기초한 한국어의 화용 교육, 〈이중언어학〉 21호, 이중언어학회. 46쪽~70쪽.

이해영(2003). 의사소통능력 향상을 위한 한국어 어휘 교육, 〈한국(조선)어 교육연구〉 1호, 중국한국(조선)어교육연구학회, 235쪽~257쪽.

이해영(2006). 한국어 교재를 위한 어휘 및 문법 학습 활동 유형, 〈외국어로서의 한국어교육〉 31호, 연세대학교 언어연구교육원 한국어학당. 25쪽~56쪽.

이해영 외(2007), 〈초급 한국어 듣기〉, 한림출판사.

이해영(2009). 외국인의 한국어 거절 화행에 대한 한국인의 반응 연구, 〈한국어교육〉 20권 2호, 국제한국어교육학회. 203쪽~228쪽.

이해영(2015). 한국어 화용 교육에서의 명시적 교수 가능성과 교실 적용, 〈한국어교육〉 26권 3호, 국제한국어교육학회. 247쪽~266쪽.

이해영(2016). 한국어교육에서의 비교문화적 화행 연구와 교육적 적용, 〈국어국문학〉 176호, 국어국문학회. 91쪽~113쪽.

이해영(2019). 중국인 한국어 학습자의 듣기 이해와 언어 외적 요인의 상관관계와 영향력, 〈이중언어학〉 75호, 이중언어학회. 153쪽~174쪽.

이해영·곽지영·김은애·김태진·김현진·박기영·이정란(2013). 『맞춤한국어(독일어권)』. 서울: 도서출판 하우.

이해영·김수현·정혜선(2020). 국외 한국어 교원의 교육 및 연구 역량 제고를 위한 역량 중요도-역량 향상도 분석, 〈이중언어학〉 78호, 149쪽~172쪽.

이해영·박기영·방성원·박선희·최은지·이보라미(2017). 한국어 교재 사용 현황 조사 및 교재 개발 중장기 계획 수립 연구. 국립국어원.

이해영·박선희·이정란·이민경·황선영·하지혜·이보라미(2018). 『외국인 학습자들의 한국어 담화·화용 연구 1: 문법의 경계 넓히기』. 한국문화사.

이론에서 출발하여 현장까지!
손에 잡히는 한국어 교육학 개론

이해영·이정덕·황선영(2010).『Korean Language in Action』. 하우출판사.

이해영·이정란·하지혜·이보라미·조은주(2018).『알 듯 말 듯 마음을 읽는 한국어 대화법 77』. 도서출판 하우.

이해영·정혜선(2019). 미래 매체와 한국어교육, 〈한국어교육학회 학술발표논문집〉 2019(1), 343쪽~352쪽.

이해영·정혜선(2019). 숙달도와 거주 경험에 따른 베트남인 한국어 학습자의 함축 이해, 〈외국어로서의 한국어교육〉 55호, 연세대학교 언어연구교육원 한국어학당. 239쪽~262쪽.

이해영·정혜선(2020). 실시간 다대면 온라인 한국어 강의에서 모국어 사용 여부와 숙달도에 따른 차이 – 매체 효능감과 실재감, 수업만족도를 중심으로, 〈한국언어문화학〉 17권 2호, 129쪽~150쪽.

이해영·한상미·김현진·김은애·이정란(2010).『중급 한국어 2』. 한글파크.

이해영·황선영·노아실·사마와디 강해(2016). 비교문화적 화용론의 관점에서 본 태국인 한국어 학습자의 사과 화행 연구, 〈한국어교육〉 27권 3호, 국제한국어교육학회. 233쪽~260쪽.

이해영, Tran Thi Thu Phuong(2020). 은유 유형과 숙달도에 따른 베트남인 한국어 학습자의 한국어 은유 이해, 〈한국어교육〉 31권 2호, 국제한국어교육학회. 233쪽~255쪽.

이향(2013). 발음 평가에 있어서 정확성, 유창성, 이해명료성, 이해가능성 기준 간의 영향 관계 연구, 〈언어와 문화〉 9권 3호, 221쪽~243쪽.

이혜용(2010). 한국어 정표화행 연구: 정표화행의 유형 분류와 수행 형식. 이화여자대학교 박사학위 논문.

이화여자대학교 언어교육원(2011).『이화한국어 2-1』. 이화여자대학교출판문화원.

이화여자대학교 언어교육원(2011).『이화한국어 3-1』. 이화여자대학교출판문화원.

이화여자대학교 언어교육원(2011).『이화한국어 3-2』. 이화여자대학교출판문화원.

이화여자대학교 언어교육원(2011).『이화 한국어 4』. 이화여자대학교출판문화원.

이화여자대학교 언어교육원(2018).『유학생을 위한 대학 한국어1, 듣기·말하기』. 이화여자대학교출판문화원.

임칠성 역(1995).『대인관계와 의사소통』. 집문당.

임칠성(2016). 듣기의 본질과 듣기 교육의 방향, 화법학회 제34회 전국학술발표대회, 전주교육대학교 교사교육센터 마음연구홀.

임칠성·최승권·김정희·심윤희(2002).『국어선생님, 듣기수업 어떻게 하십니까?』. 역락.

장미경·강인범·박종우·김서형(2008). 영어권 고급 학습자를 위한 한국어 화행 교육 모형 개발 연구, 〈한국어교육〉 19권 2호, 국제한국어교육학회. 1쪽~25쪽.

전병만·윤만근·오준일·김영태 번역(2008).『외국어 교육 접근 방법과 교수법』. Richards, J. C. & Roders, T., Approaches and methods in language. Cambridge.

정명숙·이경희(2000). 학습자 모국어의 변이음 정보를 이용한 한국어 발음 교육의 효과-일본인 학습자를 대상으로, 〈한국어교육〉 11권 2호, 151쪽~167쪽.

정성헌·박진욱·이미향(2018). 한국어 듣기 평가 문항의 제시문 구성 방향 연구: 곤란도에 영향을 주는 단서를 중심으로, 〈Journal of Korean Culture〉 42호, Journal of Korean Culture. 173쪽~212쪽.

정성헌·Wei Qun·이미향(2017). 한국어 듣기 제시문에 대한 숙달도별 곤란 요인 연구 - 인지 반응에 따른 생체 신호 분석을 통해-, 〈화법연구〉 35호, 한국화법학회. 95쪽~128쪽.

정인아(2015). 한국어 쓰기 교육론,『한국어 교육의 이론과 실제』, 187쪽~214쪽.

정호성(2000).『표준국어대사전』 수록 정보의 통계적 분석, 〈새국어생활〉 10권 1호, 국립국어연구원. 55쪽~72쪽.

조현용(1999). 한국어 어휘의 특징과 어휘교육, 〈한국어 교육〉 10권 1호, 국제한국어교육학회. 265쪽~281쪽.

조현용(2000).『한국어 어휘교육 연구』. 박이정.

지현숙(2009). 실세계 접근법을 통한 학문 목적의 한국어 듣기 교재의 설계 방안, 〈우리어문연구〉 33호, 584쪽~614쪽.

이론에서 출발하여 현장까지!
손에 잡히는 한국어 교육학 개론

최은규(2012/2015). 한국어 교육과정론, 서울대학교 한국어문학연구소·국어교육연구소·언어교육원 공편, 『한국어 교육의 이론과 실제 2』. 아카넷.

최은지(2019). 『한국어 쓰기 교육론』. 하우.

최정순(1997). 개발자(Developer)로서의 교사: 교재 개발 및 교과 과정 개발에서의 교사의 역할, 〈한국어 교육〉 8집, 국제한국어교육학회, 131쪽~159쪽.

최준식(1998). 『한국문화 그리고 한국인, 어떻게 할 것인가, 한국문화와 한국인』. 사계절.

최협(1998). 한국 문화의 연구와 방법, 〈정신문화연구〉 21권 2호, 한국정신문화연구원.

허용(2007). 『외국인 유학생을 위한 인문 한국어』. 다락원.

허용·강현화·고명균·김미옥·김선정·김재욱·박동호(2005). 『외국어로서의 한국어교육학 개론』. 박이정.

홍종명(2011). 교재 선정을 위한 한국어교재 평가 모형 연구, 〈외국어교육〉 18권 3호, 한국외국어교육학회. 413쪽~438쪽.

Andersen, R. W.(1984). The one to one principle of interlanguage construction, *Language Learning 34*, 77–95.

Anderson, A. & Lynch, T.(1988). *Listening*. Oxford Univetsity Press.

Anderson, N. J.(1991). Individual differences in strategy use in second language reading and testing, *Modern Language Journal 75*, 460-472.

Austin, J. L.(1962). *How to Do Things with Words*. Clarendon Press.

Bardovi-Harlig, K.(1999). Exploring the interlanguage of interlanguage pragmatics: A research agenda for acquisitional pragmatics, *Language Learning 49*(4), Wiley-Blackwell, 677-713.

Bernhardt, E. B.(1984). Toward an information processing perspective in foreign language reading, *The Modern Language Journal 68*, 323-331.

Brooks, N. H.(1975). The Analysis of Language and Familiar Cultures. In R. C. Lafayette. (ed.),

The Culture Revolution in Foreign Language Teaching, (pp. 19-31). Lincolnwood: National Textbook Company.

Brown, H. D.(2007). *Teaching by Principle: An interactive approach to language pedagogy* (3rd ed.). New York: Pearson Education, Inc.

Brown, P. & Levinson, S. C.(1978). Universals in Language Usage: Politeness Phenomena. In E. Goody (Ed.), *Questions and Politeness: Strategies in Social Interaction* (pp. 56-310). Cambridge University Press.

Brown, P. & Levinson, S. C.(1987). *Politeness: Some universals in language usage.* Cambridge University Press.

Bruner, J. S.(1971). The Process of Education Revisited, *The Phi Delta Kappan 53*(1), 18-21.

Burns, A. & Joyce, H.(1997). *Focus on Speaking.* Sydney: National Center for English Language Teaching and Research, Macquarie University.

Bygate, M.(2003). *Speaking.* 김지홍 역.『옥스퍼드 언어교육 지침서』. 범문사.

Canale, M. & Swain, M.(1980). Theoretical bases of communicative approaches to second langue teaching and testing, *Applied Linguistics 1*(1).

Carter, R. & McCarthy, M.(1995). Grammar and the spoken language, *Applied Linguistics 16*(2), 141-158.

Carter, R. & McCarthy, M.(1997). *Exploring Spoken English.* Cambridge: Cambridge University Press.

Carter, R. & McCarthy, M.(1998). *Spoken Language and Applied Linguistics.* Cambridge: Cambridge University Press.

Celce-Murcia, M.(2001). Language teaching approaches: An overview. In M. Celce-Murcia (Ed.), *Teaching English as a second or foreign language* (pp. 3-11). Boston: Heinle & Heinle.

Celce-Murcia, M. & Olshtain, E.(2001). *Discourse and Context in Language Teaching.* Cambridge

이론에서 출발하여 현장까지!
손에 잡히는 한국어 교육학 개론

University Press.

Chastain, K.(1988). *Developing second language skills: Theory and practice* (3rd ed.). San Diego, CA: Harcourt Brace Jovanovich.

Cunningsworth, A.(1995). *Choosing your coursebook.* Oxford: Heinemann.

Ellis, R.(2003). *Task-based language learning and teaching.* Oxford: Oxford University Press.

Gilbert, J. B.(2012). *Clear Speech: Teacher's Resource and Assessment Book.* NewYork: Cambridge University Press.

Goodman, K.(1988). The Reading Process. In P. L. Carrell, J. Devine, & D. E. Eskey (Eds), *Interactive Approaches to Second Language Reading* (pp. 11-21). Cambridge: Cambridge University Press.

Grabe, W.(2009). *Reading in a second language: moving from theory to practice.* New York: Cambridge University Press.

Grabe, W. & Kaplan, R. B.(2008). *Theory and Practice writing.* Pearson.

Grice, P.(1975). Logic and conversation. In Cole, P. & Morgan, J. (Ed.), *Syntax and semantics 3: Speech acts* (pp. 41–58). Academic Press.

Harmer, J.(2001). *The practice of English language teaching* (3rd ed.). Harlow: Longman.

Hammerly, H.(1986). *Synthesisin in language teaching: An Introduction to Linguistics.* Blaine, WA: Second Language Publication.

Hendon, Ursula S.(1997). The Interaction of Language and Culture: New Views in Foreign Language Teaching. In D. S. Lottgen (ed.), *Cultural studies in the second language classroom: needs, problems and solutions* (pp. 163-180). Universidad de Murcia.

House, J.(1996). Developing pragmatic fluency in English as a foreign language: Routines and metapragmatic awareness, *Studies in Second Language Acquisition 18*(2), Cambridge University Press, 225–252.

Huntington, S. P. & Harrison, L. E.(2000). 이종인 역(2001). 『문화가 중요하다』. 김영사. pp. 202-218.

Hyland, K.(2009). *Teaching and researching writing, Applied linguisitcs in Action*.

Hyland, K.(2016). *Genre and second language writing*. The university of Michigan Press.

Hymes, D.(1972). On communicative competence. In J. B. Pride & J. Holmes (Eds.), *Sociolinguistics*. Harmondsworth: Penguin Books.

Kasper, G. & Blum-Kulka, S.(1993). *Interlanguage Pragmatics*. Oxford University Press.

Klein. W.(1986). *Second Language Acquisition*. Cambridge: Cambridge University Press.

Krashen, S.(1981). *Principles and Practice in Second Language Acquisition*. New York: Pergamon Press.

Leech, G. N.(1983). *Principles of Pragmatics*. Longman.

Levinson, S. C.(1983). *Pragmatics*. Cambridge University Press.

Littlewood, W.(1981). *Communicative Language Teaching: an introduction*. Cambridge: Cambridge University Press. 안미라 역(2007). 『의사소통적 교수법』. 서울: 한국문화사.

LoCastro, V.(2012). *Pragmatics for language educators: A sociolinguistic perspective*. Routledge.

Long, M.(1997). *Focus on form in Task-Based Language Teaching*. The McGraw-Hill Companies. http://www.mhhe.com/socscience/foreignlang/top.htm.

McCarthy, M.(1999). *Vocabulary*. Oxford University Press.

McDonough, J., Shaw. C., & Masuhara, H.(2013). *Materials and Methods in ELT*. Chichester: Wiley-Blackwell.

McGrath, I.(2002). *Materials Evaluation and Design for Language Teaching*. Edinburgh: Edinburgh University Press.

Nassaji, H. & Fotos, S.(2011). *Teaching grammar in second language classrooms*. New York: Routledge.

이론에서 출발하여 현장까지!
손에 잡히는 한국어 교육학 개론

Nation, P.(2001). How Good Is Your Vocabulary Program, *ESL Magazine 4*(3), 22-24.

Nunan, D.(1988). *Syllabus Design.* Oxford University Press.

Nunan, D.(1999). *Second language teaching & learning.* Boston.

Nunan, D.(2004). *Task-based language teaching.* Cambridge: Cambridge University Press.

Nuttall, C. E.(1996). *Teaching Reading Skills in a foreign language.* Oxford: Heinemann.

O'Malley, J. M. & Chamot, A. U.(1990). *Learning Strategies in Second Language Acquisition.* Cambridge: Cambridge University Press.

Oxford, R.(1990). *Language learning strategies: what every teacher should know.* New York: Newbury House Publishers.

Paribakht, T. S. & Wesche, M. B.(1999). Reading and incidental L2 vocabulary acquisition: An introspective study of lexical inferencing, *Studies in second language acquisition 21*(2), 195-224.

Paris, S. G., Wasik, B. A., & Turner, J. C.(1991). The development of strategic readers. In R. Barr, M. L. Kamil, P. Mosenthal, & P. D. Pearson (Eds), *Handbook of reading research* (pp. 609-640). New York: Longman.

Richards, J. C.(2001). *Curriculum Development in Language Teaching.* Cambridge University Press. 강승혜·공민정·김정은·민주희·채미나 역(2015). 『언어 교육과정 개발-이론과 실제』. 한국문화사.

Rost, M.(2002). *Teaching and Researching Listening.* Longman.

Russell, J. & Spada, N.(2006), The effectiveness of corrective feedback for the acquisition of L2 grammar: A meta-analysis of the research. In Norris, J. M. & Ortega, L. (Eds.), *Synthesizing Research on Language Learning and Teaching* (pp. 133-163). John Benjamins Publishing Company.

Sample learning scenario for "Special Issue: College Korean Curriculum Inspired by National

Standards for Korean"(2015). *The Korean Language in America 19*(2), 446-451.

Scrivener, J.(1994). *Learning teaching: A guidebook for English language teachers*. Oxford: Heinemann.

Searle, J. R.(1975). A Taxonomy of Illocutionary Acts. In K. Gunderson (Eds), *Language, mind, and knowledge* (pp. 344-369). Minneapolis: University of Minnesota Press.

Seelye, H. Ned.(1984). *Teaching culture: Strategies for intercultural communication*. Lincolnwood, Ill: National Textbook Company.

Sharwood Smith, M.(1991). Speaking to many mind: On the relevance of different types of language information for the L2 learner, *Second Language Research 72*, 118-32.

Sheorey, R. & Mokhtari, K.(2001). Differences in the metacognitive awareness of reading strategies among native and non-native readers, *System 29*, 431-449.

Swaffar, J. K.(1985). Reading authentic texts in a foreign language: a cognitive model, *The Modern Language Journal 69*, 15-34.

Swain, M.(1985). Communicative competence: Some rules of comprehensible input and comprehensible output in its development. In S. Gass, & C. Madden (Eds.), *Input in second language acquisition* (pp. 235-53). Rowley, MA: Newbury House.

Thomas, J.(1983). Cross-Cultural Pragmatic Failure, *Applied Linguistics 4*(2), 91-112.

Thornbury, S.(1999). *How to teach grammar*. Harlow: Longman. 이관규 외 역(2004). 『문법을 어떻게 가르칠 것인가?』. 한국문화사.

Tomlinson, B., & H. Masuhara.(2004). *Developing Language Course Materials*. Singapore: RELC.

Tompkins, Gail E.(2010). *Teaching writing: Balancing process and product*. Pearson Education, Inc. 이재승 외 역(2012). 『글쓰기 어떻게 가르칠 것인가』. 박이정.

Tylor, E. B.(1981). *Primitive Culture*, London: John Murry. p. 10.

Urquhart, S. & Weir, S.(1998). *Reading in a second language: process, product and practice*. London;

New York: Longman.

VanPatten, B.(2002). Processing Instruction: An Update, *Language Learning 52*(4), 755-803.

VanPatten, B.(2004). *Processing Instruction.* Mahwah, N.J.: L. Erlbaum Associates.

Wajnryb, R.(1990). *Grammar dictation.* Oxford: Oxford University Press.

Wesche, M. B. & Paribakht, T. S.(2000). Reading-based exercises in second language vocabulary learning: An introspective study, *The Modern Language Journal 84*(2), 196-213.

Wilkins, D. A.(1976). *Notional Syllabuses.* Oxford University Press.

Willis, J.(1996). *A framework for task-based learning.* Harlow: Longman.

Yule, G.(1996). *Pragmatics.* Oxford University Press.

색인

이론에서 출발하여 현장까지!
손에 잡히는 한국어 교육학 개론

374

376

이론에서 출발하여 현장까지!
손에 잡히는 한국어 교육학 개론

에필로그

이해영

매체를 통해서 우리는 한국어를 잘하는 외국인을 쉽게 접하게 된다. 문법도 정확하고 속담이나 관용어까지 잘 구사하는 외국인들은 감탄을 자아내게 한다. 그런데 한편, 우리는 교실에서 "선생님, 칠판에 써요."라고 요청하는 학생, "아니에요. 못 가요."라고 딱 부러지게 거절하는 학생들과 마주칠 때가 있다. 이 학생들에게 무엇이 문제라고 말해주면 좋을까? 한국인 모어 화자를 당황시키는 이 부자연스럽고 껄끄러움은 어디에서 기인하는 것일까? 필자의 30여 년 전 언어교육원 교사로서의 경험이 현장에서 가르치게 될 미래의 교사들, 후배 교사들에게 힌트가 되어주기를 바라면서 화용적 현상과 그 교육 방법에 대해서 생각해 보았다.

한 학기 내내 무엇을 어떻게 가르쳐야 할까 고민하던 초보 교사 시절을 떠올려 본다. 잘 가르치고자 하는 열정은 넘쳤으나 학습자들이 왜 한국어를 배우는지, 구체적인 수업 목표를 설정하는 것이 왜 중요한지는 잘 몰랐던 시절! 훌쩍 세월을 지나고 보니 학습자의 요구를 이해하고 목표에서 평가까지 교육과정을 체계적으로 계획하는 것이 얼마나 중요한지 알겠다. 책을 쓰는 동안 한국어 교육과정의 전문성을 높여 주신 선배 연구자들께 감사의 마음이 가득해졌다. 후배 교사들이 한국어 교육의 전체 흐름을 이해하는 데 이 책이 조금이나마 도움이 되기를 바란다.

방성원

이정란

한국어교육학개론 수업을 할 때마다 어떤 교재로 할까 늘 고민이었다. 한국어교육학이라는 학문을 처음 접하는 수강생이 대부분이기 때문에 조금 더 쉽고 재미있게 느낄 수 있도록 가르치고 싶은 욕심 때문이었을 것이다. 그래서 이 책을 쓰면서는 신입생에게 강의를 하는 것처럼 쉽고 편하게 전달하려 노력했다. 꼭 알아야 하는 기본 개념부터 실제 예시까지, 필요한 것은 모두 담고 있지만 쉽게 다가갈 수 있는 책이고자 애썼는데 독자들께도 그렇게 느껴졌으면 좋겠다.

언어 교육에서 매우 실용적인 내용을 다루는 부분이라 가능한 교사가 실제 수업에서 활용할 수 있도록 하는 것에 초점을 두었다. 도움이 되길 바란다. 개인적으로 교재와 코팅한 그림 자료를 양손 무겁게 잔뜩 들고 교실에 들어갔던 초보 교사 시절의 모습이 문득 생각났다. 열정 가득했던 그 시절의 에너지를 모두와 함께 나누고 싶다.

김은영

이론에서 출발하여 현장까지!
손에 잡히는 한국어 교육학 개론

교실 수업에서 발음 교육에 할애되는 시간은 그리 많지 않은 것 같다. 혹 발음 교육이 이루어진다고 하더라도 짧은 시간에 이루어지는 발음 교육의 효과에 대해서 회의적인 생각을 가질 수도 있을 것이다. 그러나 한국어 교사의 관심과 노력 없이 학습자의 한국어 발음이 저절로 좋아질 수 없다는 것도 분명한 사실이다. 그래서 미래의 한국어 교사들이 조금이라도 쉽게 발음 교육에 다가갈 수 있도록 발음 교육의 내용을 구성하고 기술해 보고자 하였다. 그 목적이 얼마나 달성되었는지 자신은 없지만, 이 책을 통해 발음 교육을 실제 교육 현장에서 시도해 보는 교사가 한 명이라도 더 많아지기를 소망한다.

박기영

교실에서 만나는 외국인 학생들의 한결 같은 호소가 있다. '선생님, 단어가 너무 많아요.', '단어가 어려워요.' 맞다. 급이 올라갈수록 배워야 하는 단어의 양도 많아지고 어휘 지식의 질도 깊어진다. 한편 한국어 어휘를 어떻게 가르쳐야 학생들이 새 어휘들을 즐기면서 효과적으로 배울 수 있을까를 고민하게 하는 말이기도 하다. 그런 고민을 갖고 어휘 교육에 대한 내용을 써 보았다. 좀더 나은 한국어 수업으로 외국인 학생들을 돕고 싶은 모든 분들에게 이 책이 친절하고 요긴한 길잡이가 되어 주면 좋겠다.

김민선

한국어교육에서 교사는 단순히 국어학적 지식을 가지는 데 그치지 않고 문법 항목을 수업의 각 단계와 학습자의 숙달도에 맞게 조정하여 교수할 수 있어야 할 것이다. 문법은 어렵고 어떻게 가르칠지 모르겠다는 막연함이 있었다면 이 장의 내용을 기반으로 자신감을 가지고 차분히 문법 교육을 계획하고 교수할 수 있게 되기를 바란다.

박선희

한국 문화를 모르는 한국어 학습은 모래 위에 집을 짓는 것과 같다. 이런 관점에서 한국어 선생님들과 한국 문화의 무엇을, 어떻게 교육할 것인가와 같은 가장 기본적이고도 핵심적인 물음에 대한 고민을 함께 나누고자 하였다. 이 장을 통해 한국 문화, 문화 교육의 기본 지식을 습득하고 나아가 한국 문화의 내용과 교육 방법에 대한 이해를 도모하여 한국어 교육 현장에서 실제 적용, 활용해 볼 수 있기를 바란다.

배재원

더 나은 기록을 위해 뛰는 100m 달리기 선수들은 목표점도, 갈 길과 방향도 잘 알고 있다. 달리기와 비교할 때, 외국어를 듣기란 어느 것 하나 분명하지 않다. 어느 정도로 들으면 잘하는 건지, 어떻게 들으면 그 기술을 얻을 수 있을지 말하기 어려운 것뿐이다. 그렇지만 한국어 교사와 학습자는 '한국어 듣기의 길'을 찾아가고 있다. 이 글을 쓰는 내내, 이 책이 누구를 위한 것인지 잊지 않으려 했다. 함께 걷다 보면 언젠가는 듣기 교육의 목표점도, 더 좋은 방법도 선명해질 것이다.

이미향

막 현장에 발을 내딛은 한국어 교사들, 그리고 한국어 교사를 준비하는 예비 교사들에게 필요한 기초 학습서를 찾는다면 바로 이 책이 아닐까 한다. 이 책은 이들 교사들에게 있어서 한국어 학습자들에게 무엇을 어떻게 가르칠지에 대한 하나의 지침서가 될 수 있을 것이다. 특히 말하기 교육에 대한 장은 학습자들의 말하기에 대한 욕구와 어려움을 이해하고 교육학적으로 접근할 수 있는 이론과 실제 적용 방법을 상세히 기술하였다. 이는 한국어 교실에 있는 교사들에게 보다 실제적인 팁이 될 수 있을 것이라 기대한다.

하지혜

한국어교육을 시작했을 때부터 늘 다짐한 것이 있다. 재미있고 유익한 수업. 새내기 교사일 때는 고민이 많았다. 읽기 수업은 어떻게 해야 답답한 침묵과 지루한 독해와 단순한 정답 풀이에서 벗어날 수 있을까. 그때의 질문과 시행착오를 떠올리며 최대한 유용한 내용을 담고자 했다. 그리고 수업 현장에 적용하기 쉽도록 최대한 예시와 교사 발화를 제공하려 했다. 여러 선생님의 지식과 경험과 정성이 담긴 이 책이 독자들을 통해 한국어 교실까지 갈 수 있다면 좋겠다.

정진

교사로서 한국어를 가르친다는 것은 학습자에게 언어적인 능력뿐 아니라 한국어를 배우는 과정을 통해 얻게 되는 보람과 성장을 선물하는 것이라는 생각이 든다. 쓰기 수업을 통해 교사로서 학습자들의 어려움에 도움을 주고 또 격려하며 글을 완성해 가는 학습자들의 기쁨에 참여하게 되기를 기대해 본다. 학습자도 성장하고 교사도 성장하는, 너무나도 즐거운 수업을 이 책을 읽는 모든 한국어 교사들과 함께 만들어 가고 싶다.

이민경

이론에서 출발하여 현장까지!
손에 잡히는 한국어 교육학 개론

저자 소개

이해영 (기획 및 총괄, 7장 집필)

- 현 이화여자대학교 국제대학원 한국학과 교수
- 전 세종학당재단 이사장
  전 이중언어학회장
  전 이화여자대학교 한국문화연구원장, 국제처장, 외국어교육특수대학원장, 언어교육원장
  전 미국 Rutgers, The State University of New Jersey 방문교수
- 『다문화 사회, 한국』(공저, 2009)
  『생활 속 한국 문화 77』(공저, 2011)
  『외국인 학습자들의 한국어 담화·화용 연구 1』(공저, 2018)
  『알 듯 알 듯 한국어 대화법 77』(공저, 2018)
  『한국어 담화 교육』(공저, 2025)
  『문화와 맥락으로 배우는 말 너머의 한국어 77』(공저, 2025)

방성원 (1부 총괄, 1장 집필)

- 현 경희사이버대학교 한국어문화학과 교수
  현 국제한국언어문화학회 편집위원
- 전 경희사이버대학교 대학원장
  전 이중언어학회 부회장
  전 미국 UCLA 한국학연구소 방문교수
- 『한국어 교재 연구』(공저, 2008)
  『여성결혼이민자 대상 한국어 교원을 위한 한국어 교육의 이해』(공저, 2009)
  『한국문화가 보이는 동물 이야기 20』(공저, 2020) 등

이정란 (2장 집필)

- 현 한국학중앙연구원 한국학대학원 인문학부 교수
  현 이중언어학회 연구이사
- 전 이화여자대학교 언어교육원 특임교수
  전 서강대학교 한국어교육원 강사
- 『외국인 학습자들의 한국어 담화·화용 연구 1』(공저, 2018)
  "한국어교육을 위한 간접 인용 구문 분석"(2017)
  "양태 표현의 화용적 의미에 대한 중국어권 한국어 학습자의 지각 양상 연구"(2018) 등

이론에서 출발하여 현장까지!
손에 잡히는 한국어 교육학 개론

김은영 (색인 검토, 3장 집필)

- 현 Duke University 아시아중동학과 전임강사
  현 이중언어학회 해외이사
- 전 서울대학교 언어교육원 강사
- 『생활 속 한국 문화 77』(공저, 2011)
  "A case for instructional focus on pragmatics: Request strategies of advanced Japanese learners of Korean"(공저, 2012) 등

박기영 (2부 총괄, 4장 집필)

- 현 서울시립대학교 국어국문학과 교수
  현 서울시립대학교 국제교육원 한국학교육센터장
  현 국제한국어교육학회 부회장
- 전 일본 게이오대학 종합정책학부 방문전임강사
  전 서울대학교 언어교육원 한국어교육센터 선임연구원
- 『외국인을 위한 한국어 발음 47』(공저, 2009)
  『한국어 발음 어떻게 가르칠까』(공저, 2018) 등

김민선 (5장 집필)

- 현 서울신학대학교 교양교육원 초빙교수
  현 이화여자대학교 국제대학원 한국학과 강사
- 전 The University of Utah Asia Campus 강사
  전 북경대학교 한국언어문화학과 강사
  전 이화여자대학교 언어교육원 전임강사
- 『이화한국어 3-1, 3-2』(공저, 2011)
  "중국어권 한국어 학습자의 완화 장치 사용과 한국인의 반응 연구"(2018)
  『신경전(新经典) 한국어 6』(공저, 2025) 등

박선희 (색인 검토, 6장 집필)

- 현 이화여자대학교 국제대학원 한국학과 교수
  현 이화여자대학교 국제대학원 부원장
  현 국제한국어교육학회 연구이사
- 전 이화여자대학교 외국어교육특수대학원 부원장
- "중국인 한국어 학습자의 과거시제 습득 연구"(2008)
  "일본인 한국어 학습자의 피사동주 격 표지 습득 양상"(2017)
  "태국인 학습자의 한국어 이동동사 구문에 나타나는 조사 대응 습득 연구"(2018) 등

배재원 (8장 집필)

- 현 이화여자대학교 언어교육원 특임교수
  현 국제한국언어문화교육학회 연구이사
  현 외교부 산하기관 평가위원회 위원
- 『한국어 교육에서의 한국문화 교육』(2014)
  『유학생을 위한 대학한국어 1 읽기·쓰기』(개정판)(공저, 2018)
  『유학생을 위한 대학한국어 1 듣기·말하기』(개정판)(공저, 2018)
  『한국어와 한국문화 초급1-2』(공저, 2020)
  『한국어와 한국문화 중급1-2』(공저, 2020) 등

이미향 (9장 집필)

- 현 영남대학교 글로벌교육학부 교수
  현 국제한국언어문화학회(INK) 부회장
  현 이중언어학회 편집위원
- 전 경북대학교 국어국문학과 전임연구원
  전 영국 The University of Sheffield 방문교수
- 『한국어 교재론』(공저, 2007)
  『유학생을 위한 한국어 글쓰기』(공저, 2016)
  『한국어를 배울 때 알아야 하는 한국의 언어문화』(공저, 2020) 등

이론에서 출발하여 현장까지!
손에 잡히는 한국어 교육학 개론

하지혜 (10장 집필)

- 현 서경대학교 인성교양대학 조교수
- 전 극동대학교 교양대학 조교수
  전 고려사이버대학교, Middlebury College 초빙교수
  전 이화여자대학교, 세종대학교, 동국대학교 시간강사
- 『외국인 학습자들의 한국어 담화·화용연구 1』(공저, 2018)
  『알 듯 말 듯 마음을 읽는 한국어 대화법 77』(공저, 2018)
  "중국인 한국어 학습자의 문화 인식과 화용 습득"(2019) 등

정진 (3부 총괄, 11장 집필)

- 현 홍콩대학교 인문대학 한국학 전공 전임강사
- 전 이화여자대학교 언어교육원 전임강사
- 『유학생을 위한 대학한국어 1 읽기·쓰기』(개정판)(공저, 2018)
  『유학생을 위한 대학한국어 1 듣기·말하기』(개정판)(공저, 2018)
  『한국어 ภาษาเกาหลี 4』(공저, 2018)
  "중국인과 일본인 학습자 말뭉치에 나타난 조사 '(으)로'의 의미 습득 양상"(2018)
  "조어력에 따른 한국어교육용 한자 및 한자어 선정"(2019) 등

이민경 (12장 집필)

- 현 이화여자대학교 언어교육원 특임교수
  현 국제한국어교육학회 출판이사
- 『이화 한국어 5』(공저, 2012)
  『에센스 이화한국어』(공저, 2017)
  『유학생을 위한 대학한국어 1 읽기·쓰기』(개정판)(공저, 2018)
  『유학생을 위한 대학한국어 1 듣기·말하기』(개정판)(공저, 2018)
  『한국어 ภาษาเกาหลี 1』(공저, 2018) 등

한국어 교육학 개론